韓國百名山

한국백명산

초판 1쇄 인쇄 2018년 7월 1일
초판 1쇄 발행 2018년 7월 5일
초판 2쇄 발행 2018년 12월 8일

지은이 김동규
펴낸이 金泰奉
펴낸곳 한솜미디어
등록   제5-213호

편집   박창서 김수정
마케팅 김명준
홍보   김태일

주소   05044 서울시 광진구 아차산로413
        (구의동 243-22)
전화   02)454-0492(代)
팩스   02)454-0493
이메일 hansom@hansom.co.kr
홈페이지 www.hansom.co.kr

값 15,000원
ISBN 978-89-5959-491-7 (03980)

* 잘못 만들어진 책은 구입하신 서점에서 바꿔드립니다.
* 이 책은 아모레퍼시픽의 아리따 글꼴을 사용하여 편집되었습니다.

한국백명산

김동규 지음

한솜미디어

| 마중글 |

    산 이름에는 우리 조상들의 우주관과 세계관이 담겨 있다. 이 땅의 시작이므로 갓뫼, 신과 같은 존재이므로 '감뫼', 이 땅의 머리이므로 '머리뫼', 빛을 주는 하늘과의 통로이므로 밝뫼, 땅이 하늘과 분리될 때의 깨끗한 상태로 남아 있으므로 선뫼, 높이 솟아 하늘에 가까워서 솔뫼, 이 땅과 나를 태어나게 했으므로 엄뫼·난뫼, 물과 같이 변화무쌍하므로 미르뫼, 비를 잉태하므로 구름뫼, 맑고 고운 산이므로 고운뫼….

    이름이란 명명하는 순간 그 틀에 갇히게 된다. 우리의 산은 어느 하나로 특정할 수 없는 이 모두이다. 같은 산을 두고 마을마다의 특성과 바람에 맞추어 달리 불렀다. 시간의 흐름에 따라 민중들에 의해 하나로 수렴되어 간다. 그 과정은 개성의 발현이면서 놀라운 조화를 이룬다.

    계룡산은 밝뫼, 갓뫼, 미르뫼가 다투던 산이다. 닭은 볏이 빨개서 밝뫼이고 울음소리로 새벽을 여니 갓뫼이다. 여기에 미르뫼를 상징하는 용을 끌어들여 모두를 만족시키는 해법을 찾았다. 밝뫼와 솔뫼가 다투던 원주 치악산은 빨간 머리를 한 꿩이 상원사 높은 곳까지 올라와 종을 치게 했다. 높고도 밝은 산은 원주 고을을 환하게 밝히고 있다. 창녕군 영산면의 함박산과 영축산은 각각 밝뫼와 솔뫼이다. 어쩔 수 없이 이름을 나누어 가진 이 두 산은 매년 정월 보름날(영산쇠머리대기 축제)이면 머리를 맞대어 하나가 된다.

　바뀐 이름을 보면, 새로운 이름에 본래의 뜻을 어떻게 품을까 하는 고민이 묻어 있다. 한자 표기가 생기면서, 불교가 들어오면서, 또 유교가 들어오면서 산 이름은 큰 변동을 겪지만 당초 이름을 없애지 아니하고 여기저기 중복하여 실마리를 남겨놓고 있다.

　울주군의 고헌산高獻山은 '고운산'이었다. 고헌사와 고암사라는 비슷한 발음의 사찰이 산을 감싸고 있고, 정상 바로 밑에 '고운산'이라는 봉우리를 남겨 결정적 단서를 제공하고 있다. 방태산도 내린천 쪽에 개인開仁약수와 함께 미산美山계곡이란 이름을 남기어 '고운산'임을 알려주고 있다.

해남 땅 끝의 돌산 '달마산'도 고운산으로 불렀다. 산의 옛말은 '뫼' → '달'로 거슬러 올라간다. 고운달이었다. '달'은 달마대사가 되어 봉우리로 올라가고 '고운'은 미황사美黃寺가 그 뜻을 잇고 있다. 월출산도 마찬가지다. '달'은 달(月)이 되어 산 위로 떠오르고 미암美岩마을과 미왕재가 고운산이었음을 말하고 있다.

식자들은 새로운 창조를 시도하기도 한다. 예를 들어 묘산卯山은 결코 난산卵山의 오자가 아니다. 덕분에 다양한 변화를 겪는다. 난뫼 → 알뫼 → 난산卵山 → 묘산卯山 → 묘산妙算 → 묘향산妙香山 → 묘산猫山 → 괘뱅 → 계방산 → 궤방산. 난뫼(卵山)에서 고고성을 울리며 태어난 아이는 성장하여 과거를 보러 궤방령을 넘는다.

뫼가 우리들 생활터전이라면 '달'은 정신적 영역이 내포된 단어이다. 마을마다 산 이름을 내세우고 싶어 한다. 선뫼를 곁에 둔 마을은 선달마을·생달마을·입석마을·입암마을, '선'이 농촌에서 흔히 접하는 '삽'으로 바뀌어 삽다리·삽교마을이다. 구름산이 껴안은 마을이 구림마을이고, 밝뫼에 기댄 마을은 흰돌마을이다. 마을 입구의 선돌과 돌탑은 산을 우리 곁으로 오게 한 것이다. 고인돌은 고운산에 돌아가고자 한 우리 선조들의 바람이고, 돌하르방은 마을로 내려온 한라산이다.

　나의 백명산 산행은 이렇게 이름을 찾아가는 길이었으며, 그 산의 본류를 찾아가는 길이었고, 선조들의 산에 대한 시각을 찾아내는 길이었다. 무조건 오르는 것이 아니라 밑에서 산을 올려다보는 일로부터 시작했다. 산기슭 마을 주민들을 만나보고 주막에도 들러 그 고장 막걸리도 마셔보았다. 그러는 가운데 우리 국토의 줄기를 이해하고 마을 이름의 유래까지 얻게 된 것은 당초 예상하지 못한 큰 수확이다.

　대상은 산림청 선정 백명산으로 하였다. 처음 글을 써보고자 한 용기는 김장호 님의 『한국백명산기』를 읽고 나서 얻었.

　지금은 산이 되신 김장호 님께 감사드린다.

밝게 빛나는 정발산 기슭, 일산 흰돌마을에서
팔공八公 김동규

| 차 례 |

마중글 _ 4

가리산 _ 011
가리왕산 _ 015
가야산 _ 018
가지산 _ 021
감악산 _ 024
강천산 _ 027
계룡산 _ 030
계방산 _ 033
공작산 _ 037
관악산 _ 041
구병산 _ 045
금산 _ 048
금수산 _ 052
금오산 _ 055
금정산 _ 058
깃대봉(홍도) _ 062
남산(경주) _ 066
내연산 _ 069
내장산 _ 073
대둔산 _ 076
대암산 _ 079
대야산 _ 083
덕숭산 _ 086
덕유산 _ 089
덕항산 _ 092

도락산 _ 095
도봉산 _ 099
두륜산 _ 103
두타산 _ 106
마니산 _ 109
마이산 _ 113
명성산 _ 116
명지산 _ 119
모악산 _ 122
무등산 _ 125
무학산 _ 128
미륵산 _ 131
민주지산 _ 134
방장산 _ 138
방태산 _ 142
백덕산 _ 146
백암산 _ 149
백운산(광양) _ 152
백운산(정선) _ 155
백운산(포천) _ 158
변산 _ 162
북한산 _ 166
비슬산 _ 171
삼악산 _ 174
서대산 _ 178
선운산 _ 181
설악산 _ 185

성인봉(울릉도) _ 191
소백산 _ 195
소요산 _ 198
속리산 _ 202
신불산 _ 205
연화산 _ 209
오대산 _ 212
오봉산 _ 216
용문산 _ 220
용화산 _ 224
운문산 _ 228
운악산 _ 231
운장산 _ 235
월악산 _ 238
월출산 _ 241
유명산 _ 244
응봉산 _ 247
장안산 _ 251
재약산 _ 255
적상산 _ 259
점봉산 _ 263
조계산 _ 267
주왕산 _ 270
주흘산 _ 274
지리산 _ 278
지이망산(사량도) _ 284
천관산 _ 288

천마산 _ 291
천성산 _ 295
천태산 _ 299
청량산 _ 303
추월산 _ 308
축령산 _ 311
치악산 _ 315
칠갑산 _ 319
태백산 _ 323
태화산 _ 327
팔공산 _ 331
팔봉산 _ 335
팔영산 _ 339
한라산 _ 343
화악산 _ 348
화왕산 _ 352
황매산 _ 356
황석산 _ 359
황악산 _ 363
황장산 _ 367
희양산 _ 370

맺음글 _ 373
참고서적 _ 382

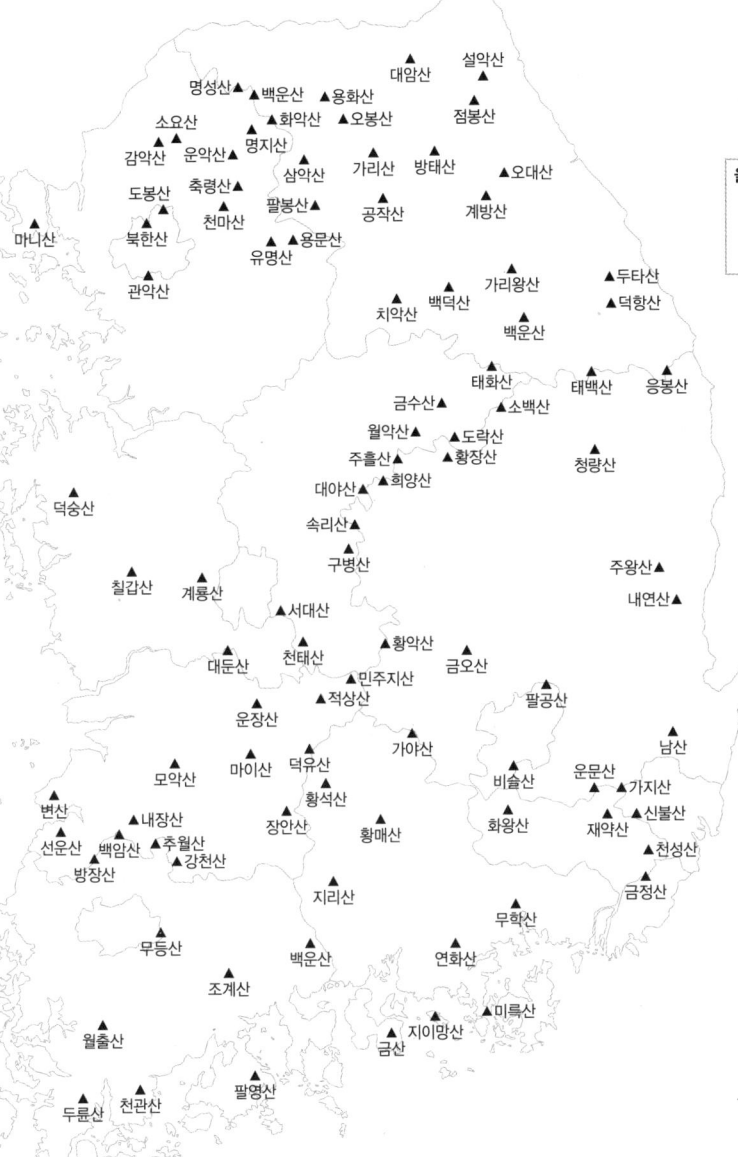

수
소리
시루
싸리
쌀
술
숯
쑥
쇠
새
소

소가 뒹군다
소도 쉬어간다
소도 못 넘어간다

가리산

加里山　　　　　　　　　　1,051m

"나가리 되었네."

지난여름 호기롭게 홍천의 가리산을 찾았으나 입구만 맴돌다 무더위에 지쳐 그냥 돌아왔을 때 고스톱을 좋아하는 아내가 한 말이다. '나가리'는 '무산되다'라는 뜻으로 가리산과는 관련 없는 일본말이다.

'가리'는 단으로 묶은 곡식이나 땔나무 따위를 차곡차곡 쌓아둔 큰 더미를 뜻하는 순 우리말로 산봉우리가 노적가리처럼 고깔 모양으로 생긴 데서 유래한다고 설명하고 있다. 과연 가리산 자연휴양림에서 바라보는 산은 수평한 산등성이 위에 세 개의 노적가리가 쌓여 있는 모습이다.

우리나라에는 가리산이 많다. 포천 가리산, 인제 가리봉, 정선의 가리왕산, 고성의 거류산과 그 밖의 갈산도 이에 속한다. 왜 이렇게 산 이름에 '가리'란 말이 많이 들어가게 되었을까?

큰장구실골로 들어서며 '가리'의 의미를 더듬어본다. 사람 신체에 아가리, 대가리, 눈까리(눈깔)가 있다. 그 밖에 '동가리'라는 말이 떠오르고, '가리'가 축약된 말이 '갈'이라면 갈고리·갈치·갈대·갈퀴·고깔이 있다. 길쭉한 타원형으로 끝부분이 뾰족하다는 것이 일치한다.

합수곡을 지나 길은 가파른 오르막으로 바뀌고 된걸음을 멈추는데 공교롭게 갈참나무 앞이다. 그동안 산에서 수목표는 많이 보아온 터라 학명이니 쌍떡잎식물이니 하는 글씨는 뒷전이고, 시선은 나무껍질에 가서 박힌다.

줄기를 촘촘히 메운 직사각형 문양이 동공을 확 메워온다. 둥그런 문양의 껍질을 가진 굴참나무와 대비되면서 갈참나무 역시 '가리'란 말에서 나왔고 그 뜻은 기다란 것들을 의미했음을 확인한다.

용가리 가리가리 용가리 가리!

너와집 지붕으로 사용하는 굴참나무의 '굴'은 '둥글다'이다. 바다에서 나는 먹는 '굴'도 둥글고 땅의 '굴'도 둥글다. 굴렁쇠, 구멍, 공도 모두 '구리'다.

구리구리구리구리 너구리
구리구리구리구리 딱따구리
구리구리구리구리 쇠똥구리
구리구리구리구리 가위 바위 보!

능선에 가까워질수록 길은 완만해지고 예전에 화전민들이 사용했던 굴참나무 껍질 문양의 둥그런 샘터를 발견한다. 그들이 일구었던 계단식 밭의 흔적이 보이는데 갈참나무 껍질 문양과 비슷한 직사각형의 연속이다. 그리고 그 옆에 둥그런 샘이 있다. 디지털 세계는 1과 0으로 무한한 수를 표현하고 있다. 이들은 단순히 산에 불을 내어 농사를 일구다가 다른 곳으로 떠나는 화전민이 아니었다. 직사각형 밭과 둥그런 샘은 대대손손 오랜 세월에 걸쳐 정착한 일족이었음을 증명하고 있다.

가삽고개에 이르자 소양강에서 시원한 바람이 불어온다. 누군가의 작품인지 통나무의 원래 생긴 모양을 그대로 살려서 벤치로 만들어놓았다.

이 형태 또한 '가리'이다. 가리산은 정상 부분을 제외한다면 완전한 직사각형 산이다. 통나무 벤치는 산 모양을 상징하는 셈이다.

드디어 갈고리, 고깔 그리고 물고기를 잡는 도구 '가리'의 뾰족하게 마무리되는 지점을 오를 차례다. 몸을 비틀며 철제 디딤틀을 딛고 오른다. 안전봉과 그 구멍 사이로 안전 밧줄이 이어지고 있다. 둘 다 그 모양을 보면 직사각형과 동그라미의 조합이다.

제1봉을 올라서 그보다 조금 낮은 2봉과 3봉을 확인한다. 정상석은 넓적한 가리 모양이다. 산등성이는 한없이 이어지고 북쪽 등성이 사이로 소양강 파란 물이 깊숙이 들어와 있다. 그 서쪽이 육지의 섬이라는 품걸리 마을이다. 작년 여름 춘천에서 배를 타고 와서 이장이 불러 건네준 사이다를 마시고 무더위에 산행 포기를 선언했던 곳이다.

서쪽의 강우 레이더 관측소 건물 역시 커다란 기둥과 공 모양의 관측대가 가리와 구리의 조합이다. 문득 장난기가 발동하여 아내에게 전화를 걸었다.

"여보, 나는 가리이고 당신은 구리야."

"웬 뚱딴지예요? 여하튼 이번에는 나가리 아니네요. 뭔 소리인지 들어와서 자세히 이야기해 봐요!"

마음이 바쁜 탓에 하산길은 무쇠말재로 택하였다. 다시 갈림길 합수곡에 이르니 삼거리 쉼터에도 통나무 벤치가 길게 놓여 있다. 올라갈 때는 미처 못 보았던 것이다. 능선에 있던 것과는 달리 껍질이 그대로 붙어 있다. 직사각형 가리 문양이 선명한 갈참나무였.

뒤돌아 산을 올려다보니 평평한 능선 위에 봉우리 세 개가 볼록하다. 봉우리 모양으로 봐서는 구리산이라고 해야 맞거늘 이상한 일이다.

평평한 산등성이와 볼록한 봉우리, 아하~ 알았다.

세상은 가리와 구리로 나뉜다. 가리는 끝이 있는 것, 구리는 끝이 없는 것이다. 우리가 사는 이 땅은 유한한 가리, 하느님이 계시는 하늘은 무한한 구리이다. 하늘에 가장 가까운 곳은 바로 가리의 마무리 지점이다. 그것을 산으로 본 것이다.

태백산 천제단은 원형이고, 땅을 상징하는 하단은 직사각형이었지!

용가리 가리가리 용가리 가리.

집으로 가는 발걸음이 굴렁쇠처럼 가볍게 굴러간다.

굴참나무야, 고맙다! 갈참나무야, 안녕!

| 加里旺山 | 가리왕산 | 1,562m |

솔개나 넘어갈 수 있는 높은 솔치재에서도 고개를 젖혀서 올려다보아야 하는 산이 가리왕산이다. 단일 봉우리로는 우리나라 최고의 크기로 봐도 될 법하다. 산세는 말쑥하게 ㅅ 자를 하고 있어서, 산 위의 하늘 부분을 보면 두 발을 힘차게 벌린 모습이다. 고성 거류산 전설을 무대화한 창작극 '걸어산'에서 산이 걸어간다는 발상은 이렇게 생겨났다. 즉 끝부분이 뾰족하게 마무리되는 지점 또는 물체를 나타내는 '가리'를 역으로 가랑이로 본 것이다. 그 가랑이는 거인의 것이어서 '왕' 자를 붙였다.

얼음으로 상징되는 어은골에 들어섰다. 계곡은 초록의 이끼가 온통 뒤덮고 있어 맨살을 드러낸 바위는 하나도 없다. 어떤 큰 바위는 아이 바위들을 품고 있고, 어떤 바위는 뭔가에 토라져서 얼굴을 하늘로 향하고 있다. 그들은 모두 초록의 두툼한 옷을 입고 있어 행여 내 발걸음에 다칠세라 조심스럽다. 호기심 많은 아이들은 나의 등장에도 무섭지 않은지 재잘재잘 소리를 멈추지 않는다. 어른들은 숨죽이며 나를 주시하고 있다. 이렇게 이들도 나와 같이 걸어 다니는 생명체라고 생각하니 나 홀로 산행이 외롭지 않다.

능선에 서니 한쪽 어깨 격인 중왕산이 마항치로 이어지며 살짝 내리막으로 늘씬하게 뻗어 있다. 나를 태운 가리왕산이 흔들흔들 어디론가 걸어가고 있다. 가리왕산의 무등을 탄 셈이다.

머리 꼭대기에 오르니 세상이 달라 보인다. 모든 산들이 나를 향해 다가오고 있다. 거인 덕분에 그들의 경배를 받는 중앙에 서게 된 것이다.

경쾌한 리듬을 주던 흔들림이 갑자기 심해진다. 다른 산들의 경배 소리도 웅성거림으로 변한다. 불안한 마음에 귀 기울이니 통곡소리도 들려온다.

이들의 아우성은 잘 걸어 다니고 있는 가리왕산이 불구자가 될지도 모른다는 안타까운 외침이었다. 많은 사람들이 이 소리를 듣고 있지만 속수무책이다.

2018년 평창 동계올림픽 개최 결정의 환호성은 고스란히 이들의 통곡이 되었다. 3일간 치러지는 활강 경기장 건설을 위해 하봉과 중봉 사이의 북면 성황골 일대를 괴사시켜야 하였다. 제거될 나무에 매달은 부표는 그들의 사형선고문이었다. 전나무와 분비나무 등 극히 일부는 다른 곳으로 이식할 계획이라고 하지만 새로운 환경에 적응할지 참으로 걱정이다. 붉은 배새매, 소쩍새, 사향노루와 연약한 걸음으로 관심을 끌고 있는 도깨비부채, 땅두릅, 만병초, 삼지구엽초, 노란흰무늬붓꽃들이 과연 이 환경 변화를 지켜낼 수 있을까?

그렇지 않다. 주목을 보면 알 수 있다. 주목은 덕유산·발왕산 등 다른 고산에서도 볼 수 있지만, 가리왕산 이외에서는 이미 주목의 후손이 끊겼다는 현실을 간과하고 있다. 불임이 되어버린 산에서 다 늙은 주목을 보고 천년을 사는 나무라고 칭송했지만 어린 새싹은 본 적이 없다. 오직 가리왕산만이 애기, 어린이, 청년, 장년, 노년 주목이 함께 가족을 이루는 유일한 숲이다.

주목 가족들을 살피다가 내려다본 장구목이는 여름철 땅속에서 시원한 바람이 나오는 풍혈지역으로 사계절 온도 차가 적어 다양한 식물들이 살기 좋은 장소이다. 이 지역은 개발을 피한다고 하지만, 이 또한 생태계는 하나로 연결되어 있는 점을 무시한 처사다. 각각 별도로 보이는 나무들도 땅 밑에서는 뿌리가 서로 얽혀 있어서 바람에 공동으로 대항하고 있다. 필경, 눈을 만들기 위해 산속의 물을 퍼올릴 것이 뻔하다. 장구목이의 반대편 계곡이라고 안심할 수 없다. 어은골의 바위들도 재잘거림에 힘을 잃고, 철따라 갈아입던 하얀 옷과 초록 옷도 윤기를 잃고 결국은 헐벗게 될 것이다.

"저 산을 이곳에 오게 하겠다."

이슬람교의 창시자 마호메트는 사람들 앞에서 이렇게 큰소리를 쳤지만 산은 오지 않았다. 그러자 그는 다시 말하였다.

"산이 오지 않는다면 내가 가겠다."

걸어 다니는 산이지만 산은 사람이 부른다고 오지 않는다. 봄꽃의 예쁜 몸짓이 있어야 마음이 동해서 비로소 가랑이를 성큼 벌린다. 바위도 헐벗고 어린 주목도 더 이상 태어나지 않는 곳에서, 가리왕산이 걸음을 멈출까 두렵다.

산을 내려와 차를 몰고 동해로 가는 길목 갈고개를 넘는다.

| 伽倻山 | 가야산 | 1,433m |

  참으로 불꽃 모양 바위들이 밤하늘의 운석처럼 펼쳐진 산이다. 금강산, 설악산, 점봉산에서 만물상의 명성을 익히 알고 있는 우리는 백운동의 만물상이라는 이름만 들어도 벌써 그 모습이 상상된다. 경상도에 그러한 산이 또 없을까만은, 이 산 남쪽으로는 매끈한 몸매의 육산이라고 해야 옳고 북쪽의 희양산 등에서 그런 모습을 찾을 수 있을 정도이다.

  '가야'는 겨레에서 또는 싯다르타가 보리수 아래에서 깨달음을 얻은 인도의 부다가야Buddha Gaya에서 이름을 가져왔다는 등 여러 가지 설이 있지만, 최소한 '가'만큼은 끝이 뾰족하다는 '가리'와 첫 번째 또는 시작을 나타내는 '갓'에서 나온 것이다. 가장자리, 가오리, 삿갓, 갓난아기, 갓 결혼한 부부 등의 예를 보면 끝이 날카롭게 끝나는 부분임을 알 수 있다. 우리 민족의 의식 속에는 '가'는 처음이라는 것이 내재되어 있다. 한글 자모 가, 나, 다, 라의 '가'가 첫 글자로의 시작은 결코 우연이 아니다. 갓뫼는 땅에서 보면 가장 높고 하늘에서 보면 가장 가까운 산이다. 태초에 가야산은 하늘로부터 맨 처음 갈라져 나왔고, 모든 땅은 여기서 시작한 것이다.

  '가', '갓'의 실제적인 구현은 우두봉牛頭峰이다. 성모산신聖母山神을 모시고, 해마다 소를 제물로 바치는 산신제를 지냈다. 불교가 들어와서 우두봉은 상왕봉象王峰으로 바뀌고, 성모산신은 정견모주正見母主라는 칭호를 얻는다. 상왕이란 코끼리 중 가장 큰 코끼리에 비유하여 부처를 말하고, 정견이란 불교 교리인 팔정도에서 나온 말이다.

가야산은 봉우리마다 날카로운 바위를 하늘을 향해 뻗치고 있다. 제대로 감상하는 방법은 백운동으로 올라 서성재와 칠불봉을 지나 정상에 이르는 동안 만물상의 불꽃별을 보고 하산은 깊은 터널 같은 토신골을 걸어 해인사에 도달하는 코스이다.

용기골과 심원골 사이에 솟아 있는 만물상을 불을 내뿜는 화성에 비유한다면, 십리 거리의 토신골은 곱디고운 금성이다. 초저녁에는 서쪽 하늘에서, 새벽녘에는 동쪽 하늘에서 깜빡이는 고요한 별이다. 어느 순간 하늘을 올려다보았을 때 샛별은 반짝거리며 조용한 환희를 선물한다. 호젓한 계곡 길은 물소리 바람소리도 들리지 않고 새도 울지 않는다. 무아의 세계로 이끈다.

돌 서리를 마구 흘러 겹친 봉우리 사이의 골에 마주 울리니,
남이 말하는 소리 지척인데도 알아듣기 어렵네.
옳으니 그르니 시비하는 소리 귀에 들릴까 늘 두려워하여,
일부러 흐르는 물로 하여금 온 산을 둘러싸게 했구나.

― 국학자료원, 『한시작가작품사전』, 「제가야산독서당(題伽倻山讀書堂)」

열두 살에 당나라로 유학하여, 열여덟 나이에 급제하고 그곳에서 17년을 벼슬자리에 있었던 최치원(857~?)은 귀국하여 10여 년간 중앙과 지방의 관직을 역임하였으나 진골귀족들의 독점적인 지배체제에 한계를 느끼고 장년의 나이로 소요자방逍遙自放하다 가야산 해인사로 들어온다. 그때 계곡의 물소리가 반가웠던가 보다. 그의 시 '가야산 독서당에서 짓다(題伽倻山讀書堂)'에서의 심경은 토신골 계곡의 물소리가 그렇게 크게 들릴 수 없다. 세상일을 잊기 위해 마음을 모아 응시하는 폭포였을 것이다. 산수를 즐기

며 자연에 귀의하는 일이 그의 풍류風流이며 선禪이다. 사람들은 그의 삶을 칭송하지만 비운의 천재가 택한 어쩔 수 없는 선택이었다.

세상 온갖 것에 물들지 않고 지혜의 눈으로 바라보는 것, 세찬 바람에 거칠던 파도가 잠잠해지고 바다가 고요해지면 거기에 우주의 수만 가지 모습이 남김없이 드러나는 것, 이러한 경지를 해인삼매海印三昧라고 한다. 해인삼매는 부처의 깨달음이며, 일체의 것들이 본래의 모습으로 돌아가야 하는 근원이다. 바로 가야산의 '가'를 찾는 길이다.

모든 것이 시작되는 산. 가야산은 수도자들에게 어떤 영향을 주었을까. 고려 태조의 통일전쟁을 도와 위기에 처한 해인사를 중흥시킨 희랑조사(889~967)의 얼굴은 선하다 못해 순백이다. 바로 해인삼매의 얼굴이다. 아마도 토신골을 수도 없이 거닐었고, 최치원의 경지를 넘어서서 물소리도 없는 고요한 바다에서 우주의 삼라만상을 보았을 것이다.

백련암에서 수도한 성철(1912~1993)스님은 지눌知訥스님의 "단번에 진리를 깨우친 뒤 번뇌와 습기를 차차 소멸시켜 간다"는 돈오점수頓悟漸修를 넘어서서 "일시에 깨우치고 더 닦을 것 없이 공행을 다 이룬다"는 돈오돈수頓悟頓修를 주장하였다. 깨우친 뒤에 수행할 것이 더 있다면 진정한 깨우침이 아니라는 것이다. 불같이 타오르는 만물상을 올라 얻었음직한 생각이다. 그는 살아생전 화성과 금성으로 대비되는 만물상과 토신골을 번갈아 다니면서 아무런 형용도 필요 없는 "산은 산이요 물은 물이다"라는 성찰이 생겼을 것이다. 그가 중생들에게 마지막으로 남긴 말이었다.

해인사 대적광전의 사천왕, 아난존자, 10대 보살, 1,250명의 아라한이 부처님의 설법을 듣고 있는 '영산회상도靈山會上圖'는 그 자체가 하나의 만물상이다. 만물상은 화성이요 토신골은 금성이다.

가지산

迦智山　　　　1,241m

　가지산을 중심으로 거대한 산괴山塊 영남알프스는 울산직할시와 경상북도, 경상남도 3개 시도에 걸쳐 있다. 이 때문에 대전에서 부산으로 가던 고속도로도 경주로 우회한다. 가지산을 이루는 능선은 북서로 흘러 운문산을 곁에 두고, 북동으로 가지를 쳐서 상운산을 거느리며, 또 하나의 능선이 남동으로 흘러 석남고개를 지나 능동산과 재약산을 다독이고, 그 너머로 신불산과 영축산을 굽어보고 있다. 이들 능선 동쪽으로는 거대한 울타리를 이루어 울산과 울주라는 이름을 탄생시켰고, 서쪽으로는 원만히 흘러 이 산괴의 물을 모두 쏟아 놓으니 밀양(미르벌)이란 이름이 붙었다.

　'가지산'을 음미해 보면 걸맞은 이름 짓기에 옛사람들이 얼마나 고심했는지 알 수 있다. 우리나라 산 이름은 크게 밝뫼, 갓뫼, 미르뫼, 달뫼, 솔뫼의 다섯 계통으로 이루어진다. 밝음을 나타내는 '밝'은 대개 백白으로, 처음을 나타내는 '가' 또는 '갓'은 관冠으로, 물을 나타내는 '미르'는 용龍으로, 산을 말하는 '달'은 월月의 이름을 갖는다. 그중 높음을 나타내는 '솔'은 쇠(金)나 소(牛) 등으로 변화가 다양하며 새(鳥)도 여기에 포함된다.

　'갓'과 '솔'을 동시에 가지고 있는 산이 가지산이다. 가지산 → 까치산 → 가지산迦智山의 변천을 겪었다. 가지와 까치는 동일 어원을 갖는다. 까치의 까만색이 강조되어 '까'로 변하고, '지' 또는 '치'는 '허벅지와 팔꿈치'에서 보듯이 어떤 물체의 꺾어지는 부분 또는 끝부분을 나타내는 말이다. 즉 가지는 시작과 끝을, 온 세상을 품은 말이다.

설날 아침 까치가 울면 손님이 찾아오고 한 해가 길할 징조이다. 신라 4대왕 석탈해는 까치가 울어서 그 출현 사실을 알렸다. 칠월칠석날은 견우직녀의 만남을 돕고자 하늘로 올라가 오작교烏鵲橋를 짓는다. 신라 말 보양寶壤스님도 이를 깨달아 까치산 골짜기에 절을 지었다. 그러나 한자 작鵲에는 단지 까치만 있을 뿐 처음이라는 의미는 없다. 갑甲을 넣어 작갑사鵲岬寺가 되었다.

운문산 정상에서 보면 가지산은 아랫재에서 층층이 올라가는 봉우리들이 영락없는 까치의 날개 모습을 하고 있다. 그러나 천황산에서 북쪽으로 가지산을 바라보면 어느덧 까치와 호랑이의 재미있는 그림은 잊히고 커다란 산에 압도되고 만다. 정상과 중봉의 두 봉우리가 마치 여인네의 풍만한 가슴처럼 보인다. 보통 배짱이 아니고는 부드럽게 감싸주는 어머니로 부르기는 어려울 것 같아, 산의 순기능이 강조된 어미산이 아니라 부정적인 면을 내세우는 암산으로 불릴 만하다. 넓은 벌판을 바라보며 미소 짓는 모악산, 마을을 부드럽게 품고 있는 금수산, 다소 근접하기 어렵지만 능력이 있으니 참고 살아야 할 월악산, 자칫하면 토라져서 갈등을 일으키지만 자꾸만 바라보게 만드는 팔봉산(홍천), 성질은 까다로워 보이지만 예쁜 얼굴의 희양산과는 다른 모습의 여인이다.

과거 모계사회 기억을 가지고 있는 남성들이 희양산과 팔봉산에 남근석을 세워서 여자의 기를 누그러뜨렸듯이 가지산에도 똑같은 장치를 하였을 법하다. 그러나 거대하기 이를 데 없는 가지산과 더불어 나란히 서 있는 운문산은 이마저도 통하지 않았던 모양이다. 이 두 산에서는 스님이 수노하여 깨달음을 얻을 시기이면 영락없이 여자가 나타나 '십년공부 도로아미타불'이 되곤 하였다. 가지산 석남사를 비롯 운문산의 운문사와 대비사大悲寺를 비구니 수도장으로 전문화한 것은 이 때문이다.

가지산은 크지만 아기자기한 맛은 없다. 쌀바위와 귀바위 능선에서 약간의 변화를 느낄 수 있을 정도이다. 거기서 바라보는 고헌산高獻山은 사뭇 다른 풍경이다. 봄에는 진달래가 만발하고 가을에는 억새가 물결치는 고운 산이다. 보통명사 고운 산은 어느 새 고유명사가 되어 '고운산'으로 정착했다. 현재 고운산은 고헌산으로 이름을 내주고 그 밑의 봉우리로 이사를 했다. 그래도 행여 그 이름이 잊힐까 염려하여 봉우리를 둘러싸고 고헌사와 고암사가 자리 잡고 있다.

시작과 끝을 상징하는 까치산과 예쁜 모습의 고운산이 공존하는 이 산골짜기에서 원광대사(541~630?)의 흔적이 보이고 『삼국유사』의 일연스님(1206~1289)이 노후를 보냈다고 전해진다. 가지산 바위들은 쌀바위를 내세워 수도자의 자세를 시험하는가 하면 부처님의 귀가 되어 수도자의 소리를 일일이 듣고 있다.

감악산 紺岳山 675m

 파주 감악산은 주변의 고만고만한 산들 속에서 우뚝 솟아 있다. 화악산, 운악산, 관악산, 송악산과 함께 '경기 오악五嶽'인 이 산은 정상에 오르면 북서쪽으로 송악산이, 남서쪽으로 도봉산이, 그리고 남쪽으로 서울의 잠실 롯데타워까지 거침없는 조망이 펼쳐진다.
 밑에서 올려다봐도 산세가 한눈에 들어온다. 양주 신암저수지에서 바라보는 임꺽정봉은 일품이다. 단풍철이면 저수지 주변은 울긋불긋한데, 아직 초록빛을 거두지 않은 산 위의 검푸른 거봉이 흘러가는 하얀 구름을 걸치고 서 있는 모습은 신비스럽다. 또 수면에 비치는 바위는 어떠한가. 잔잔한 물결 속에서 아련한 봉우리를 대하는 순간 나도 모르게 "감사합니다"라는 말이 입에서 나오고 만다. 거기서 은은하게 흘러나오는 빛을 보면 '산의 바위가 검푸른 빛을 띠어서 감악산(감/紺은 연보라색)이다'는 말에 수긍하게 된다.
 일본에서는 신神을 '가미'라 부른다. 신神의 우리말을 여기서 찾을 수 있다. '감'은 '신'이라는 뜻이다. 감악산은 신神의 산이다. 하늘의 아들이 빛을 밝히며 내려온 곳이며, 비로소 이 땅이 혼돈에서 질서를 갖추기 시작한 곳이다. 신암리神岩里의 신암은 암은 돌로 환원되고 '돌'은 우리 고유어로 산을 뜻하므로 감악산의 다른 표현이다. 예로부터 신암리에서는 매년 음력 9월 초에 감악산을 바라보고 제를 올렸다.
 파주 감악산은 북쪽 자락을 임진강에 걸쳐놓고 있다. 그 너머는 북한과의 접경지역임에도 범륜사梵輪寺에서 정상으로 가는 길은 일찍부터 허용하고 있다. 정상은 군부대가 차지하고도 넓은 공터를 제공하고 있다. 먼저 비석이 하나 눈에 띄고 철조망 옆으로 군의 상징이라는 '고롱이와 미롱이'의 조그만 석상이, 그리고 좀 떨어져서 붉은 벽돌탑 위에 군부대 기독교인들이 세운 성모상이 우뚝 서 있다. 좀 더 범위를 넓히면 임꺽정봉과 그 밑에는 설인귀굴로도 불리는 임꺽정굴이 있다.

허목許穆(1595~1682)은 자신의 기행문에서 정상에는 감악사紺岳寺와 몰자비沒字碑 그리고 그 옆에 설인귀薛仁貴(613~683) 사당이 있으며 현재의 임꺽정굴에는 노자老子의 석상石像이 모셔져 있다고 전하고 있다. 설인귀 사당에 대하여는 소문을 빌어 "요망한 귀신이 화복禍福을 부려 사람들에게 제삿밥을 얻어먹는다"며 비판하는 반면, 노자의 모습을 "머리를 풀어헤쳐 드러난 이마와 모으고 있는 손이 신령함이 있는 듯하였다"라고 기술하고 있다.

몰자비는 설인귀비, 또는 빗돌대왕비, 진흥왕순수비라고도 하나 그 실체가 밝혀지지 않고 있다.

빗돌대왕비는 구전에 의하면, 당초 비석은 양주시 남면 황방리(초록지기 마을) 북쪽의 눌목리에 있었는데, 세월이 흘러 몰자비가 되고 연고도 없어졌다. 그러던 중 지나가는 과객이 말에서 떨어지는 사고가 발생하기도 하고 농사에 귀중한 소가 병들어 죽기도 했다. 이에 초록지기 마을 사람들은 비석을 힘들게 옮겨 이곳 '신의 산' 정상에 세워놓았다. 산신의 힘으로 사고를 방지하고자 한 것이었다.

진흥왕순수비라는 주장은 연대를 추정한 결과이지만, 설인귀비라는 주장도 곰곰이 생각해 보지 않을 수 없다. 여기에는 설마치薛馬峙고개와 관련이 있다. 정화된 상태를 나타내는 '설다'의 '설'과 머리 '마'의 합성어로 생긴 말이지만, 중국 태생 설인귀를 끌어들인 이름이다. 설인귀는 일개 농민 출신으로 대장군까지 된 입지전적인 인물이기에 민초들에게는 신으로 추앙될 만큼 큰 희망이었다. 동네 사람들이 믿는 설인귀는 이 자락에서 태어나 감악산 기슭 설마치에서 말을 달려 훈련하고 당나라로 건너가 장수가 되어 모국인 고구려를 친 사람이다. 동족을 희롱한 자신의 죄를 자책하여 죽은 뒤 감악산의 산신이 되어 이 나라를 도왔다는 것이다.

빗돌대왕님, 설인귀 장군님, 노자 선생님, 우리나라를 지켜주는 고롱이와 미롱이, 그리고 성모 마리아님. 산신을 맞아 굿을 하는 경우에 파주 지역을 비롯해 경기 서북부 지역에서는 '산을 쓴다'고 한다. 산신에 대한 강한 믿음을 대변하는 말이다. 최근 산 중턱에 울긋불긋 오색으로 치장한 당집이 들어 서 있었다.

딩딩딩딩딩딩딩딩

은은하면서도 빠른 비트 음의 징소리와 함께 감악산 산신을 부르는 만신의 애절한 소리가 들려왔다.

신의 산 감악산 산신님네요.
빗돌대왕님네, 설인귀 장군님네, 임꺽정 장군님네요.
높으신 산신님네,
우리를 굽어 살펴주시는 산신님네로 모십니다.
그저 굽이굽이 밟아오시고
감악산을 검푸르게 하여 주시옵소서.

강천산

剛泉山　　586m

　단순히 하나의 산이 아니다. 강천산 최고봉을 왕자봉으로, 마주 보고 있는 광덕산廣德山 최고봉을 선녀봉이라는 이름을 붙여 두 산은 떨어질 수 없는 하나임을 강조한다. 왕자와 선녀가 합작하여 만들어놓은 계곡은 전국 어디에 내놓아도 뒤지지 않을 산책로가 되었으며 무수한 이야기를 탄생시켰다.

　매표소를 지나면 바로 병풍바위와 마주치게 된다. 40m에 달하는 바위벽에 크고 작은 두 개의 폭포가 떨어지는데, 그 밑을 통과하면 죄지은 사람의 죄가 씻어진다는 이야기가 전해 내려오고 있다. 마음을 가다듬으며 도선교道詵橋를 지나면 거라시바위가 나온다. '거라시 굴' 또는 '걸인바위'로 걸인들이 이 굴 앞에 자리를 깔고 앉아서 지나가는 사람들에게 동냥을 받았다는 곳이다.

　강천사剛泉寺 입구의 단칸 기와집 삼인대三印臺는 서울의 인왕산 치마바위와 관련이 있다. 폭정을 일삼은 연산군을 내치고 중종을 왕으로 추대하는 과정에서 중종의 부인이 신수근의 딸이라는 것에 문제가 발생한다. 신수근은 반정 당시 살해된 죄인으로 그의 딸이 왕비가 될 수는 없었다. 이에 부인 신씨는 인왕산 아래 옛 거처로 쫓겨나 살게 되었다. 금슬이 좋았던 중종은 부인을 잊을 수 없어 경회루에 올라 인왕산을 바라보았고, 신씨는 매일 치마바위에 올라가 입었던 치마를 걸어놓았다. 그 무렵 순창군수 김정, 담양부사 박상, 무안현감 류옥 세 사람이 모여서 관인을 나뭇가지에 걸어놓고 폐비 신씨를 복위시키라는 상소를 올리기로 결의하였다.

삼인대를 지나고 강천사를 지나면 마치 왕자와 선녀가 서로 끌어안은 듯한 좁은 협곡이 나온다. 직벽 바위에는 인공폭포가 흐르고 있는데 구장군폭포라고 이름 짓고 있다. 마한시대 아홉 명 장수가 죽기를 결의하고 승리를 얻었다는 전설이 있다.

마한馬韓은 한강 유역으로부터 충청·전라에 퍼져 있던 고대 국가로, 54개의 부족국가가 연합체를 이루고 있었다. 후에 북방계 유민을 중심으로 형성된 백제百濟국이 마한세력을 흡수한다. 이 과정에서 싸운 아홉 장수라는 표현은 연합군 냄새가 짙다. 연합군은 강력한 중앙집권체제를 갖춘 백제에 대항하기 힘들었던 모양이다. 마한은 계속해서 남으로 밀리다가 백제 근초고왕(재위 346년~375년) 때 완전 병합되어 사라진다.

걸인바위, 삼인대 그리고 구장군폭포는 강천산이 다양하게 불릴 정도로 변화가 많은 산임을 알려주는 이름들이다. 걸인바위와 삼인대는 '온달'에서, 구장군폭포는 '아사달'에서 나온 것이다. 전국에는 '인바위'와 '인다리'라는 지명이 많다. 걸인바위와 더불어 삼인대도 이에 연유한 이름이다. 삼인대처럼 대부분 도장(印)과 관련지어진 전설이 전래되고 있지만 근원은 '온달'로 추정된다. 그리고 구장군폭포의 구九는 아홉으로 읽어 아사달에 기원을 두고 있다.

왕자봉에서는 건너편 추월산을 보는 것 외에 조망이 약한 것이 흠이다. 반면 광덕산 선녀봉에서는 강천산 전체를 조망할 수 있다. 팔덕八德면 사람들에게는 광덕산이 주봉이다. '팔덕'은 광덕산에서 따온 이름이다.

오로지 덕스럽게 넓기만 해서는 소용이 없다. 강천산을 둘러싼 일대가 외부에서 유입되는 물이 없어 가뭄 때는 속수무책이다. 인근에 금산, 아미산, 무이산 등 쟁쟁한 산들을 거느리고 있어도 별 도움이 못 된다. 여분

산如粉山 기슭에서는 산 이름을 구름산으로 하고 마을을 구림면으로 칭하고 골짜기마다 구름을 넣어 운남리, 구암리, 구산리 등으로 불렀지만 역시나 마찬가지다. 하늘에 가까이 가야 한다. 하늘에 빌어야 한다. '두 손을 모아 빈다'는 뜻을 알리기 위해 광廣 대신 팔八 자를 넣어 마을 이름을 지었다.

기우제는 광덕산, 무이산, 그리고 금산에서 일시에 올렸다. 먼저 연기를 피워 하늘로 올리고 간단한 예를 갖추고 주문을 외웠다.

용우 용우 용우 용용, 용우 용우 용불우 용용
龍雨 龍雨 龍雨 龍龍, 龍雨 龍雨 龍不雨 龍龍

용아 울어라 용아 울어라 용이 울어야 용이 용이지
용아 울어라 용아 울어라 용이 울지 않으면 용이 용이냐

용이 울어야 비가 내린다. 그러기 위해서 연기를 피워 용의 눈을 따갑게 하고 '용용 죽겠지' 하며 약을 올렸다. 용이 싫어하는 돼지 피를 뿌리고 여자들이 방뇨하여 용을 민망하게 하였다. 그리고 산 위에 있는 누군가의 묘를 희생양으로 삼아 파헤치곤 했다.

기우제는 하얀 도복을 입은 어른들만 참가하여 아이들은 감히 따라갈 수 없었다. 팔덕면 청계리에 사는 양경준 님은 광덕산에 마지막으로 연기가 올라간 것을 1962년으로 기억하고 있었다.

강천산 북쪽 줄기에 강천호가 생긴 것은 이승만 정권 시절이고, 서쪽의 담양호는 1976년이다. 물이 귀한 동네에 생긴 두 호수는 강천산 주변을 안개에 휩싸이는 신비한 산천으로 변모시켰다.

계룡산

鷄龍山　　　847m

'금강산에서 10년, 계룡산에서 10년.'

금강산에서 10년간 계룡산에서 또 10년간 도를 닦아서 신통력을 얻었다는 이야기이다. 금강산은 불교경전『화엄경』에도 언급될 정도로 누구나 인정하는 산이어서 이해가 가는데, 계룡산이 왜 수도처로 유명하게 되었으며 세인들의 관심을 끌게 되었을까?

조선 중기 계룡산 신도안新都案은『정감록鄭鑑錄』에 새로운 세상의 도읍지로 비춰지면서 각광받기 시작했다.『정감록』은 정씨鄭氏 성의 참다운 사람(眞人)이 출현하여 이씨 왕조가 멸망하고 새로운 세계가 도래한다는 예언서이다. 미래에 다가올 멸망에 대비한 이상적인 피난처로 계룡산이 품고 있는 신도안을 제시하고 있다. 스스로 진인이 되고자 했던 사람, 말세에 그들에 의탁하여 멸문지화를 면하고 멋진 한 세상을 살고자 했던 사람들이 몰려든 것은 당연하였다.

『정감록』의 신도안이 더욱 설득력을 얻게 된 것은 국도國都 풍수도참설 때문이다. 계룡산은 그 지세가 남쪽으로 대둔산·덕유산·지리산으로 태극의 선처럼 둥그렇게 이어지는데 이를 산태극이라 하고, 계룡산 북쪽에서 회덕·주강·공주·부여로 휘어져 흘러가는 금강을 수태극이라고 한다. 계룡산은 산태극과 수태극이 서로 소용돌이치는 정중앙에 해당되는 지점이다. 승천하는 용의 상징, 더 나아가 우주의 핵 계룡산이 남쪽으로 껴안은 마을이 신도안이다. 좌우로 향적산 줄기와 관암산 줄기, 그리고 관음봉에서 천황봉에 이르는 능선이 함께 병풍처럼 감싼 아늑한 분지로, 풍수지리설의 최고의 지형임을 말하는 금계포란형金鷄抱卵形이다. 금닭이 알을 품은 듯한 형세라는 뜻이다.

천황봉은 천단天壇이 있는 곳임에도 현재 군 시설물이 있어 갈 수 없다. 천황봉은 높이로는 계룡산 최고봉이지만 풍수지리상의 주봉은 삼불봉이다. 관음봉에서 바라보는 삼불봉 능선은 계룡산의 일품 경치로 명산의 위용을 여지없이 발휘하고 있다. 천황봉, 쌀개봉, 관음봉, 삼불봉으로 이어지며 계룡산이라는 이름의 원천이 되는 능선이다. 일렬로 돋아난 용의 등뼈라는 것만으로는 부족하여 닭 볏을 쓴 계룡鷄龍(닭 계, 용 용)이란 이름을 얻었다. 힘찬 용의 등과 닭 볏의 우아함이 어울려 신령한 기운이 느껴진다. 구름마저 능선에 걸친다면 천상의 세계가 따로 없다.

삼불봉 밑에 나란히 서 있는 오뉘탑은 새로운 세상에서 누리게 될 신도안의 희망을 애써 외면하고 혼자서 토굴을 파고 묵묵히 수도하던 노총각의 꿈과 현실을 전해 준다. 내공을 쌓은 노총각에게도 눈 오는 계룡산은 너무나 춥고 쓸쓸하였다. 예쁜 처자라도 한 명 곁에 있어 준다면 얼마나 좋을까. 호랑이가 그 꿈을 실현시켜 주지만 지금까지 걸어온 자신의 길을 포기할 수 없다. 탑 이름이 부부탑이나 연인탑이 아닌 오뉘탑인 이유이다.

천정골로 내려오는데 꽹과리 소리가 들렸다. 당집은 모두 없어졌다고 생각했는데 두 집이 현존하고 있었다. 윗집은 계란같이 둥근 바위를 신으로 모시고 있었다.

산을 다 내려와서 지도를 보다가 계룡산 줄기에 두 개의 국사봉이 있는 것을 알았다. 국사봉國師峰이나 국수봉國守峰은 마을을 수호하는 신을 모시는 국사당國師堂이 있던 봉우리이다. 구수龜首가 어원으로, 향찰로 '구龜'는 '검(神)'으로 '수首'는 '마루'로 읽어 '신神마루'를 의미한다. 따라서 국사봉, 국수봉은 지상에서 가장 신성한 곳으로 천신이 내려오는 신산神山마루라고 할 수 있다. 신산마루는 천상신이 하강한 태백산정, 가야국 시조가 강림한 김해의 구지봉, 신라 육촌장이 하강한 산정山頂 등을 말한다(국립민속박물관『한국민속문학사전』). 계룡산 신산마루는 북쪽으로 논산시 상월면 상도리에, 남쪽으로 향로봉으로 가는 줄기에 남아 있다.

학봉리에서 하루 더 묵고 다음 날 향로봉 국사봉에 올랐다. 천지창운비天地創運碑의 네 면에 쓰인 글씨를 읽어보다가 계룡산의 계鷄에 새로운 해석을 하게 되었다. 비석의 동면에 쓰인 '천계황지天鷄黃地'는 천지天地, 계지鷄地, 황지黃地로 읽어 하늘이 열리는 곳, 새벽을 여는 곳(닭이 울어야 해가 뜬다), 세계의 중심(황은 오행에서 중앙을 뜻함)이라는 뜻이다.

닭이 새벽을 여니 '갓뫼'이며, 닭의 빨간 볏은 '밝뫼'이며, 용은 '미르뫼'를 말함이니 계룡산은 가야산, 태백산, 용문산을 합쳐놓은 꼴이다. 계鷄는 단순히 험악한 산세를 연상시키는 닭 볏만이 아닌 세상의 중심에서 새벽을 알리는 닭의 울음소리였다.

세상은 우주의 중심인 계룡산으로부터 비로소 시작된다. 과거에 많은 사람들이 이곳으로 몰려들었고, 현재도 수많은 도인들이 거처하며 수도하는 이유이다.

桂芳山 **계방산** 1,579m

산도 사람처럼 얼굴을 가지고 있다. 크고 시원한 눈매에서 보는 인간미, 날카로운 콧등에서 떨어지는 성격, 굳게 닫힌 입술에서 풍기는 인품.

그러나 계방산은 도무지 무표정해서 가늠하기 어렵다. 눈동자는 어디를 향하는지, 입술은 무엇을 말하려는지 알 수 없고, 뺨에는 핏줄은커녕 근육 하나 일그러짐도 볼 수 없다.

계방산이라는 이름이 궁금하나 산의 얼굴만큼이나 그 어원을 알기 어렵다. 홍천교육청 간행『너브내의 숨결』에는 '태백산맥 오대산 줄기로서 산이 크므로 계방산이라 한다'라는 알 듯 말 듯한 기록이 있을 뿐이다.

다행히 이름이 비슷한 산이 몇 군데 더 있다. 경상남도의 괘방산卦榜山, 강원도 강릉의 괘방산掛膀山, 김천 황악산의 괘방령掛榜嶺이 그 예다. 모두 과거에 급제한 사람의 이름을 쓴 방을 붙여 알렸다는 뜻으로 풀이하고 있다. 과거를 보러 가는 영남 선비들은 추풍낙엽처럼 낙방한다는 추풍령을 피해 괘방령으로 넘었고, 강릉 괘방산에는 실제로 마을 사람들이 이 산 어딘가에 두루마기에다 급제자의 이름을 쓴 방을 붙였다고 한다.

이는 고유 우리말을 한자로 표기한 후의 아전인수 격 해석이다. 김천 황악산의 괘방령이 있는 산을 현지 주민들은 괘뱅이라고 불렀다.『디지털 강릉문화대전』의「괘방산과 송정」편을 보면 '괴'는 고양이의 강릉 사투리로, 괘방산을 괴봉산이라 불렀다고 하며, 이유는 괘방산에서 내려다보이는 송정버덩(들판)은 쥐 머리가 되고 쥐 꼬리가 길게 경포 쪽으로 늘어진 모습이기에 쥐를 노려보는 고양이 형국이라는 것이다. 여기서 '뱅'은 신불산의 원래 지역 말인 왕뱅 또는 왕방에서 보듯 산봉우리를 의미한다. 즉 괘뱅이는 고양이를 뜻하는 '괭이'와 산봉우리를 뜻하는 '뱅'의 합성어이다.

이에 계방산의 본디 우리말은 '괴뱅' 또는 '괘방'으로 '고양이산'이라는 결론에 다다른다. 발톱을 감추고 몸을 낮추어 한 마리 쥐를 노려보며 최선을 다하는 고양이다. 그래서 표정이 없었던 것이다.

그렇다면 고양이산은 어디에서 연유한 것일까? 묘산猫山에서 나온 말이다. 또한 묘산猫山의 원류는 난산卵山이다.『한국지명유래집』'전라·제주편 지명'의 난산에 대한 설명을 그대로 옮긴다.

"전라북도 김제시 백구면 마산리에 위치한 산이다(120m). 선암저수지와 양우산 사이의 산을 지칭하거나 향교 뒤의 낮은 언덕을 가리키기도 한다.『신증동국여지승람』에는 묘산卯山으로 쓰여 있고『증보문헌비고』에는 난산卵山으로 쓰여 있는데『신증동국여지승람』의 봉두산鳳頭山을 '현의 동쪽 2리에 있는 진산이다. 봉이 나는 듯한 형상이기 때문에 이름 지은 것이다. 왼쪽에는 양우산이 있고 앞에는 난산이 있다'고 기록한 것으로 미루어 난산이 정확한 표기라고 추정된다. 이것은 한자의 난卵 자와 묘卯 자를 혼동한 결과로 보인다."

참으로 맞는 말이다. 난산이란 탄생한 아이의 태를 묻는 태봉산胎封山을 말한다. 일본의 에나산(惠那山, 2,191m)으로 유추해 볼 때 '애난산'이 원래 우리 고유의 명칭이었을 것이다. 내용 중 봉두산의 봉황은 왕을 지칭하는 것이므로 먼 옛날 족장의 태를 묻은 산으로 보인다. 다만 묘는 왕성하다, 무성하다의 뜻이 있으므로 아이가 그렇게 자라라는 마음에서 의도적인 변형이다. 묘산은 발음이 같은 描山·墓山·妙山 등으로 다양하게 변화한다. 북한에 위치한 묘향산과 전국에 산재한 묘산 및 묘암도 여기에 유래를 두고 있다.

　나의 계방산 산행은 고양이가 표정을 드러내는 겨울로 한정한다. 이 때만큼은 하얀 포만감에 젖는다. 흰 드레스는 몸매에 착 감겨 곡선미를 드러내고 가끔은 바람에 휘날리어 부끄러운 부분을 살짝 보여주기도 한다. 그동안의 인내와 소박한 모습에서 벗어나 마음껏 치장하고 교태를 부린다.

　운두령雲頭嶺이란 너무 높아서 구름만 넘어갈 수 있는 고개라는 뜻이다. 차로 넘을 수 있는 고개로는 함백산의 만항재에 이어 두 번째로 높은 고개이다. 산 너머의 마을을 멀리 돌아가기에는 계방산의 덩치가 너무 크다는 것과, 그럼에도 불구하고 고갯길을 낼 수 있을 정도로 험하지 않은 산이라는 점을 동시에 말해 주고 있다. 계방산 운두령은 우두령牛頭嶺에 기원을 둔 것이고 더 나아가면 '우두머리고개'이다.

　운두령에서부터 고도를 높여가는 산행 길은 눈꽃 잔치이다. 나무 기둥결을 따라 하얀 색칠을 하고 잔가지는 사슴뿔로 변모시킨다. 쪼글쪼글 매달려 있던 단풍나무 이파리가 하얀 분가루를 바르자 앙증맞은 고사리손으로 변한다. 잠을 자던 형광나무 작은 잎들도 눈 세례를 받아 다시 강렬한 빛을 발산한다. 등산로 이정표도 눈꽃 향연에 합류한다.

　멀리 보이는 풍경은 짙게 깔린 하얀 운해가 가세하여 온통 물안개를 가득 머금은 고요한 바다이다. 가칠봉, 설악산 대청봉, 소계방산, 오대산 비로봉, 호령봉이 그 위로 어렴풋한 모습을 내밀고 있다. 보일 듯 말 듯 가느다란 능선들은 바다의 물결이고 봉우리들은 바다 위로 내민 고래 등이다.

　능선을 벗어나 하산 길로 접어들자 거대한 주목이 마중한다. 지금까지 알려진 정선 두위봉 주목보다 가슴둘레(4.89m)가 더 커서 수령이 더 오래되었을 것으로 추정되는 나무이다. 적어도 1,400년은 된 것으로 우리나라에서 가장 오래된 생명체라 할 수 있다. 삼국시대에 태어나서 통일신라, 고려, 조선을 거쳐 다시 남북으로 갈라진 분단시대를 목격하고 있다.

노동계곡은 너덜겅 길이다. 눈 속에 묻힌 바위들이 어지러워 자칫 발이 미끄러져 빠지기 일쑤다. 곁에서는 예상치 못한 풍경이다. 마치 고양이 발톱 같다. 건드리기만 하면 심사를 드러내어 여지없이 할퀴고 만다.

긴 계곡이 끝나고 첫 번째 마주치는 집이 이승복 생가이다. 계방산 골짜기는 그들 가족에게 버릴 수 없는 생활 터전이었다. 계방산이 언제든 자신들을 덮칠 수 있는 나쁜 고양이라면 쥐의 신세로 알고 살았고, 쥐로부터 보호해 주는 고마운 고양이라면 보은을 생각하며 살았다.

1968년 추운 겨울날 울진·삼척에서 쫓겨온 무장공비들이 계방산 노동계곡에 발자국을 남기며 깊숙이 들어왔다. 그날 밤 집에 있던 어린 이승복과 가족 대부분이 죽임을 당하였다. 공비들은 눈꽃이 만발한 계방산으로 달아났고, 대부분은 사살되고 더러는 붙잡혔다.

무표정한 계방산은 허리를 잘라낸 아픔을 애써 참아온 표정이 아니었는지, 주목나무에 핀 하얀 눈꽃들은 명부冥府로 가는 만장이 아니었는지, 긴장한 고양이의 얼굴은 예고된 참혹한 운명을 다 알고 있었다는 것은 아니었는지. 하늘에는 창백한 낮달이 무심히 흘러가고 있다.

공작산

孔雀山　　　887m

물은 아무 목표도 의지도 없다.
그러나 대해大海에 다다른다.

모든 강江과 내(川)에서 그런 느낌을 받지만 굽이굽이 돌아가는 홍천강을 보고 있노라면 그것은 최고조에 이른다. 강은 그 많은 홍천군의 산에서 생겨나 자신을 가로막는 산을 만나면 주저 없이 휘감아 돈다. 가리산(1,051m)을 만나서는 옆구리를 조심스럽게 지나가고, 팔봉산(328m)을 만나서는 삼면을 안고 흘러 여덟 개의 봉우리를 수반 위에 수석처럼 올려놓고, 금학산(652m) 앞에서는 태극선을 그린다.

나는 우주관을 나타내는 태극은 물에서 힌트를 얻었으며 어쩌면 그 창시자가 홍천강의 흘러가는 물을 보고 확신을 얻었을 것으로 본다. 헤르만 헤세의 『싯다르타』가 해탈을 위해 오랜 생을 떠돌다가 결국 물을 만나 득도하듯이.

공작산 등산로 초입인 공작현 고개를 목표로 하던 내가 수타사를 먼저 찾은 것은 바로 이와 같았다. 홍천터미널에서 무심코 말을 나누게 된 어르신 한 분이 수타사 가는 버스에 올라타기에 나도 그 뒤를 따른 것이다.

수타사. 없는 듯 있는 절이라고 부르고 싶다. 풀 한 포기, 나무 하나 가꾸었다는 내색을 전혀 하지 않고 있다. 가람 배치 또한 아무런 규칙도 없다.

최근에 지은 듯한 절 마당 앞 귀퉁이 찻집에 발을 들여놓는다. 풋내기 여주인이 따라주는 녹차를 마시며 연꽃 한 송이가 그려진 대형 유리창을 액자로 하여 원통보전圓通寶殿을 바라본다. 바로 앞 석조 축대에는 야생화들이 화단을 이루고, 그 위로 대나무 통을 타고 흐르는 샘물만이 시간의 흐름을 느끼게 한다. 버스에서 내려 급한 걸음을 하던 그 어르신이 법당 안에서 지전을 놓고 빌더니 우물 앞에서 또 열심히 두 손을 비벼댄다. 그런 풍경 속에서 의지를 내세우는 것은 햇빛뿐인가 하다. 그리고 헐렁한 옷차림에 밀짚모자를 쓴 주지스님의 발걸음도 그러하다.

지금 앉아 있는 당우의 이름은 분명 주지스님의 철학이 들어 있을 것이다. 상락아정常樂我淨. 풀이하면 "즐거움이 계속되고 잔잔함이 남는다." 수타사 분위기와 딱 맞아떨어진다. 스스로의 풀이에 만족하여 손을 탁 치고 나서 주지스님을 불러 세운다. 스님이 가르쳐준 말씀은 중생들에게는 알쏭달쏭할 뿐이다.

"열반의 세계는 영원하고 즐겁고 자재무애自在無碍한 참된 자아가 확립되어 있으며 청정함을 이룬다."

수타사가 들어선 자리는 공작산에서 발원한 덕지천이 노천리마을을 지나며 구불구불 흐르다가 다시 계곡으로 들어와 자연스럽게 하나의 산봉우리를 양옆으로 감싸며 흘러서 섬으로 만들어놓은 곳이다. 사실 수타사의 모든 풍경은 주지스님의 부지런함이 만든 작품인데, 흔적을 남기지 않는 그의 내공이 두려울 정도이다. 오랫동안 『월인석보月印釋譜』 두 권(17권, 18권)이 사천왕 뱃속에 보관되어 있었던 것도 절의 분위기와 무관하지 않을 것이다. 1957년 발견된 보물은 현재 관내의 성보박물관에 보관되어 있다.

절을 나와 둘러본 공작산 생태숲의 조경은 치밀하고 빈틈없으면서도 아름답다. 덕지천이 만들어놓은 길을 거슬러 걸어본다. 요란하던 물소리가 어느 순간 정막으로 바뀐다. 아무래도 수타사의 감동이 온몸에 가득 차 있기 때문일 것이다. 큉소출렁다리를 뒤로하고 급격한 오르막의 약수봉을 오르는 길에서도 그랬다.

 조형미를 느낄 수 없는 수타사를 나는 왜 여태 모르고 있었을까. 내내 수타사의 잔영이 남아 있어 전망 없는 능선 길이 차라리 고마웠다. 다섯 시간 걸린 사색 길은 공작산 정상을 거치고 안골로 내려와서야 끝이 났다. 공작의 아늑한 깃털 속에서 빠져나온 듯하다. 노천저수지에 이르러 뒤돌아보니 공작산 정수리가 비로소 모습을 보여주고 있다. 약수봉에서 잔잔하게 이어지던 능선은 수리봉에서 우뚝 솟아 위엄을 보이고, 다시 급격하게 올라가서 공작산 정상의 바위는 불쑥 오른편으로 위태롭게 붙어 있다.

 공작은 원래 우리나라에는 없던 새이다. 마침 인도로 유학을 다녀온 한 스님의 눈에 정상의 쪽진 머리가 공작의 큰 몸집에 비해 작디작은 머리 뒤로 돋아난 부채 모양의 장식깃으로 보였다. 이 순간 스님은 옳거니 하며 손뼉을 치고 "공작산" 하고 소리쳤다. 그때까지 산의 이름은 '높다'라는 뜻의 무미건조하기 짝이 없는 '새뫼'였다. 때문에 최고봉은 '수리봉'이 되어 그 밑으로 이사를 가야 했다. 아마 깨달음의 순간 나도 모르게 손을 내려치는 그 스님의 수타手打에서 수타사壽陀寺라는 절 이름을 얻지 않았을까 생각해 본다.

 공작골도 수타사 경내의 분위기처럼 꾸밈이 없다. 제발 앞으로도 숨어 있는 나만의 보물로 남아 있기를 욕심 부려본다. 버스도 하루에 몇 번 없는 공작골에서 마침 하산한 등산객의 승용차를 얻어 탄 것은 홍천강이 나에게 베푼 선물일 것이다. 홍천강은 태백산맥의 서쪽에서 줄기를 모아 홍천군 일대를 흐르다가 청평댐에서 북한강과 합류한다. 물이 범람하여 '홍천'이고 우리말로 '너브내'이다. 홍천군은 우리나라 행정구역 군 중에서 면적이 가장 크다는 영예를 안고 있다. 홍천 사람들은 말한다. 홍천은 대한민국의 허파이고, 홍천강은 서울 사람의 젖줄이라고.

홍천터미널에서 귀경 차표를 끊어놓고 밖으로 나와 동쪽을 바라본다. 도시의 건물들에 가려 공작산은 보이지 않지만, 인도에 유학한 스님의 눈을 빌려 신통력을 발휘해 본다. 꼭대기에서부터 흘러내린 능선이 밑으로 내려와서는 마치 공작의 풍성한 꼬리처럼 쫘악 펼쳐져 있다. 그 꼬리 깃을 따라 들며 날며 홍천강이 유유히 흐르고 있다.

관악산

冠岳山　　　632m

　산의 모양새가 "나는 불이요" 하고 소리치는 것은 아니지만 형태가 다양하고 신묘하여 보는 이가 상상하는 모습으로 비치기 마련이다. 관악산은 돌산이고 서울에서 보면 정상으로 향하는 능선이 울퉁불퉁하여 언제든 활활 타오를 것처럼 보이니, 조선의 수도이며 가장 큰 도시를 설계하고 건설한 이에게 걱정거리인 화마火魔로 보이는 것은 당연하였다.

　불기운이 드센 산을 잘 다스리지 않으면 언제 화를 낼지 모른다. 불이 한강을 넘어오지 않도록 먼저 맞불을 놓아야 한다. 불꽃 모양인 '숭崇' 자와 오행五行의 화火에 해당하는 '예禮' 자를 세로로 써서 피어오르는 불꽃을 상징한 숭례문 현판이 바로 그 맞불이다(김장호 『한국백명산기』 관악산).

　또한 경복궁 처마와 광화문 앞에는 투시력이 있다는 해치를 세웠다. 해치는 원래 궁문이나 관문 앞에 세워 드나드는 관원들에게 꼬리(진미/塵尾)를 쓰다듬게 하여 마음속 먼지를 털도록 하는 용도였다. 광화문 좌우의 해치는 머리를 돌려 관악산을 노려보게 함으로써 불의 본성을 갖고 있는 관악산이 감히 모반하지 못하도록 또 하나의 막중한 임무가 추가된 셈이었다. 또 산중에서 바라보는 연주대戀主臺는 송곳바위들이 하늘을 향해 날카로운 끝을 세우고 있으니 마치 촛불 뭉치가 불꽃을 길게 내뿜고 있는 형상이다. 발화지라고 할 수 있다. 이를 제압하기 위해 연주대 밑에 우물을 파서 소금을 묻었다.

　관악산의 승경勝景을 꼽으라면 당연히 연주대와 자하동紫霞洞계곡이다.

이익李瀷(1681~1763)의 『유관악산기遊冠岳山記』에 자하동은 네 군데로 나온다. 불성사佛性寺 남쪽으로 남자하南紫霞, 서쪽으로 서자하西紫霞, 연주대 북쪽으로 북자하北紫霞, 그 북쪽으로 동자하東紫霞이다. 그중에 시흥향교에서 들어가는 동자하를 으뜸으로 쳐서 현재 유일하게 자하동계곡으로 남아 있다. 옛사람들도 대부분 해가 뜨기를 기다려 자하동계곡으로 올랐다.

시냇물이 산골짜기에서 나무 그늘을 누벼 흘러오니 그 수원을 알 수 없고 물은 정자 아래 바위에 부딪쳐서는 비말을 흩뿌리는가 하면 이따금 고여서 웅덩이를 이루기도 하고 마침내 철철 물이랑을 지으면서 골짜기를 감아 돌아 멀리 사라지니 마치 비단을 펼친 듯하다. 언덕 위에는 철쭉꽃이 막 피어 바람이 지나가면 그윽한 향기가 물을 건너 다다른다. 산에 들어가기 전에 이미 시원하여 아득한 흥취가 돋았다.

채제공蔡濟恭(1720~1799)이 1786년 봄에 올라 기록한 자하동계곡의 풍광이다. 그가 앉은 정자에서 무려 10리를 더 걸어야 본격적인 등산이 시작되는 곳이었으니 지하철 정부과천청사역에 내려 시흥향교에서 가파르게 시작하는 요즘의 우리들에게 없는 전희前戲가 선현들에게는 있었다.

연주대는 그 특별한 모습으로 예부터 많은 이들이 주인을 다투었다. 신라 문무왕 때 의상대사義湘大師가 좌선하던 곳이라 하여 영주대靈珠臺라 불렀고, 1392년(태조 1년)에 고려의 유신遺臣들이 개성을 바라보며 임금을 그리워한 장소라고 해서 연주대戀主臺로 바꾸어 불렀다. 이 후 양녕대군과 효령대군이 동생인 충녕대군(세종)에게 왕위를 물려주고 잠시 이곳에 머물면서 도성을 바라보았다.

채제공이 이 산을 오른 때는 정적의 공격을 피하여 벼슬을 버리고 은둔하면서 개혁 설계도를 그리며 정치적으로 재기할 날을 손꼽아 기다리던 시기였다. 그 역시 연주대에 올라 『시경詩經』에 나오는 시를 읊어 임금에 대한 그리움을 토했다.

"산에는 개암나무가 있고 진펄에는 도꼬마리(苓)가 있도다. 내 누구를 생각하는가. 서방西方의 그리운 임이로다."

한양 설계자가 '불'을 보고 있을 때 정치가들은 자신들의 입신양명을 암시하는 형상으로 보았다. '갓산'이 어느새 높은 분들이 쓰는 관冠을 쓴 산으로 바뀌었다.

세월은 흘러 도성에서 눈을 떼고 자신의 앞을 보아야 하는 시기로 접어들었다. 연주대는 민중이 주인이 되는 세상, 민주를 그리워한다는 의미로 또다시 그 주인이 바뀌었다. 1970~1980년대에 민주화 투쟁을 하던 서울대 학생들은 방과 후 정문으로 통과하지 못하고 학교 뒤의 계곡을 타고 올라와서 이 산에서 며칠씩 숨어 지냈다. 그들도 연주대에 올라 숨죽여 사는 시민들을 생각했고, 서울의 빼곡한 건물들 사이에서 가지 못하는 자신의 집을 찾아보았다. 그리고 연주암 응진전應眞殿에서 도둑잠을 청하기 전 뒤편 바위에서 발을 성큼성큼 벌려 달리는 말, 장애를 뛰어넘는 곰 그리고 남쪽을 바라보며 육중하게 서 있는 코끼리 찾는 것을 놀이로 삼았다.

이제 화마 이야기도 옛날이야기가 되어버렸다. 정부과천청사역에서 내려 올려다보는 정상은 기상청의 기상 레이더와 방송국의 송신탑 등 뾰족한 첨탑으로 요란하다. 서울에 불(火)의 경종을 울리는 화마로서의 역할을 톡톡히 하더니 이제는 하늘을 올려다보고 날씨를 알아내고 또 서울로 전파를 보내는 통신망의 가장 중요한 위치를 맡게 되었다.

사실 관악산 북쪽 기슭 신림동 사람들에게는 '금뫼'로 불리기도 하고

'구름뫼'로 불리기도 했다. 흘러가는 구름에 비친 바위산이 신묘했을 것이다. 유래를 모르는 사람들은 한자 표기로 태연하게 신림新林이라 쓰지만 신神과 구름을 함께 부르는 이름이다.

고마운 관악산, 이제 화마의 악역을 벗겨줄 시점이다.

구병산

九屛山　　876m

"'거북아, 거북아, 머리를 내밀어라. 만약 내밀지 않으면 구워먹겠다' 하며 노래를 부르고 뛰며 춤을 추어라. 그러면 너희들은 대왕을 맞이하여 기뻐서 춤추게 될 것이다."

『삼국유사』에 나오는 가야의 시조 수로왕 탄강誕降 신화의 한 대목이다. 무대는 경남 김해시의 구지봉龜旨峯이다. 별로 크지 않은 산이지만 하늘의 광명이 서린 천산天山이다. 거북 머리 모양을 닮았다고 하여 구수봉龜首峯이라고도 하고, 한국민속문학사전에서는 국사봉과 어원이 같은 신神마루라고 한다. 그러나 구지(串) 자체가 그 어원임을 무시할 수 없다. 같은 이름을 가진 부산의 '구지산'은 인근 해안가에 곶이 있어 붙은 이름으로, 지역 방언이 고지·꼬지·구지라서 구지산(串山)으로 불렸다고 한다. 역시 낮은 구릉성 산이지만 우리의 산은 하늘과 연결지어 있다는 관념을 상기한다면 산과 하늘을 관통하는 꼬지를 상상해 볼 수 있다. 그래서 '구지'라는 말은 그 자체를 산으로 보아 무방하다. 그렇지 않고서는 황해도의 꿩구지산, 박달구지산, 샘구지산, 흙구지산, 금성구지산, 여구지산, 대사구지산, 깊은구지산, 대봉구지산, 배나무구지산, 중두루구지산 등 많은 구지산의 이름을 설명할 길이 없다.

　나는 구병산의 원조 이름을 '구지뫼'로 생각한다. 산과 하늘을 연결해주는 상상의 꼬지가 아니라 산이 직접 꼬지가 되어 하늘에 관통하려는 모양의 산이다. 그것도 하나가 아니라 아홉 개나 가지고 있다.

따라서 우리나라 산은 상상 속의 꼬지를 지닌 거북형과 실제로 하늘을 향해 관통하려는 기상을 가진 꼬지형으로 나눌 수 있다. 거북형은 태백산·소백산·가지산·모악산·천성산·지리산 등이고, 꼬지형은 금강산·운악산·도봉산·북한산·대둔산·월출산·설악산 등이다. 이 두 가지가 겹친 산은 장흥의 천관산, 남해의 금산, 장성의 백암산을 꼽을 수 있다.

꼬지형의 혈통을 지닌 구병산은 인근 다른 산과 더불어 가족을 형성하고 있다는 사실이 흥미롭다. 스스로는 지어미이고 바로 북쪽의 속리산이 지아비이며 이 부부의 아들은 금적산이다. 속리산은 덩치가 크고 근육질이 우람하니 지아비임이 분명하다. 그렇다면 구병산의 친정아버지는 어느 산일까?

쌀개봉은 V자로 갈라진 봉우리가 방아허리를 받치는 쌀개처럼 생겼다 하여 부르는 이름이다. 방아를 거는 나무 막대기를 걸어놓아야 하니 V자라기보다는 U에 가깝다. 그런 봉우리를 지니고 있는 능선은 얼마나 험난할지 그 이름에서 상상이 가능하다. 흔한 형상이 아니니 멀리 떨어져 있어도 쌀개봉을 지니고 있다면 같은 유전자로 보아야 할 것인즉, 똑같은 쌀개봉을 지니고 있는 계룡산이 친정아버지이다. 구병산은 디딜방아나 물레방아로 방아를 찧던 시절에 계룡산에서 출가하여 속리산과 짝을 이루고 외동아들 금적산을 낳아 백년해로 아니 천년 만년 해로를 이어가고 있는 것이다.

구지산이 곧바로 구병산九屛山으로 바뀌었다는 것도 미심쩍다. 그 중간에 봉황을 상징하는 구봉산九鳳山이 있었다고 보아야 한다. 정확히 아홉 봉우리도 아닐뿐더러 선인들의 시각이란 아홉 개의 봉우리라든지 병풍같이 생겼다든지 눈으로 보이는 형상보다는 보다 깊은 의미와 연결 짓기를 좋아했다는 것이 나의 견해이다.

　백수의 왕이 호랑이라면 새 중의 왕은 봉황이라 할 수 있다. 이 상상의 새가 한 번 나타나면 천하가 태평하게 된다고 하여 천자天子를 상징하며, 지금도 대통령의 전용 휘장으로 사용되어 청와대 정문에도 두 마리 봉황이 마주 보고 있다. 특히 봉황은 금슬이 좋고 다산을 상징하여 베갯모 장식에 암수 한 쌍과 새끼 일곱 마리를 수놓은 구봉침을 신혼부부의 베개로 사용하였다. 앞으로도 속리산과 구병산은 결코 떨어질 수 없다는 것이 너무나도 자명한 일, 이는 구봉침의 효과일 터, 금적산에 이어 많은 자손이 나오기를 기대해 본다.

　지난겨울 처음 찾은 구병산에서 꼬지형의 특색을 집약하여 나타낸 산임을 실감하였다. 흘러가는 산등성이로 대표되는 주변의 산들 틈에서 단연 군계일학이었다. 타관에서 시집온 색시는 동네 사람들의 처음 호기심을 지금도 유지하고 있음이 분명하였다. 숨은골 입구 위성 기지국의 거대한 접시 안테나는 어디로 신호를 주고받는 것일까. 다시 올려다보는 구병산의 얼굴은 지구인을 넘어서 있는 것 같다.

　평탄한 길로 시작한 숨은골 계곡은 점점 난이도를 높여갔다. 새끼 봉황 한 마리 한 마리를 만나러 가는 능선 길은 힘들면서도 재미있었다. 다만 정상 바위틈의 소나무 한 그루가 천수를 다하지 못하고 고사하여 마음을 아프게 하였다.

금 산

錦山　　705m

단군신화는 하늘(환웅)이 땅(웅녀)과 합하여 인간화(단군)되는 것으로 해석할 수 있다. 하늘이 산에 내려와 사람으로 화하는 '하늘 → 산 → 인간'의 구조는 이후에도 반복된다.

"저는 유화라고 합니다. 여러 아우들과 노닐고 있을 때 천제天帝의 아들 해모수가 저를 웅신산熊神山 밑 압록강가에 있는 집으로 데려가서 남몰래 정을 통했습니다."

고주몽신화에는 천제의 아들로 천제의 명령에 따라 오룡거五龍車를 타고 지상으로 내려온 해모수, 웅신산의 유화, 그리고 이들 사이에서 태어난 고주몽이 등장한다. 웅신산의 웅은 곰과 관련된 말로 웅신산이란 곰뫼의 뜻이다(최원석 『사람의 산 우리 산의 인문학』).

또한 우리 고유어 신神이란 뜻이다. 금산은 여기서 파생되었다. 금산은 '큰 산'에서 나왔다는 설도 있으나 신이란 무한히 큰 존재이니 틀린 말이 아니다.

이성계가 이 산에서 100일 기도를 마치고 내려가 왕좌에 오르게 되자 은혜를 갚기 위하여 비단 '錦금' 자를 써서 '錦山금산'으로 바꿔 불렀다고 전해진다. 상주리 탐방지원센터 앞 도로에서 올려다보는 산은 병풍처럼 펼쳐진 면에 바위들이 여기저기 보석처럼 박혀 있다. 38경이라 부르는 기암괴석들로 금산의 주역들이다.

먼저 도선바위를 접하게 되는데, 영월 월출산 자락 출신 도선국사의 흔적이다. 바위는 하얀색으로 도무지 검어지지 않을 것 같다. 그가 아직 살아 있다는 증거이다. 아직도 지팡이를 짚고 유랑하고 있을 그와의 조우를 생각해 보지 않을 수 없다.

이어서 사선대의 신선이 마중한다. 불로불사不老不死 네 신선이 모여 담소를 나누고 있다. 그런데 이게 웬일인가. 문득 고개를 드니 해골의 휑한 두 눈두덩이가 나를 노려보고 있다. 쌍홍문이다. 그 안은 방이 세 개로 나뉘어 돔 형의 천장을 가지고 있으니 사람의 전뇌, 좌뇌, 우뇌이다. 꽉 차 있었을 내용물인 골은 사라지고 텅 비어 어두컴컴하다. 뒤돌아 바다를 바라보니 여기저기 크고 작은 섬들이 해골의 시선이 머무는 곳에 옹기종기 모여 있다. 볼록볼록한 검은 섬들은 마치 꿈틀대는 고래 가족들 같다.

대장봉을 광배처럼 두르고 서 있는 보리암은 그 자체가 부처님이다. 해수관음상 역시 쌍홍문과 같은 눈으로 바다를 바라보고 있다.

몇 걸음 더 옮겨 금산산장 산마루턱 철제 원탁 앞에 앉는다. 머리와 가슴의 감탄을 몸과 함께 나눌 수 있는 곳이다. 세존도 일대의 고래 가족들이 일제히 내게 시선을 돌린다. 세존도 유래는 송병선(1836~1905)의 『금산기錦山記』에 나온다. '세존(초기 경전에 나오는 부처님 명칭)께서 돌배를 만들어 홍문(지금의 쌍홍문)을 뚫고 나가서 곧장 바다의 섬에 이르렀고, 그 섬 역시 배가 닿자 구멍이 뚫려 마주 보게 되었다.'

바위틈의 계단 길을 오르니 정상 직전의 바위들이 주먹을 쥔 듯 우락부락한 모습으로 다가온다. 한 쌍의 버선 모양 바위에는 '유홍문 상금산由虹門 上錦山(쌍홍문을 지나 금산에 오르다)'이란 글이 새겨져 있다. 우리나라 첫 서원인 백운동서원을 세운 조선 중기 학자 주세붕이 남긴 글이다.

단군성전을 지나고 부소암(일명 뇌바위)을 바라본다. 그런데 이게 또 웬일인가. 영락없는 사람의 뇌이다. 쌍홍문에서 빠져나온 뇌가 바로 이곳에 있었더란 말인가. 쌍홍문 안에 끼워넣기에 딱 알맞은 크기이다. 무슨 사연으로 저세상으로 가던 뇌가 바위가 되어 이곳에 머무르게 된 것일까?

거북바위에 새겨진 상주리석각을 내려다본다. 진시황의 명을 받은 방사方士 서불徐市(혹은 서복/徐福)이 동남동녀童男童女 500명을 데리고 이곳에 왔다. 그때 남긴 '서불과차徐市過此(서불이 이곳을 다녀가다)'라는 글이 이 석각이다. 불로초를 대신할 수 있는 장수를 상징하는 거북바위에 글을 새겨 넣었다. 새겨진 상형문자는 서불과 무관한 별자리 그림이라는 설이 있으나, 이곳을 다녀간 송병선은 『금산기』에서 고전古篆이라고 말하고 있다.

고전이란 진시황 때 통용되던 옛 중국에서 한자를 표기하는 데 쓰던 서체이다. 나는 비슷한 글자가 제주도의 정방폭포에도 있는 점을 들어 그가 이 땅을 다녀간 흔적이 틀림없다고 본다. 서불의 불로초 이야기는 당초부터 거짓이었다. 삼신산三神山의 하나인 멀리 동방의 영주산瀛洲山(지금의 한라산)에 가서 불로초를 구해 온다고 하였지만 일본으로 가는 것이 그의 목적이었다. 우리나라 남해 연안을 거쳐 일본으로 건너가는 것은 자연스런 해류의 흐름이었고 당시의 뱃길이었다. 한라산에 들른 것은 동행자들에게 그를 믿게 만든 수단이었고.

멀리 진나라에서 서불이 다녀가고, 월출산의 도선국사가 잠시 거처하고, 이성계가 기도를 올렸으며, 주세붕이 올랐다.

불로불사의 네 신선은 항상 그 자리를 떠나지 않고 있다. 왜 이렇게 금산은 많은 이들의 관심을 받게 되었을까. 신의 산이지만 전해지는 천지인의 신화도 없는데 말이다. 분명한 것은 보리암에서 보는 세존도 일대의 풍경이 압권이라는 사실이다. 안개 자욱한 바다에서 도란도란 온화한 분위기를 자아내는 섬들을 보고 있노라면 근심은 썰물이 되어 사라지고 행복감이 밀물처럼 몰려든다. 여기에 와서 이를 본 사람들은 신의 존재가 떠올라 자기도 모르게 연신 절을 하며 두 손을 비볐을 것이다.

　홍문이란 충신, 열녀, 효자들을 표창하려고 그 집 앞에 세우던 붉은 문이다. 홍문의 의미, 세존도 일대의 풍경, 그리고 해골인 쌍홍문과 뇌인 부소암에 천지인 열쇠가 있을 것 같다. 하늘의 아들이 금산에 이르러 웅녀를 찾아야 하는 임무는 망각한 채 바다의 풍경에 사로잡힌 것인가. 이에 화가 난 웅녀는 산을 벗어나다가 홍문의 의미를 저버릴 수 없어 뇌(부소암)를 남겨놓은 것인가. 그리고 이 안타까운 사연을 네 신선은 다 알고 있는 것인가.

금수산 錦繡山 1,016m

하루재클럽 대표 변기태 님은 우리나라 최초의 여성 산악인은 김금원이라고 거명한다. 김금원은 1817년 원주에서 소실의 딸로 태어났다. 남장을 하고 5년간 설악산과 금강산 등 전국을 유람하고 『호동서락기湖東西洛記』를 남겼다. 14세가 되던 1830년 춘삼월에 제천 의림지, 단양 사인암, 영춘 금화굴과 남효굴을 보고 청풍의 옥순봉玉筍峯에 이르렀다. 그녀는 그곳에서 금수산을 바라보고 기수를 북으로 돌려 금강산으로 향하였다.

내가 금수산을 찾은 때는 상천리마을 길가에 지천으로 있는 산수유 열매가 붉은 초가을이었다. 복숭아밭을 지나서 이내 산길로 접어드는데, 길은 갑자기 험악해져 용담폭포 밑에 이르러서는 더 이상 오르기 어려웠다. 우측의 계단 길로 올라서니 전망대가 나타나고 용담폭포와 그 위의 선녀탕이 한눈에 보였다.

선녀탕은 위에서부터 아래로 나란히 세 개의 깊은 소沼로 되어 있어서, 이장님(김용일)이 들려준 이야기에 신빙성을 더한다. 용담폭포에서 하늘로 승천하던 용이 한 번에 날지 못하고 하나, 둘, 셋, 도움닫기를 하고 날았다는 것이다. 그 발자국이 선녀탕인데 선녀들은 용이 승천한 후 이곳에 내려온 셈이 된다. 비록 용이 사라진 후일지라도 나무꾼이 옷을 훔치지 못할 최적의 장소이다. 그래서일까, 이 동네 역시 선녀탕만 있을 뿐 나무꾼 이야기는 전해지지 않는다.

선녀탕에 물이 줄어드는 가뭄에는 사람들은 기를 쓰고 용담폭포 직벽을 올라 기우제를 지냈다. 힘센 장정들은 꽥꽥 울어대는 돼지를 끌고 가서 멱을 따 그 피를 선녀탕에 뿌렸다. 하늘에서 이를 지켜본 용은 자신이 승천한 곳이 더럽혀지는 것에 분개하여 눈물을 뚝뚝 흘리며 울어댈 수밖에 없었다. 상천리 이장은 마지막 기우제를 지낸 것은 2002년 여름이라고 회상한다.

길은 암벽을 비틀어서 오를 정도로 험하다. 7부 능선쯤 되니 가팔랐던 길이 평온해지기 시작한다. 망덕봉과 금수산 정상까지의 능선 길은 오르내리막 없는 활 모양으로 더없이 편안하다. 얼음골에 들러 과거 조금만 땅을 파면 말복까지도 얼음이 나왔다는 장소를 확인해 본다. 군데군데 시험 삼아 파본 자리가 역력하다. 얼음은 확인할 수 없었지만 북쪽에서 불어오는 바람이 시원하다. 오랫동안의 시멘트 채굴로 산등성이가 함몰된 산들이 보인다.

정상 부근에 이르자 길은 다시 험해지면서 계단 길로 바뀌었다. 정상에는 데크가 설치되어 바위 봉우리는 그대로 수석이 되고 말았다. 금수산을 내려와서 다시 상천 주차장에서 가은산을 올랐다. 상쾌한 바람이 청풍호에서 불어왔다.

제천 사람들은 이 지역의 충주호를 별도로 청풍호라고 부른다. 상쾌한 바람을 뜻하는 청풍의 옛말은 '사여리'이다. 『삼국사기 지리지』에는 사열이沙熱伊라는 표현이 나온다(김장호 『한국백명산기』 월악산). 지금도 현풍면 소재의 사오리査伍里라는 지명이 남아 있어서 이를 확인시켜 주고 있다.

가은산을 오르니 장대한 파노라마가 펼쳐진다. 금수산은 풍만한 엉덩이와 늘씬한 허리를 자랑하며 엎드려 있는 여인이다. 엉덩이는 망덕봉이고 머리 부분은 정상의 신선봉인데 엎드린 자세로 고개를 들어 동쪽을 바라보고 있다. 그 아래는 바위 사이로 살짝 물든 가을 단풍이 마치 화려한 비단을 깔고 있는 듯하다. 이때 멀리 서쪽을 보니 월악산 능선이 속눈썹이 진한 여인이 콧날을 오뚝 세우고 하늘을 향해 누워 있는 모습이다.

여인들이 저마다 다른 포즈를 취하며 명산을 차지하고 있다. 아침에 만난 상천휴게소 주인아주머니의 일성이 귓가에 맴돈다.

"금수산은 여인의 산이에요. 이 동네에서는 여자를 무시했다가는 절대 집안이 잘되지 않아요."

아하, 선녀는 이미 오래전 이 마을로 내려온 것이 틀림없다. 이 마을 여인들에게는 하늘에서 내려온 선녀의 피가 흐르고 있는 것이다. 그리고 분명 김금원도 그 후손이었을 것이다. 그녀는 오래전 떠나온 고향을 바라보며 시원한 '사여리'의 기억을 떠올리기 위해 옥순봉에 올랐던 것이다.

'선녀님이시여, 저는 설악산과 금강산을 향하여 떠납니다. 부디 이 여정을 무사히 마칠 수 있도록 도와주십시오.'

| 金烏山 | # 금오산 | 977m |

김천金泉, 감천甘川 그리고 삼한시대 이 지역 부족국가였던 감로국甘路國은 모두 신神을 뜻하는 '곰'에 어원을 두고 있다. 구미龜尾, 금오金烏는 '곰, 올'로 읽어 '신의 알'이다. 신 중에서 가장 알맹이가 되는 신, 즉 태양을 가리킨다. 금오산은 태양의 산이다.

금빛 찬란한 태양 속에는 발이 세 개 달린 까마귀가 살고 있다. 신라에 불교를 전한 고구려의 승려 아도화상阿道和尙은 이곳을 지나다가 멋진 감상을 덧붙인다.

"저녁노을 속에서 황금빛 까마귀가 날고 있구나."

그래서인지 공원 주차장에서 올려다보는 산 정상의 볼록한 부분이 산 위로 떠오르는 태양으로 보인다.

먼저 채미정採薇亭에 들른다. 채미란 고사리를 캔다는 뜻으로, 고려 말 국운이 다한 걸 알고 낙향하여 금오산 자락에 은거하다 생을 마친 야은冶隱 길재(1353~1419)를 기리기 위해 중국의 백이伯夷 숙제叔齊가 고사리를 캐던 고사에 빗대어 붙인 이름이다. 구한말 망해 가는 나라를 보면서 착잡한 마음을 가눌 수 없었던 장복추張福樞(1815~1900)·송병선·허훈許薰(1836~1907)이 금오산을 찾아 길재의 의미를 되새기고 기행문을 남겼다. 허훈의 감상은 특별하였다.

"생각이 머무르는 곳마다 사모하는 마음이 일어나 한두 곳에 그쳐서는 충분하지 않았으니, 어찌 하찮은 경물景物에 끌려다니기만 하랴. 하물며 금오산은 예나 지금이나 길 선생께서 돌아와 은거하신 곳으로 일컬어지며 남기신 발자취가 아직도 마멸되지 않았다. 이 산을 유람하는 자는 먼저 채미정을 찾아야 할 것이니, 깎아지른 절벽과 울창한 숲에서 단연 엄숙함이 마음과 눈 사이에서 일어나 늠름히 서 계신 곳을 알 수 있었다."

- 국립수목원 편저, 『국역유산기』, 경상북도 편, '18 유금오산기'

또 장복추는 대혜폭포 위의 도선굴에 대해서 이렇게 적고 있다.

"폭포 아래 구멍이 있는데 구멍은 암벽 위 십수+數 길 되는 곳에 있어 걸음이 민첩한 자가 아니면 높고 위험해 들어갈 수 없으니, 곧 세상 사람들이 말하는 야은굴이었다. 문집 속의 한거閑居 시로 상고해 보니, 고려의 사직이 폐허가 되던 날 의리상 새로운 조정에 머물기를 원치 않으니 이 굴에 거처한 것이 아니었던가."

- 국립수목원 편저, 『국역유산기』, 경상북도 편, '14 금오산유록'

대혜폭포의 물소리를 뒤로하고 다시 산길을 오른다. 할딱고개를 넘어서자 전망바위 위에 새로 생긴 돌탑들이 발길을 붙든다. 구한말 우국지사들이 길재 선생을 잊지 못했듯이 먼저 간 손자를 잊지 못해 할아버지가 만든 오형돌탑이다. 공원 측의 정식 시설물로 인정받고 있지 않지만 등산객의 발길을 잡아놓는 명물이 되었다.

산은 경건한 분위기로 바뀐다. 바위틈의 석간수 앞에 떡과 과일을 올려놓고 연신 허리를 굽히고 손을 비비는 여인네의 자세가 발소리를 죽이게 한다. 거대한 마애불상의 살짝 눈을 감은 표정이 입을 다물게 한다. 이윽고 약사암에 닿는다. 역시 금오산의 진수는 약사암이다. 장복추가 찾아갔을 때 암자의 스님은 이렇게 자랑하였다.

"이곳은 금강산이 아직 소유하지 못한 곳이다. 금강산에는 보덕암이 있고, 동주銅柱와 철쇄鐵鎖가 있어 기이하긴 하나 이곳에 비하면 그 풍경이 못 미친다."

보덕암은 위태롭게 암자를 지탱하는 철주가 핵심이지만 약사암은 그것들과 더불어 일대의 풍경을 더욱 아름답게 하고 있다.

약사암의 최고 조망지는 계곡 건너편 능선 상에 돋아나 있는 쌍거북이이다. 약사암에 대한 지식이 전혀 없는 상태로 대원사에서 지루하게 능선을 올라 쌍거북이 돌탑 사이에서 약사암을 발견할 때의 기쁨이란 이루 다 말할 수 없다. 정상에서 수직으로 솟은 바위와 그 앞에 곡예를 부리며 걸터앉아 있는 당우堂宇 두 채, 구름다리 너머의 수직 바위 위에 놓인 팔각정, 그 너머의 금오호수(金烏池)가 고요하고, 그 뒤로 낙동강 물줄기를 가르는 아파트 밀집의 구미시가 오히려 환상적인 은빛도시로 다가온다.

송병선이 밟았던 층계를 타고 올라 정상에 다다른다. 넓적한 정상석에 현월봉懸月峯이라고 적혀 있다. 달이 걸렸다는 뜻이다. 아무리 훌륭한 경관도 혼자서는 의미가 없다. 야은굴은 길재가 있어 빛이 나고 약사암은 주위의 풍경과 어울려서 가치를 발한다. 붉은 태양인 금오산 앞으로는 황금까마귀가 날아가고 어깨에는 그의 귀여운 여인인 하얀 달이 기대어 있다.

| 金井山 | # 금정산 | 801m |

서울에 북한산이 있다면 부산에는 금정산이 있다. 북한산은 불끈 솟은 인수봉이 북방계열 선조들의 기상을 생각게 한다면, 금정산은 금샘이 남방계열 선조들의 신비감을 느끼게 한다. 북방민족의 시조가 곰으로 상징된다면 멀리서 배를 타고 바다를 건너온 선조들은 물고기로 상징되었을 것이다.

금정산 정상인 고당봉 옆에는 바위로 된 샘이 하나 있는데 금빛 나는 물고기가 오색구름을 타고 내려와 그 속에서 놀았다.

정상 바로 아래 고모당姑母堂에 모셔진 산왕대신山王大神은 그 금빛 물고기일 것이다. 그 밑의 금샘을 보살피고 또 맑은 물을 떠다 정성으로 올리고 대소사를 상의하며 부산의 안위를 빌던 이 땅의 크신 할머니는 고모영신姑母靈神이 되었다. 하늘에서 내려온 환웅과 어두운 굴에서 마늘만을 먹으며 인내했던 웅녀가 부부의 연을 맺어 하나가 되었듯이 우리의 금정산 할머니는 크나큰 금정산 산왕대신과 하나가 되어 위패로 나란히 모셔져 있다.

금정이란 어느 곳을 말함인가?『신증동국여지승람』은 산정 높이가 3장丈이라 하고 샘 규모는 둘레가 10척尺, 깊이가 7촌寸이라고 쓰고 있다. 문맥으로 봐서, 또 둘레 3m, 깊이 21cm라는 환산단위로 보아도 현재의 고당샘이 분명하다. 현재의 규모보다 작았던 것은 그 후로 샘을 확장했기 때문이다. 그러나 세월이 흘러 사람들은 기능을 잃은 고당샘이 아닌 인근 바위에 파인 웅덩이의 신기한 모습에 관심을 쏟게 되었다. 금샘의 타이틀이 어느 순간 바뀌어버렸다.

고당샘이 어두운 숲속에서 음산한 기운을 발산하고 있다면 금샘은 툭 솟은 바위 위에서 금정산 전체를 호령하고 있다. 한 피치 정도의 암벽등반의 즐거움을 느끼며 올라온 사람들은 금샘에 비친 자기 얼굴에 신기해하고 금정산 등성이를 바라보며 호방감을 만끽한다.

편안한 산성길에는 가족들이 소풍을 즐기는 모습이, 부드러운 산등성이 사이로 돋아난 바위에는 암벽등반하는 클라이머들이 보인다. 금정산은 부산 시민들에게 편안하고 맑은 공기를 공급하는 허파이며, 부산 산악인들의 산실이다.

금정산 덕분에 부산 산악계는 다른 어느 지역보다 근대적 등산 운동의 태동이 빨랐다. 조선산악회 경남지부가 해방 후 이듬해, 지방 유일의 '부산산악연맹'이 1965년에 결성되었다. 부산지역의 대부분 산악 행사는 금정산에서 열렸다. 1966년 6월 '제1회 부산학생등반대회'가 열리고, 1970년 봄에는 대한산악연맹 부산연맹 창립을 알리는 '범산악인대회'(금정제 전신)를 개최하였다. 1988년 10월에는 '제1회 금정암벽등반대회'가 금정산 대륙암에서 열렸다.

부산이 배출한 산악인은 셀 수 없을 정도이다. 권경업은 부산지역 산악계의 전설이다. 1977년 설악산 토왕성 빙폭을 등반하고 1982년 부산지역 최초의 히말라야 원정대 등반대장을 맡았다. 백두대간을 최초로 종주하였으며 90년대에는 백두대간 연작시 60여 편을 월간「사람과 산」에 연재, 산악시라는 새로운 장을 열었다는 평가와 함께 산악운동의 문화적

위상을 높였다.

등반세계로 빠져든 지 6년 만에 히말라야에서 영원히 산이 된 송준행(1941~1972)은 부산 산악인으로서 히말라야 첫 도전자이자 첫 희생자이다. 부산 산악계는 그가 평소 훈련했던 금정산 미륵암 아래 암장을 그의 이름을 따 '준행암'으로 이름 붙여 고인의 넋을 기리고 있다. 부산 산악인의 그런 노력들이 8,000m급 14좌를 완등한 휴먼알피니스트 김재수를, 세계 최단기간 8,000m급 무산소 등정한 김창호를 탄생시켰다.

금정산을 사랑한 산악인들도 많았다. 이원락(1934~1995)과 부산산악회 회원들은 당시 나무 한 그루 찾아보기 어려웠던 금정산 상계봉 중턱에 1962년부터 11년간 소나무, 오리나무 15,000여 그루를 심는 노력을 기울였다. 최일범(1916~1990)은 1988년 금정산골프장 추진계획을 무산시켰고, 김억석(1921~2003)은 골프장 반대 추진 위원회를 '범시민금정산보존위원회'로 개편, '금정산은 마음의 고향'이라는 슬로건을 내걸고 사격장을 건설하려던 부산시의 계획을 무산시키는 등 금정산 보존과 자연보호에 온 힘을 기울였다. 금정산 할배로 불리는 손경선(1932~2016), 『금정산 365일』을 쓴 이종길(1937~)도 있다.

성산(1939~2010)은 '성철용'이란 이름을 산과 평생 뗄 수 없는 운명으로 알고 바꾸었듯이 1958년 창립한 초장산악회를 대륙산악회로 개명할 정도로 이름이 지닌 의미를 중요시한 분이었다. 금정산에 고별대, 대륙봉, 파리봉, 부채바위의 이름을 지었다. 고별대는 젊은 회원이 입대할 때 산성막걸리를 들며 이별의 슬픔을 나누던 장소라서 명명한 것이었지만 암벽등반하다 운명을 달리한 회원들의 추모비를 세움으로써 그 의미를 더하였다. 대륙봉은 '대륙적으로 대범하고 크고 넓게 나아가자'는 대륙산악회의 명칭을 따라 이름 지었다. 큰 산이라는 본래 뜻의 금정산과도 통하고 있다. 파리봉은 산성마을에서 볼 때 우측으로 엄지를 세운 것 같은 봉우리이다. 온통 숲으로 이루어진 완만한 능선에 돋아 있는 봉우리 한편에 싸낙배기 암봉이 손톱 역할을 하고 있는데, 불교의 일곱 가지 보물 중 하나인 '파리(수정)'로 보았다. 산정의 손톱 같은 바위가 아침 햇살을 받으면 영롱한 유리알처럼 빛난다.

금샘이 시대에 따라 변했듯이 사람마다 다른가 보다. 2016년 여름 나의 안내를 맡았던 신라대 화학과 조선욱 교수는 산성막걸리가 나오는 산성마을 샘이야말로 금샘이라 하였다. 그렇지 않고서야 불법양조 단속에 서슬이 시퍼렇던 1960년 말 대륙산악회 곽수웅 일행이 위험을 무릅쓰고 마을의 막걸리를 산 속으로 숨겨주었겠는가 하고 말이다. 곽수웅 님에게 확인해 보니 자일 두 자락을 술통 밑에 넣어서 어깨에 메면 너끈했다고 하였다. 그 덕분에 고별대에서 야영할 때면 당시 신세를 졌던 아주머니가 술동이를 이고 올라와 고별식을 더욱 숙연하게 했다고 전했다.

나의 금샘은 남난희의 태백산맥 종주 첫 발자국으로 보고 싶다. 범어사 등나무 군락을 빠져나오면서 나를 스쳐 올라가는 32년 전 남난희(『하얀 능선에 서면』 저자)를 그려볼 수 있었다. 그녀는 고등학교 시절을 부산에서 지내며 금정산에 올라 우리의 등뼈를 끝 간 데 없이 걸어가고 싶어 하였다. 27세인 1984년 1월 1일 76일의 일정으로 백두대간이라는 이름이 알려지기 전, 그녀는 범어사로 올라 금정산장에서 첫 밤을 지내고 원효산을 거쳐 천성산으로 향하였다. 남난희에게 금정산은 태백산맥 단독종주의 물줄기가 시작되는 금빛 샘이었다.

깃대봉 (홍도) 382m

　육로의 끝에서 다시 해로를 이용해야 갈 수 있는 멀고도 먼 산, 깃대봉이다. 목포에서 출발한 쾌속선은 순풍에 돛단 듯 빠르게 섬을 향해 달린다. 어느새 흑산도에 도착하여 몇몇 손님을 내려주고 홍도로 뱃머리를 돌린다.

　흑산도 하면 정약전이 유배 중에 쓴『자산어보茲山魚譜』가 먼저 떠오른다. 세월은 가고 하루에도 수없이 물결은 밀려오고 밀려가는데, 정약전은 가족에 대한 그리움과 주체하지 못하는 열정을 어류 연구에 쏟아부었다. 자칫 옴짝달싹 못 하는 좌절만을 안겨다 주었을 섬에서 물고기들과 대화하며 무한한 자유를 찾아냈다. 흑산黑山은 백두산 태백산, 소백산 등 밝음의 산투성이에서 고고하게 느껴지는 이름이다. 신神도 살지 않는 어둠의 세계이다. 정약전은 검은색(黑)에서 어두운 빛(玆)을 본 것이다. 그렇다면 밝음을 예고하는 붉은 빛은 어디에서 오는 것일까. 그곳은 홍도紅島이다.

　서서히 홍도가 모습을 나타낸다. 바람에 몰려온 하얀 파도가 섬의 붉은 바위 하단을 감싸고 있는 절벽은 섬을 받들고 있는 석등의 간주석이다. 앞발로 섬을 받들고 있을 때의 사자의 몸매처럼 절벽은 꼿꼿하다.

　깃대란 '깃발을 달아매는 장대'를 말한다. 전국에 많은 깃대봉이 있으나 알려진 유래는 저마다 다르다. 일반적으로 무속인들의 기도터에 깃대를 세웠고, 봉화나 봉수와 같이 군사 목적의 통신수단으로 이용되는 곳에도 붙였고, 또 국가 발전에 공로가 있는 백성에게 나라에서 사패지賜牌地를 하사하고 그곳에 깃대를 세워 공적을 기렸다 하여 붙였다 하며, 일제강점기에 가장 전망이 좋은 산에 삼각점을 설치하고 그곳에 빨간 깃대를 꽂아 측량을 하였던 곳이라 하여 붙였다고 한다.

그러나 산 이름의 유래는 단순히 눈에 보이는 형상으로 찾아지는 것이 아니다. 마음 깊숙한 곳에서 어떻게 산을 바라보았는가를 살펴보아야 한다. 깃대봉과 비슷한 이름인 '각대봉角臺峰'이 전국에 산재해 있다. 여기서 파생된 이름이다. 뿔이 난 터이다. '뿔산'은 우두봉이 되고, 삼각산이 되고, 각대봉角帶峰이 되고 결국 깃대봉으로 발전한다. 삼각형처럼 돋아난 산은 깃대가 되어 그 기슭에 살고 있는 사람들에게 희망을 주고 있다. 홍도 깃대봉은 봉긋한 봉우리가 드나드는 배들에게 등대 역할을 한다. 별도의 깃대가 꽂히지는 않았지만, 섬사람들에게 신산神山마루로서 스스로 깃대가 되어 이 섬을 지켜온 것이다.

홍도항으로 들어가면서 정박하기 위해 배는 느려진다. 떼 지어 몰려온 관광객들은 빨리 내리려고 부산하다. 가볍게 두 발을 부두에 내려놓고 깃대봉을 올려다보니 산세는 평범하고 둥근 육산이다.

해가 질 무렵 선착장이 부산하더니 포장마차가 들어서기 시작한다. 청정해역에서 잡아 올린 물고기들은 살이 통통하게 올라 수족관에서 헤엄치고, 소금기가 희끗희끗 배어 있는 건어포들이 좌판을 가득 채우고 있다. 즉석 번개탄에 올려진 생선이 지글지글 기름을 빼내며 노릇노릇하게 구워지는 냄새에 발길은 저절로 그곳을 향한다.

구수한 사투리의 나이든 해녀는 막 채취해 온 해산물을 내보이며 유혹한다. 잡숴들 보랑께, 둘이 먹다가 하나가 죽어도 몰라. 싱싱한 회가 입안에 쫀득하게 달라붙는 감칠맛이 오감을 행복하게 만들고 있을 무렵, 드디어 홍도는 본연의 모습으로 돌아본다. 붉은 해는 바닷속으로 서서히 빨려 들어가며 바다를 물들이고 바위를 물들이고 섬을 물들인다.

하루 종일 빈집에서 울어대다 저녁에서야 굴을 따서 돌아온 엄마 품에서 잠든 아기의 달아오른 얼굴처럼 홍도는 붉게 물들고 있다. 가볍게 흔들리는 빈 고깃배들의 낡은 깃발은 붉어서 더욱 쓸쓸한데, 쫙 벌린 채 좌판에 누워 있는 홍어紅魚는 헤벌레 웃고 있다.

다음 날, 동이 트면서 몽돌해안에서 들리는 파도에 돌 구르는 소리가 맑고 즐겁다. 흑산초등학교 옆으로 난 등산로를 따라 느긋하게 깃대봉으로 향한다. 왕복으로 싸목싸목 걸어도 넉넉잡고 세 시간이면 충분한 등산로이다. 초입은 데크 계단으로 정비되어 있고 약간은 가파른 오르막이다. 계단을 몇 번 돌아서 오르면 울창한 후박나무와 동백나무가 춤추듯 스러지며 낮은 그늘을 만들어준다. 꽃잎을 떨구어낸 동백 잎은 윤기가 반들거리고 진한 초록색을 발한다. 넓지 않은 오솔길이라 더욱 정감이 있다.

조망이 트이면서 갯바람을 맞이한다. 곳곳에 설치한 난간에서 바다 조망을 즐긴다. 다랑이 마을의 지붕들은 한결같이 원색이라서 코발트빛 바다와 산뜻하게 어울리며 이국적인 분위기를 자아낸다. 바다 위에 엷게 깔린 해무는 물결 따라 넘실거린다. 강렬한 태양은 바다에 떨어지고 물비늘은 눈이 부시도록 반짝인다. 은어들이 떼를 지어 튀어 오르는 것 같다.

송글송글 맺히는 땀을 바닷바람에 날리며 가볍게 오른다. 큰돌 작은돌을 잘 끼워 맞춘 돌계단 길이 끝나면 바로 정상이다. 전망대의 돌무덤 위에 오뚝이처럼 세워진 정상석에는 '365m'라고 새겨져 있다. 정상석을 가운데 두고 빙 돌아본다. 많은 꼬맹이 섬들이 오물조물 꿈틀거리고 있다.

그들에게 깃대봉은 늘 곁에서 안도감을 주는 어미일 것이다. 까마득하게 보이는 부두의 풍경이 정겹다. 하얀 포말을 일으키며 막 떠나는 배는 힘찬 뱃고동을 울리고, 부두로 들어오는 배는 나직한 안도의 소리를 내며 뭍 소식을 풀어놓는다.

| 南山 | **남산**(경주) | 495m |

    신라 사람들은 바위 속에 계시는 부처님과 대화하는 것만으로 만족하지 않았다. 현생하여 우리들 앞에 모습을 보여주어야 하였다. 그들은 바위 속에 계시던 부처님을 하나하나 세상으로 나오게 하였다.
    그러나 쉽게 모습을 보여주지는 않았다. 신비감을 자아내기 위해서 이차원 형상으로 나타났다. 선각육존불, 선각여래좌상, 선각마애불이 삼릉계곡 초입에서 연약하기 짝이 없는 인간들을 유혹한다. 가까이 다가서면 옷자락이 나타나고, 몸체와 손과 발, 양끝이 살짝 올라간 입술과 지그시 감은 눈, 광배를 띤 부처님이 거기 계신다. 내가 지금 부처님을 보고 있는지 아니면 꿈을 꾸고 있는지 혼란스럽다. 반가운 마음에 더욱 가까이 다가가서 인자한 뺨을 어루만지고자 하면 부처님은 어느새 숨어버리고 주름투성이 바위만 남는다. 선線에서 형상을 찾아낸 선각부처님이야말로 더 없는 아름다움이고 최고의 신비로움이다.
    보리사 마애여래좌상은 방금 바위를 빠져나온 듯 생생한 모습이다. 고요한 세상이 아닌 바람이 부는 이승이므로 머리칼이 휘날린다. 윤은골 마애불은 바위가 아닌 얇은 종이 막에서 모습을 갖추는 것 같다. 아직 이쪽보다는 저쪽에 있음인지 윤곽이 흐릿하다.
    부처바위 남면 삼존상은 아직 모든 것이 뚜렷하지 않은 어머니 자궁 속에서의 모습이다. 부처님은 태어나자마자 유아독존을 외치며 동서남북 몇 걸음을 걸었다고 하는데 뱃속에서도 합장하고 또 광배를 띠고 있다.

또 남면의 삼층탑을 향해 앉은 스님상은 어떠한가. 득도했음이 분명한 스님은 다시 돌이 되고 싶어 한다.

부처바위 동면 중앙의 선정에 든 스님은 망고나무 아래에서 함께 돌이 되었다. 불변하는 진리가 되었다. 동면 북쪽의 보존여래상과 협시보살은 어머니와 아이 모습으로 비친다. 비탈진 벼랑 위에서 구름을 탄 모습이다. 초승달같이 가늘게 휘어진 긴 눈썹의 어머니는 멀리 바라보며 구도자의 자세를 취하는데 뺨이 옴폭 들어간 아이는 어머니만 바라보고 있다.

또 근처 부처바위 비천상은 선녀들이 하늘을 날면서 음악을 연주하고 꽃을 뿌리는 모습이다. 필시 하늘에서 선녀들이 한꺼번에 내려와서 한 명은 에밀레종으로 또 한 명은 이곳 부처바위에 날아온 것이 분명하다. 나머지 선녀들은 어디로 갔을까? 아직도 바위에서 깨어나지 않은 선녀가 있는 것인가.

이제 부처님은 완벽한 모습을 드러낸다. 장창골 삼존불은 세상에 나와 기쁘다는 표정의 어린아이이다. 잘록한 몸매에서 그렇게 느껴진다. 배리 삼존불 또한 그러하다. 오랫동안 바위 속에서 인고의 시간을 보냈음인가. 천진난만한 웃음에서 '중생들아 수고하였다. 고맙다'가 들려온다.

세상에 나온 부처님들이 석양을 바라본다. 얼굴마다 금빛이 스쳐 지나간다. 아름다운 것은 슬프다. 세 발 달린 까마귀가 살고 있는 태양이 사라지고 있다.

신라인들에게 정작 밝은 태양은 남산이었다. '금알' 즉 '태양'을 뜻하는 금오봉이라는 이름에서 보듯 남산 자체가 큰 부처님이었다.

이제 시대가 흘러, 부처님 세상은 사라지고 '부모와 자식 간 관계'가 변하지 않는 영원한 진리로 대접받는 조선이 건국되었다. 수난이 닥쳐 코가 깨지고 목이 잘리고 마침내 벼랑에서 밀쳐지는 신세로 전락할 터였다.

이쪽도 저쪽도 아닌 경계에 있는 사람들은 자연을 벗 삼고 상상의 세계에서 자신의 심중을 마음껏 펼쳐놓는다. 일찍이 오세五歲라는 별칭을 얻은 시대의 천재 김시습(1435~1493)은 세상에 실망하고 유랑을 시작한다. 삼각산을 나와 북으로 압록강에 이르러 백두산을 바라본다.

다시 발길을 돌려 금강산을 둘러보고 설악산에는 오세암이라는 이름을 남기고, 전라도 지리산과 경상도 해인사를 들러 경주에 다다른다. 그 많은 산들에게서도 허허로웠던가. 그가 진정 대화를 나누었던 건 상상의 세계였다. 『금오신화金鰲新話』는 그의 많은 산행의 귀결점으로 탄생한다. 금오산 용장사에 거처하며 쓴 소설 속 등장인물은 이승과 저승을 드나들고 꿈과 현실을 자유롭게 넘나든다.

남산 산행은 보통 삼릉에서 시작한다. 처음 대할 부처님은 어느 분일까. 곡선미 넘치는 마애관음보살상의 빨간 입술이 예사롭지 않다. 필시 『금오신화』의 노총각이 부처님과 내기하여 얻은 처자가 분명하다. 그녀가 환생하여 자신의 낭군 양생梁生이 오기를 기다리고 있다. 양생은 어디 있는가. 혹시 그가 나일 수도 있지 않은가. 어쩌면 내가 양생인지도 모른다. 나는 그녀 곁으로 다가가 뺨을 대보고 홀연 입술을 맞춘다.

남산 산행 방점은 동면의 부처골에 있는 감실여래좌상 앞에 서는 일이다. 그 많은 바위에서 여러 형태의 부처님을 찾아냈어도 역시 부족함이 남는다. 불심 깊은 석수장이가 염원한 것은 부처가 아닌 평범한 우리의 어머니였다. 그 깊은 곳에서 팔짱을 끼고 고개를 지그시 기울인 여인네는 할머니 모습으로 비추이지만 가까이 다가서면 아직도 피부가 팽팽한 나의 어머니이다. 옷고름을 헤치고 그 품에 살포시 뺨을 대고 싶다.

내연산 內延山 711m

부처는 모습도 형체도 없는 영원히 밝은 빛이다.
동해에서 떠오르는 밝은 해는 바로 우리가 염원하는 부처님이다.

호랑이 꼬리를 둥그렇게 말아서 바다를 내륙 깊숙이 밀어 넣은 곳이 영일만迎日灣이다. 여기서 맞이하는 아침 해는 가슴 깊이 들어온다.
대자대비大慈大悲하신 부처님을 더욱 깊숙이 끌어들일 곳은 없을까. 내연延(끌다)산 12폭포 계곡이라면 충분히 가능하다. 천령산(775m)과 내연산이 서로 마주 보는 계곡에는 향로봉(930m)이 쏟아놓은 물줄기를 동해를 바라보며 흘러가게 하며 무수한 폭포를 만들어놓고 부처님을 유혹한다. 상생폭포, 보현폭포, 삼보폭포, 잠룡폭포, 무풍폭포, 관음폭포, 연산폭포, 은폭포, 제1복호폭포, 제2복호폭포, 실폭포, 시명폭포.
매미 소리만이 공기를 가르는 적막하고 무더운 여름날이었다. 포항 시내를 벗어나 북쪽으로 향하는 버스는 시원한 바다를 끝내 보여주지 않고 내륙으로 방향을 틀었다.
밀집된 상가를 빠져나가자 한산한 길이 이어지고 밀짚모자를 쓴 스님 한 분이 길가의 쓰레기를 줍고 있다. 이어서 그 스님이 수도하고 계실 암자가 나타나는데, 이름이 '종남산終南山' 대연암이다. 종남산은 내연산의 연장선상의 또 다른 이름이다. 종남산이란 본디 중국 산시성 시안 남쪽에 있는 산을 말하나 후에 한나라와 당나라의 서울인 장안의 남쪽에 있는 산을 남산으로 칭하였다. 우리나라도 경주나 서울의 남쪽에 남산을 두고 있다. 수도의 입지를 정할 때 좌청룡 우백호의 지세가 흘러 나가지 않도록 막아주는 일종의 남주작南朱雀 역할을 하는 산이다. 이곳의 종남산은 어렵게 모셔온 부처님이 부디 가지 마시고 계속 계셔주십시오 하는 바람이 담긴 이름이다.

보경사 일주문 중앙 바닥의 사각형 돌에서 티베트 불교의 진언 '옴마니반메훔'의 첫 자인 '옴' 자를 발견한다. 히말라야 트레킹 중 무수히 보았던 글자이다. '나무아미타불'과 같은 의미로 불교가 귀족들만의 전유물이 아닌 일반 서민도 쉽게 접할 수 있도록 한 아이디어이다. 여섯 글자만 외울 수 있다면 어느 누구든 극락에 갈 수 있다는 혁명적 사고가 '나무아미타불'이고 '옴마니반메훔'이다. 그것을 한 글자로 줄인 것이 '옴'이다.

602년 지명법사가 진나라에서 유학하고 돌아오면서 신비한 팔면경을 가져와 종남산 아래 큰 연못에 묻고, 그 위에 금당을 세운 뒤 창건한 것이 보경사寶鏡寺의 유래다. 거울은 해탈 또는 진리를, 팔면은 불교의 팔정도八正道를 상징하니 보경사 넓은 마당을 돌아다니고 있는 것은 진리를 깨닫고 여덟 가지의 참된 덕목을 실천하고 있는 것이니 부처 되기가 이보다 더 쉬울 수는 없다.

나무아미타불을 외며 절 마당을 거니는 것으로도 안심이 안 되었던 어느 스님이 티베트에 유학 가서 그곳 진언을 듣고 "옳거니" 했던 것이 '옴'이었다. '옴' 글씨는 승려가 승복을 입고 추는 춤이고, 소리 내어 읊으면 묘한 떨림이 있다.

"옴마니반메훔. 옴마니반메훔."

시원한 우물물을 마시니 더위를 떨쳐낸 듯하다. 서성이는 사이 바닥의 자갈들이 소리를 내서 부처님에게 나의 방문을 알린다. 부처님의 주시 속에서 경내를 거니는 발걸음이 가볍다.

계곡으로 가려던 발걸음을 문수암으로 돌린다. 원만한 경사가 축 늘어졌던 몸을 탱탱하게 해준다. 스님이 출타 중인 암자에서 잠시 쉼을 청한다. 계곡 건너편을 바라보고 있으니 행복한 마음에 젖어 '옴' 자가 나도 모르게 입에서 튀어 나온다. 그 소리에 내 앞에서 잔뜩 긴장을 하던 강아지도 경계를 풀고 나무 그늘 밑으로 사라진다.

정상으로 가는 길은 문수산 능선이 동쪽의 해를 막고 있어 시원한 그늘이다. 이어지는 능선 길 역시 넓고 편하다.

향로봉보다 낮은 내연산이 이 산의 주봉이 된 것은 순전히 삼지봉이라는 이름 덕분이다. 북으로 동대산, 남동으로 문수산, 남서로 향로봉을 갈라놓고 있는 봉우리가 삼지봉이다. 삼각점에서 균형을 이루고 있는 꼭짓점은 신성하다. 그래서 신들은 자신의 권위를 나타내기 위하여 삼지창을 곧추세우는 것이다. 힌두교의 시바신은 툭하면 삼지창을 흔들어 불을 뿜고, 또 바닥에 내려쳐 땅을 갈라 호수를 만들었다.

삼지봉 정상의 돌무더기를 바라보고 발길을 돌려 거무나리길로 내려온다. 이내 내연골에 다다르니 흘러가는 물줄기만으로도 시원한 바람이 느껴진다.

점점 물줄기도 굵어지고 물소리가 커진다. 멀리 동쪽에 계신 부처님도 찾아오게 하는 계곡이니 이름깨나 있는 한량들이 놓칠 리 있었겠는가. 관음폭포 앞의 넓은 바위에는 자신이 존재했음을 나타내는 이름들이 새겨져 있다. 동석했을 기생의 이름도 보인다.

겸재 정선이 여기 내연산을 찾았던 때는 지금으로부터 280여 년 전의 일이다. 겸재는 당시 병자호란의 치욕을 극복하고자 하는 사회 분위기 속에서 우리만의 산천을 그려 자긍심을 표출하였다. 관념의 산이 아니라 실제로 답사하여 산을 직접 마주 대하고 그렸으면서도 자신만의 눈으로 각색해 냈다.

가장 든든한 후원자 영조는 겸재 나이 쉰여덟이 되던 해에 경상도에서 가장 경치가 좋은 청하현으로 발령을 냈다. 겸재는 청하 현감을 지냈던 2년 남짓의 시기에 조선 화단에 큰 획을 긋는 그림을 쏟아냈다. '내연산 삼용추'는 그때의 작품이다. 그림 속의 폭포는 잠룡폭포와 관음폭포, 연산폭포를 함께 붙여놓은 것으로 짐작된다. 화폭 밖으로 쏟아질 듯 폭포의 물줄기가 힘차게 흘러내리고 있다. 관음폭포 위로 사다리가 보이고 그 아래에는 도포 입고 갓을 쓴 선비들이 경치를 즐기고 있다.

겸재가 걸었을 계곡을 경쾌한 걸음으로 내려온다.

| 內藏山 | 내장산 | 764m |

　단풍은 기온이 낮아지면 녹색을 나타내는 색소는 없어지고 붉은색과 노란색 잎으로 변하는 현상이다. 대부분의 활엽수는 가을이 되면 노랗게 변하지만 단풍나무, 붉나무, 그리고 개옻나무는 빨간 단풍이 든다. 그중 유독 빨갛게 빛나는 것이 단풍나무이다. 오죽하면 나무 이름이 단풍나무이겠는가. 잎사귀 둘레가 찢어져 뾰족뾰족 나온 낱낱의 작은 잎이 3개(신나무), 5개(고로쇠나무), 7개(단풍), 9개(당단풍), 11개(섬단풍)로 다양한데, 그중에서 당단풍이 가장 붉다.

　내장산은 군락지를 이룬 단풍나무가 11월 초 절정을 이루어 전국의 행락객을 불러 모은다. 공원 입구에서 내장사 일주문까지 거리는 일명 단풍터널이라 불리고, 그 속을 걸으면 불 속으로 빨려 들어가는 것 같다.

　당초 영은산靈隱山으로 불렸다. 영혼마저 숨을 수 있는 산은 내장산으로 이름이 바뀌지만, 여전히 감춘다는 의미를 잃지 않고 있다. 양지바른 백암산 뒤에 기대고 숨어 있는 입지조건이 그러하고, 활활 타오르는 단풍이 시각에 교란을 주고 있다.

　내장산이 이름값을 톡톡히 한 것은 임진왜란 때였다. 전란 중 태인의 선비 손홍록과 안의가 전주에 있던 『조선왕조실록』을 내장산에 옮겨와서 용굴암, 은봉암, 비래암에 숨겨놓았다. 당시 내장사를 불살라버린 왜군들도 이 암자들만은 찾아내지 못하였다. 한양의 춘추관과 충주, 성주 사고본은 모두 소실되었는데 내장산이 없었더라면 오늘날 귀중한 세계문화유산 하나는 존재하지 못할 뻔하였다. 전란 후에는 내장산의 교훈을 살려 필사본을 춘추관을 제외한 태백산, 오대산, 정족산, 적상산 등의 산에 보관한다.

단풍 구경 와서 내장산에 반해 눌러앉은 사람들도 많았다. 1970년대 석각정(석각동물원)을 운영하던 장순덕 님도 그 예이다. 1971년 국립공원이 생기면서 없어지게 되었지만 연못을 둘러싸고 각종 형상을 한 돌들이 '단군신화', '선녀와 나무꾼'을 재현하고 있었다.

현재 대궐집의 국태현 님도 40년 전 아버지가 이곳에 왔다가 눌러앉게 된 경우이고, 금선휴게소의 왕상기 님(유도 금메달리스트 왕기춘 선수 할아버지)도 마찬가지이다. 국무총리를 지냈던 고건의 부친 고형곤(1906~2004) 님은 공직에서 물러난 뒤 13년(1980~1993) 동안 도덕암 골짜기에서 움막을 짓고 살았다. 그의 평소 성품으로 아들에게 누가 되지 않으려고 내장산에 꼭꼭 숨어들었다고 보아야 할 것이다.

그 밖에 평생 내장산을 사랑한 사람들이 많았다. 2016년 작고한 이기영 님은 동네 사람들에게 '내장산 산신령'으로 통하였다. 치과의사였던 그는 1950년대부터 내장산을 안방 드나들 듯 5천 번 넘게 다녔다. 옹달샘을 찾아 사비로 정비했고, 쓰레기를 치우고, 곳곳에 이름을 지었다. 그가 단풍을 대하는 감회는 우리를 숙연하게 하였다.

"단풍은 우리 몸의 빨간 피입니다. 지리산 피아골 단풍도 그렇고, 여기도 6·25때 격전지였지요. 나는 내장산에서 화염방사기로 몸이 까맣게 타 죽은 빨치산도 목격했습니다. 단풍은 그들이 흘린 피로 더 빨갛게 된 것입니다."

정읍 토박이이자 내장산 공원사무소에서 25년 근무하고 은퇴해 현재 내장산 지킴이로 있는 정철수 님도 있다.

"내장산은 신선봉을 주봉으로 장군봉, 서래봉, 불출봉, 망해봉, 연지봉, 까치봉, 연자봉, 월영봉 등 아홉 봉우리가 내장사를 중심으로 말발굽처럼 둘러쳐져 있습니다. 비법정탐방로인 월영봉을 제외한 나머지 봉우리를 돌아보는 것도 재미있습니다. 그중 서래봉과 불출봉이 백미이며 까치봉에서 보는 첩첩산중 산 풍경과 골짜기마다 단풍이 일품입니다."

정읍에서 샘영상스튜디오를 운영하는 문정수 님은 20세부터 내장산을 찍기 시작하였다. 불타는 전경 사진을 보고 있노라면 어느덧 그 위를 날아다니는 한 마리 새가 되어버리고 만다. 그는 사진뿐 아니라 옛 기록의 고증에 대한 집념도 강하다.

"임진왜란 때 피신시킨 것은 『조선왕조실록』뿐 아니라 『고려사』, 『고려사절요』 등 1,344책과 전주사고 옆 경기전에 있던 태조 어진까지 하인 30명이 60개 상자에 담은 것으로 수레 수십 개분에 해당됩니다. 용굴 한 곳에 숨길 분량이 아니지요. 분명 내장산에는 아직까지 발견되지 않은 굴이 많다고 보아요. 단풍이 다 지고 나면 사진을 찍으면서 어디에 굴이 또 있는지 유심히 살펴봅니다."

내장산에는 10월 말부터 11월 초까지 보름 남짓 사이에 나머지 1년 동안 찾는 사람보다 훨씬 많다. 이런 이유로 10월 22일 내장산을 찾았다. 조금 빠르다고 큰 차이가 있을까 해서였다. 하지만 다른 나무들은 누렇게 물들었는데 단풍나무는 아직 독야청청하였다. 다른 나무들이 잎이 다 떨어질 때야 비로소 빨갛게 물든다는 사실을 알게 된 것이다. 하루 20km 속도로 남하하는 단풍 전선의 후미에서 대단원을 장식하는 것이 단풍나무이다.

능선으로 올라갈수록 단풍나무는 점점 모습을 감추었다. 거대한 참나무 사이에서 어쩌다 보이는 단풍나무는 아래와 다르게 절정이었다.

대둔산

大芚山　　879m

　산은 얼굴과 뒤통수로 나눌 수 있다. 특히 말발굽(또는 부채꼴) 형 산은 대비가 극명하다. 말발굽 안쪽에는 수려한 계곡이 있고 어김없이 명찰名刹도 들어서 있지만 뒷면은 밋밋하여 관심을 끌지 못한다. 그러나 대둔산은 마천대 능선을 경계로 얼굴과 뒤통수가 아닌 두 얼굴을 가지고 있는 산이다. 안과 밖이 전혀 다른 얼굴을 하고 있다.

　대둔산은 '한듬뫼'라는 우리의 고유어를 어원으로 하고 있다. '큰 덩치의 산'이라는 뜻이다. 대둔산 동북쪽에 있는 금산은 '큰뫼'를 말한다. 대둔산 남서쪽에 위치한 논산은 어감으로 유추할 때 '들판에 솟아난 야산'을 뜻한다. 이렇게 두 도시가 산으로 지명된 이유는 무엇일까? 큰 산과 야산이라는 전혀 다른 산을 지명으로 하지만 지칭하는 산은 동일한 대둔산이라는 것이 나의 판단이었다. 이것은 논산의 어원이 지금은 시가지로 변해 버릴 정도로 야트막한 반월동에 위치했던 산이란 사실로 여지없이 깨졌지만, 여전히 대둔산이라고 고집하고 싶은 것이 나의 심정이다. 금산과 완주의 경계지역인 배티재에서 바라보면 온통 바위가 솟아 있는 큰 산인데, 반대편 논산에서 바라보면 완만한 산세이니 말이다.

　충청남도와 전라북도 경계에 있는 대둔산은 규모가 클 뿐 아니라 접근이 어려운 험악한 지형이다. 배티재는 호남의 관문으로 임진왜란 당시 권율 장군이 왜군을 격퇴시킨 곳이며, 마천대에 이르는 길은 동학농민혁명 당시 전봉준 장군이 체포된 후에도 지도자급 일부가 이곳에 들어와 무려

3개월간이나 항전을 벌였던 곳이다.

전라북도 산악인들은 마천대에 이르는 수직에 가까운 암벽에 코스를 개척하였다. 그 힘든 경사지를 뚫고서 바위를 깎고 돌을 골라 마천대에 이르는 길을 낸 것은 1970년 11월이며, 이로써 일찍이 근방에서는 보기 드물게 기암괴석이 장벽을 이루는 대둔산을 발 빠르게 관광지로 개발하였다. 정상의 커다란 개척탑은 그때의 어려움을 말해 주고 있다.

그 후 1977년 전라북도 도립공원으로 지정되고, 구름다리, 삼선철사다리를 세우고 케이블카도 설치하였다. 때문에 관광객과 등산객이 몰려들어 법석을 이루었다.

케이블카를 타고 쉽게 절경을 접하게 된 관광객들은 경치에 취해서인지 정상에서 팔고 있는 막걸리 한 잔에도 발을 헛디뎌 사고를 내기 일쑤였다. 등산로 입구 상인들은 전라북도 산악인들과 힘을 합쳐 스스로 구조대를 결성하고 119구조대보다 먼저 현장에 도착하였다.

충남의 '대전산악연맹 대둔산구조대'의 활동도 활발하였다. 구조대는 임무를 훌륭히 수행하기 위해서 수시로 산악등반 훈련을 실시하고, 정기적으로 루트를 보수점검하고, 암벽리지 루트도 개척하였다. 나아가 비행 청소년을 대상으로 산악 프로그램을 개발하여 네팔 오지 트레킹도 다녀왔다. 사람들은 연맹 산악구조대가 자발적으로 사비私費를 낸다는 점에 놀라고, 또 엄격한 위계질서에 놀란다. 학교 산악부도 아닌 일반 구조대가 위계질서를 유지하는 것은 저마다 솟구치는 사명감 때문일 것이다.

전북대 산악부를 필두로 산악인들은 마천대 암벽 구간에서 암벽루트 개척에 몰두하였다. 이들은 서울의 인수봉·선인봉·설악산의 울산바위에 버금가는 암벽에 놀라움을 금치 못했으며, 현재 아름다운동행길 등 10여 개에 이르는 리지 코스를 개척하였다.

마천대 능선 안쪽이 결코 대둔산 뒤통수가 아닌 대둔산의 또 다른 얼굴이라고 판단한 사람은 오정근 님이었다. 그는 대전공업전문학교(대전 우송대학교 전신)에서 산악회원으로 활동하면서 자주 대둔산을 찾았다. 모두 마천대 능선 동벽의 바위에 열광할 때 아무도 관심을 주지 않던 수락계곡의 진가를 알아낸 사람이었다. 선녀폭포에만 들어서도 으스스한 한기가 몰려오는 계곡을 즐겼고, 월성봉에 올라 석양빛을 받아 황금빛으로 변하는 마천대 능선을 바라보는 것이 좋았다. 학교를 졸업하고는 논산에서 화랑산악회를 조직하고 장비점을 개점하였다. 1971년, 당시 논산군청 이준석과 뜻을 모아 수락계곡 일대에 등산로를 개척하고 이를 알리기에 심혈을 기울였다. 덕분에 1980년, 대둔산은 충청남도 도립공원으로 지정되었다.

두 분은 현역에서 물러났지만 공원 측은 지금도 그 뜻을 이어받아 등산로 가꾸기를 게을리 하지 않았다. 2012년 월성봉 밑에 철쭉 밭을 조성했다. 자칫 의도와는 다르게 산림훼손이라는 결과를 자아낼 수도 있었지만 은은한 색깔이 주변의 파란 숲과 조화를 이루고, 탁 트인 벌판은 멀리 마천대 능선을 돋보이게 하는 효과를 내어 등산객들의 사랑을 잔뜩 차지한 명물로 자리 잡게 되었다.

대둔산의 얼굴은 여기서 끝나지 않는다. 제3의 얼굴이 있다. 배티재에서 마천대 암벽에 충분히 놀란 다음에 고개를 뒤로 돌리면 대둔산 자연휴양림이 눈에 들어온다. 10월 하순의 단풍철에 가볼 일이다. 단풍 물결 속에서 자신이 실존하고 있는지 의문이 일어 자신의 볼을 꼬집게 될 것이다.

| 大巖山 | 대암산 | 1,313m |

대바우(대바위, 大岩) 용늪에 얼레지가 나거든
너하고 나하고 얼레지 캐러 가자

돌산령 샛바람이 휘몰아치니
신곡사 풍경소리 요란도 하구나

산이야 높아야 골도 나 깊지
얼었다 살짝 녹으니 봄철이구나

노랑두 대가리 뒤범벅 상투
언제나 길러서 내 낭군 삼나
저것을 길러서 낭군을 삼느니
솔씨를 뿌렸다 정자亭子를 삼지
…
얼레지 나물은 당신이 뜯고
나는 꼴비며 단줄이나 가자
산천에 올라가 님 생각을 하니
풀잎의 마디마디에 찬 이슬이 맺혀
…

문바위 용늪에

얼레지 돋거든

우리나 삼동세

나물 가세

...

— 강상준의 『살아 있는 자연사 박물관 대암산 용늪』에서

양구지방의 민요인 '얼레지 타령'에 대암산 용늪이 등장한다. 얼레지는 땅속에서 연약하기 짝이 없는 가느다란 대를 올려 연보라 초롱을 매달고 있는 꽃이다. 활짝 웃음을 터트리면서도 부끄러워 고개를 들지 못한다. 비슷한 꽃인 현호색이 제비 새끼 주둥이처럼 역동적이라면 얼레지는 산골 처녀처럼 순종적이다. 얼레지는 대암산 용늪 주변의 숲속에 지천으로 깔려 있다.

한국전쟁 휴전 후 사람의 발길이 미치지 않은 비무장지대는 인간이 아닌 생명체에게는 천혜의 땅이 되었다. 양구지방 촌로들에 의해 구전되어 오던 대룡포大龍浦라는 용늪은 1967년 학술조사단에 의해 '고층습원'이라는 현대적 이름으로 세상에 알려지기 시작했으며, 1997년 국내 처음으로 람사르협약 적용지역으로 지정되었다. 그리고 2008년 '대암산 용늪 습지보호지역'이 민간인 출입 통제선에서 제외되어 제한적이나마 방문이 가능하게 되었다.

용늪을 품은 대암산은 1951년 한국전쟁 때 가칠봉을 비롯하여 피의 능선·1121고지·무명고지 일대를 중심으로 한 전투에서 국군이 탈환된 산으로, 인근의 도솔산(1,147m)·대우산(1,178m)·가칠봉(1,242m) 등 1,000m 이상의 높은 산들과 더불어 펀치볼의 가장자리를 형성하고 있다.

펀치볼은 한국전쟁 당시 이곳에서 전투를 하던 미국 해병대 종군기자들이 보았을 때 땅이 움푹 파인 것이 주발 모양의 분지 같다고 해서 붙여진 이름이다. 분지의 형태가 우주에서 지구로 날아온 운석이 지면에 충돌하여 그 충격으로 파인 웅덩이라는 주장도 있지만 암석의 차별 침식이 원인이다. '해안'이란 고어古語 '해여브리다', '흐야브리다'에서 어원을 찾아야 할 것이다. '해어뜨리다', '헐어버리다'의 뜻이다. 허물어진 곳이다. 비슷한 이름으로 '해미락골'이 있다. 이곳에 늪이 생기고 뱀이 많았던 모양이다. 구한말 어느 스님의 권고로 돼지를 키우기 시작하면서 뱀이 사라졌다. 덕분에 돼지(亥)가 마을의 안녕(安)을 가져왔다는 멋진 풀이를 얻었다.

대암산은 남한 최북단에서 북한과의 경계에 있는 산인 만큼 그 등산은 남다르다. 처음부터 끝까지 마을 가이드 동행하에 그룹으로 올라야 하고, 정상 부근에는 군인이 지켜 서서 등산로를 벗어나는 등산객이 없는지 감시하고 있다.

용늪을 지나서 들어서는 나무들이 터널을 이루고 있다. 한 줌 햇빛도 허용하지 않아 땅굴을 통과하는 느낌이다. 등산로 옆에는 지뢰경고판이 등산객의 발걸음을 조심스럽게 한다. 가끔 빨간색 경고판이 무색하게 옆에서 순백의 함박꽃이 활짝 웃고 있다.

함박꽃은 북한의 국화國花이다. 꽃 이름도 점잖게 목란木蘭으로 바꾸었다. 함박꽃이 북한에서 국화로 지정된 것은 김일성 주석이 1991년 4월 10일 "목란꽃은 아름다울 뿐 아니라 향기롭고 생활력이 있기 때문에 꽃 가운데서 왕"이라며 국화로 삼을 것을 지시한 데 따른 것이라고 한다.

정상부에 이르러서야 비로소 어두운 나무 터널을 벗어날 수 있다. 여태까지의 흙길과 다르게 암벽을 오르면서 맛보는 햇살은 눈이 부시다. 아무래도 정상부의 바위들로 산 이름을 대암산大巖山이라고 부르기에는 그 크기나 규모면에서 부족함이 많아 보인다. 1759년에 쓰여진 『기묘장적己卯帳籍』에는 대암산擡巖山으로 표기하고 있다.

  2017년 한여름, 바위틈으로 털인가목조팝나무꽃이 탐스럽게 피어 있었다. 하얀 꽃잎은 마음껏 벌어져 있고 분홍의 씨방에서는 기다란 하얀 수술들이 어지러이 널리며 부드러움을 연출하였다.

  털인가목조팝나무꽃은 성스러운 꽃이다. 당집의 위패를 장식하고 만신은 이 꽃의 가화를 들고 껑충껑충 춤을 춘다. 대擡는 '들다'라는 뜻이다. 대암산 바위들이 마을의 안위를 위해 이 꽃을 들어 올렸다는 뜻으로 산 이름을 풀이해 본다.

대야산

大耶山　931m

선유동천을 지나고 용추폭포에서 오솔길을 따라 걷다 보면 월영대月影臺가 반긴다. 휘영청 밝은 달이 계곡에 드리운다. 누군가가 그 풍경을 보고 너무나 아름다워 지은 이름이다. 이 멋진 이름을 누가 지었을까?

선유동천의 명성을 듣고 찾아온 명사들이 많았다. 일찍이 최치원(857~?)이 이곳에 와서 바위에 '선유구곡'이라는 글씨를 남겼다. 구곡은 옥하대玉霞臺, 영사석靈槎石, 활청담活淸潭, 세심대洗心臺, 관란담觀瀾潭, 탁청대濯淸臺, 영귀암詠歸巖, 난생뢰鸞笙瀨, 옥석대玉舃臺이다. 모두 최치원이 작명했을 것이다. 신선이 노니는 계곡에 이르러 무인지경의 바위와 물웅덩이에도 하나하나 생명을 불어넣어 준 그의 마음을 상상해 본다. 신천지를 발견한 기쁨이었을 것이며, 이것만으로도 정계를 떠나 풍류객으로 전환한 보상을 충분히 받았을 것이다. 월영대까지 발길에 이끌려 올라왔는데 마침 보름달이라 깊은 계곡물 위에 뜬 달빛이 고고하다.

선유동천은 그 후 많은 사람들의 연고가 있었다. 이재(1680~1746)는 '둔산정사'를 지었고, 그의 후학들이 '학천정'을 세웠다. 구한말 의친왕이 사액한 '칠우정'이라는 이름이 있다. 어느 무명의 선비는 '高山水長'의 글을 바위에 새겼다.

아무리 풍류객들이라 하더라도 옥석대를 지나 산속의 용추계곡까지 오르기는 어렵다. 그러나 무당소를 지나 용추폭포까지 온 사람이라면 거기서 되돌아가기는 더욱 어렵다. 용이 놀던 곳, 용이 승천할 때 디딘 발자국의 발톱이라고도 하는데, 그 발톱 두 개가 '하트' 모양을 하고 있다. 하트라는 말이 없었던 시대이지만 상관없다. 하트 안으로 힘차게 떨어지는 물줄기를 보고 가슴이 찡했을 것이다. 그 광경을 보고 집에 두고 온 부인을 생각하고 아들을 생각하고 친구를 생각했을 것이다. 선유동천의 칠우대七友臺에 각인된 이름들은 일곱 명의 친구들이 모두 와서 새겼을 수도 있고, 의리의 돌쇠가 함께 오지 못한 벗의 이름까지 넣었을지도 모른다.

동이 트자마자 출발했기 때문에 월영대까지 아무도 만나지 못하였다. 월영대의 물도 유유자적 넓은 웅덩이를 한 바퀴 돌면서 하트의 용추폭포를 대비하고 있다. 이곳부터는 다래골과 피아골로 갈라진다. 급한 오르막이다. 누구라도 계곡이 끝난 것을 알 수 있다. 정상을 향하고자 굳게 마음먹지 않은 이상 발길을 돌려야 한다. '高山水長'의 주인공도 그랬을 것이다.

피아골로 오르기로 한다. 다리에 힘을 주고 스틱에도 힘을 주고 한 발 한 발 오르는데 앞에서 한 사람이 내려오고 있다. 정상에서 해돋이를 보고 내려오는 등산객이다. 그와 헤어지니 또다시 혼자가 된다. 이번에는 과거의 풍류객이 슬며시 내 옆으로 와서 동행한다. 적막한 산이지만 외롭지 않다.

산꼭대기에 이르러 정상석을 물끄러미 바라본다.

'대야산大耶山'

한동안 대하산大河山, 대야산大冶山으로 부르던 이름을 누가 이렇게 표기하기로 했을까. '야耶'는 강조를 나타내는 어조사이다.

"야, 크다!"

과거의 그 주인공은 이곳에 오르고 이렇게 소리쳤던 것이다. 단순한 한마디로, 미사여구도 없이. 이웃의 둔덕산은 한눈에 보아도 큰 산인데, 그보다 작은 대야산은 무엇이도 없이, 얼마나도 없이, 어떻게도 없이 무조건 '크다'이다.

과거 어느 누가 우리가 쓰는 일상용어로 산을 표현했을까. 최치원 시대의 이름은 아니다. 이재의 글체도 아닌 것이 그의 저서 『도암집陶菴集』, 『도암과시陶菴科時』, 『사례편람四禮便覽』의 딱딱한 제목만 보아도 분명하다.

영동영남 실컷 돌아 필마를 재쳐 몰아
령 너머 우화교를 건너치니
세우중細雨中 마상잔몽馬上殘夢에 춘흥겨워 하노라

나는 권섭(1671~1759)을 의심한다. 그도 최치원처럼 정계를 떠나 문경과 청풍에서 유유자적하며 노년을 보냈다. 평생 기행을 하면서 인정을 읊고 사물과 자연을 읊었다. 위 가사는 1704년 강원도 영월을 거쳐 삼척지방까지 명승지를 답사하면서 쓴 국문 시이다. 그는 선유동천에 왔다가 내친김에 이곳을 올랐음에 틀림없다. 권섭이라면 충분히 그렇게 소리쳤을 것이다.

"야, 크다."

정상부 봉우리의 바위가 크다. 희양산과 그 너머 주흘산까지 반대편으로는 속리산까지 넓은 조망이 참으로 크다. 용추폭포, 월영대, 지금까지 본 감격이 크고, 그 아름다움이 크다. 벌써 잔몽으로 남은 풍경들이 정말 크다.

| 德崇山 | # 덕숭산 | 495m |

'인적 없는 수덕사에 밤은 깊은데 흐느끼는 여승의 외로운 그림자.'

1965년 가수 송춘희가 부른 '수덕사의 여승'은 많은 이들의 심금을 울렸다. 시대를 앞서간 여성운동가, 언론인, 시인이었던 김일엽(1896~1971)과 그녀와 동갑내기인 최초의 서양화가, 작가이자 근대적 여권운동가 나혜석(1896~1948) 이야기가 수덕사에 묻어 있다.

사랑 후에 남는 것은 무엇인가. 이제 모든 것을 떠나서 관조의 세계에 침잠할 수 있는 것인가, 아니면 그 환희와 후유증 속으로 서서히 몰락해 가는 것인가.

그 시대에 신여성으로 산다는 것은 너무나 큰 모험이고 고통이었다. 김일엽은 결혼과 이혼, 동거를 반복하다가 수덕사에서 스님이 된다. 그녀의 불교 귀의는 성공적이었다. 일본에서 만나러 온 어린 자식도 외면하고 모질게 정진하였다. 작품 활동도 재개하였다. 1964년 발표한 『청춘을 불사르고』는 베스트셀러가 되어 많은 사람들을 감동시켰다.

그사이 나혜석은 남편과 이혼하고 파탄의 길로 접어들고 있었다. 스스로의 인생을 조선 여성 진보의 한 걸음 한 걸음이라는 사명감으로 걸어왔지만 자신을 옹호해 주는 우군은 어디에도 없었다. 출가를 결심하고 수덕여관에 5년 동안 머물렀다. 이때 그녀를 찾아온 젊은이들 중에 화가 이응노가 있었다. 이응노는 나혜석이 떠난 뒤에도 수덕여관을 잊지 못해 나중에 아예 매입해 본부인에게 운영을 맡겼다.

　이런 사실들을 알고 통과하는 일주문의 의미는 새롭다. 오로지 마음 하나. 그 마음에 우리들 운명이 달려 있다. 기둥은 둘인데 굳이 일주문이라 한 것은 바로 그런 뜻일 것이다.

　수덕사에서 정혜사까지는 1,080 돌계단을 올라야 하는 길이다. 고풍스러운 소림초당과 예술적인 관음보살입상을 지나면 정혜사 못미처 한국 불교계의 고승인 만공滿空(1871~1946)을 기리기 위하여 세운 만공탑이 있다. 만공탑의 둥근 공은 앞면만 보지 말고 탑의 사방을 둘러보라는 의미이다. 측면에 새겨진 '세계일화世界一花(세계는 하나의 꽃이다)'를 읽으면서, 스님으로 생을 마쳤던 일엽스님, 행려병자로 마감한 나혜석, 모두가 이제는 하나의 꽃이 되었을 것이다. 만공스님은 일엽스님을 깨달음으로 이끌었지만, 나혜석의 입산은 끝내 거부했던 분이다. 격식에서 벗어나 거칠 것 없는 자유로운 경지를 보여주었던 만공은 개인의 노력도 중요하지만 환경과 배경이 사람을 만든다는 견해를 가지고 있었다.

　몇 계단 더 올라 해탈문을 통과하여 정혜사에 들어서면 능인서원 마당에 놓인 바윗돌 하나가 고개를 갸웃하게 한다. 마침 지나가는 스님이 있어 설명을 듣는다면 무릎을 탁 치게 될 것이다.

　"능인서원 담벼락에 기대선 바위는 목탁이고, 마당의 바윗돌은 목탁채를 의미합니다. 또 마당 우물 옆의 작은 동산에 서 있는 저 탑은 수련 중인 스님들이 심적으로 흔들리지 않도록 세상의 유혹으로부터 막아주는 방패막이 역할을 하고 있습니다."

　능인서원 앞뜰에
　바위 하나,

나 하나.
바위 일은 바위만 알고
내 일은 나만 아니
묻지들 마오.
왜 거기 있게 된 연유를

- 성철용의 『한국도립공원산행기』, 「덕산도립공원」

  덕숭산 정상에 서서 북쪽을 바라보면 45번 도로 너머로 가야산이 펼쳐진다. 가야산은 백제 때 상왕산象王山이라 불렸는데 통일신라 때 가야사를 세운 뒤 가야산으로 바꿔 부르게 되었다. 상아처럼 돋아난 바위들이 합천 가야산과 흡사했던 탓이다.
  덕숭산은 가야산과 함께 내포 지방을 펼쳐놓고 있다. 이중환의 『택리지』에 소개된 이래, 이에 공감한 신경림의 『민요기행』(1985)과 유홍준의 『나의 문화유산 답사기』(1993)로 더욱 알려졌다. 주변의 열두 개 고을은 물산이 풍부하고 화가 미치지 않는 충청도에서 가장 좋은 곳이라며, 그 덕택에 훌륭한 인물이 많이 나온다는 것이다. 만해 한용운, 청산리 전투의 김좌진, 고려의 최영, 사육신 성삼문, 추사 김정희, 김대건 신부. 날카로움이 연상되는 가야산과 덕스러운 덕숭산의 합작품으로 해석한다.
  덕숭산은 하루 산행으로 조금 미흡하다. 내친김에 가야산으로 달려갈 수도 있고 방향을 돌려 용봉산(381m)으로 향하기도 한다.
  다시 수덕사로 내려온다면 수덕여관 자리의 이응노 암각화가 새겨진 너럭바위를 찾아볼 일이다. 추상화 같은 문자가 세상은 아름답고도 난해하다고 말하고 있다.

| 德裕山 | 덕유산 | 1,614m |

부드럽고 따뜻하다. 푹 파묻히고 싶은 넓은 가슴, 덥석 업히고 싶은 펑퍼짐한 내 님의 등짝, 바로 덕유산이다.

덕유산 능선을 따라 하염없이 걸어보자. 가벼운 발걸음으로 삿갓 하나 쓰고 방랑시인 흉내를 낸다면 더욱 좋겠다. 연분홍 진달래는 수줍은 처녀의 볼이다. 산철쭉은 불빛을 받아 번들거리는 사내의 눈동자. 살랑살랑 다가온 하늬바람과 터질 듯 부풀어 오른 주목 향기가 서로 어우러진다. 사랑 놀음을 한다. 굴러간다. 굴러간다. 낙엽이 구르고, 내 발이 구르고, 향기가 구른다. 하늘로 올라가던 용龍도 본분을 망각하고 춤을 춘다. 어느덧 내 몸에 향기가 쌓여 큰 산을 이룬다. 눈꽃이 하늘을 찌른다.

덕유산 능선을 걸으면서 만나는 삿갓봉, 무룡산舞龍山, 향적봉香積峰, 설천봉雪天峰의 이름들은 그동안 잊고 있었던 풍류를 불러일으킨다. 빠른 걸음으로 무박 종주로 끝낸다면 덕유산에 대한 예의가 아니다.

삿갓봉에서는 의지를 앞세우는 구도자의 자세는 없다. 삿갓은 우리의 큰 스님 사명대사의 삿갓이 아니라 어디까지나 방랑시인 김병연의 삿갓이다. 그래서 우리의 삼각형 모양의 봉우리에서는 일본의 산에 있는 합장봉合掌峰(두 손을 모아 기도한다는 의미)을 만날 수 없다.

용이 춤춘다는 발상은 또 어떠한가. 무룡산에 오르면 주변의 풍광에 저절로 덩실덩실 춤을 추게 된다. 이무기의 탈을 쓰고 인고의 세월을 기다려 벼르고 별러 도약을 했건만 몇 걸음 가지 못하고 봉우리에 머물면서 아직도 춤만 추고 있다. 봄에는 철쭉 꽃밭이고, 여름에는 원추리꽃이 만발하고, 가을이면 단풍이 손짓한다. 겨울이 오면 눈꽃 세상이다. 언제 이곳을 떠난단 말인가. 서쪽은 광활한 벌판 너머 내장산이 그 얼굴을 드러내고, 북쪽으로는 적상산이, 더 멀리는 황악산, 계룡산이 눈앞에 다가선다. 남쪽으로는 남덕유산까지 백두대간 줄기가 힘차게 뻗어나가고 그 뒤로는 지리산 반야봉이 불쑥 다가선다. 동쪽으로는 가야산과 금오산의 산너울이 넘실거린다.

힘든 종주길이지만 경치가 좋으니 서두를 필요도 없다. 능선 상에 산장이 두 개나 있다. 발걸음에 덕德이 쌓이고 여유로움裕이 쌓이고, 어느덧 내 몸에서 향기가 피어오른다. 향기가 쌓여 산을 이룬다. 가만히 보니 향적봉은 바로 나 자신이었다.

축하합니다. 드디어 최고의 경지에 이르셨습니다. 설천봉이 축하의 눈꽃다발을 건넨다.

합장봉도 없고, 미륵봉도, 장군봉도, 시루봉도 없건만, 천천히 걷는 발걸음에 도道가 싹튼다. 풍류는 바로 이런 것이다. 그것은 신라 말 비운의 천재 최치원이 실의에 빠졌을 때 찾아낸 삶의 돌파구였다.

나는 참고 참았던 우리나라 산장에 대한 불만을 덕유산에서 터트린다. 왜 우리나라 산장에는 문화가 없는 것일까. 단지 잠자리라는 인식뿐이다. 왜 처음 만난 사람과 도란도란 모여 앉아 이야기를 나눌 수 있는 휴식공간이 없는가. 왜 혼자서 조용히 책을 읽을 수 있는 문화공간이 없는가.

타닥타닥 소리를 내며 난로 속에서 장작이 타오르고 있다. 오래되어 반질반질한 통나무 의자에 엉덩이를 걸치고 대화를 나눈다. 육십령에서 남덕유산을 오르다가 애를 먹었다는 얘기에, 한없이 인자한 덕유산이지만 언제나 그런 것은 아니라는 다소 철학적인 이야기가 나오고, 삿갓봉대피소에 곰만 한 큰 검은 개가 지금도 있느냐고 묻고는 10년 전 그 개의 애처로운 눈동자에 점심을 모두 빼앗기고 말았다는 얘기에 한바탕 웃음이 진정되자 다소곳하던 아가씨가 용기를 내어 큰 소리로 작년 폭설에 조난 사고가 일어난 장소가 정확히 어딘지 아느냐고 묻는다. 신풍령이다. 조난자는 모두 스물일곱 명이었는데 한 명은 결국 숨졌다. 그곳에 가봤는데 약수터 물맛이 유명하다.

이렇게 저마다의 단편적인 정보들이 꿰어 들어가고 있는데 그때 한쪽에서 홀로 책을 읽던 범생이가 책장을 덮고 고개를 돌린다. 옛날 그곳의 땡중이 과부와 통정하여 애를 낳자 죽여버린 사건이 있었다. 헌데 그 아이가 장차 왜란에서 우리나라를 구할 인재였다. 애석한 일이다. 그러자 아까의 철학쟁이가 그 아이가 아직도 원한을 풀지 못해서 일으킨 조난사건일 거라고 결론을 내린다. 그동안 고개를 푹 숙이고 꾸벅꾸벅하던 모자가 삐딱하게 돌아간 아저씨가 벌떡 일어나 잔을 높이 쳐든다. 그 아이의 영혼을 달래줍시다. 술잔에 사람들의 달궈진 빨간 뺨이 어른거린다.

그사이 창밖에서는 상고대가 우리의 새벽을 위해 크기를 더 키우고 있을 것이다.

덕항산 德項山 1,073m

자칫 미궁에 빠질 뻔한 어원을 '새메기고개'에서 찾는다. '메기'란 '모가지·모개'와 같은 '목'을 가리키는 말로, '새목고개'는 새의 목처럼 불쑥 솟은 고개 즉 조령鳥嶺과 같은 말이다. 그렇다면 그에 대비되는 고개가 있어야 할 것이다. '덕메기'가 바로 그것으로, '덕'은 덕유산에서 보듯이 크면서도 뾰족한 것이 아니라 둥실한 고개이다. 메기를 한자로 의역하면 항項이므로 덕항산은 '덕메기산'이다.

우리가 이렇게 고유의 명칭을 찾아내는 것은 결코 우연이 아니다. 한자 표기가 생기면서 명칭을 바꾸어야 하는 식자들의 고민은 깊었다. 후세 사람들이 유추할 수 있을 만한 힌트를 여기저기에 숨겨놓았다. 둥실한 고개 '덕항'을 뾰족한 고개 '새메기'와 대비시켜 놓고도 안심이 안 되었는지 덕항산 양쪽에 '큰재'와 '댓재'라는 이름을 남겼다.

덕항산은 강원도 태백시 하사미동과 삼척시 신기면에 걸쳐 있는 산이다. 덕항산과 두타산에 끼인 협소한 곳이지만 그런대로 넓은 들판을 형성하고 있다. 아마도 덕항산은 이곳을 터전으로 삼았던 사람들의 작명임이 틀림없다. 그들은 구시렁거리면서 구부시령九夫侍嶺을 넘어서 삼척시 대기리로 넘어갔다.

고개 너머 삼척 쪽의 덕항산은 덕스럽기는커녕 표독스럽기 그지없다. 산은 '구시렁'만으로 끝내지 않고 많은 사람들의 목숨을 앗아갔는데, 어떤 기구한 여인은 만나는 남자마다 단명하여 무려 아홉 번이나 남편을 섬

거야 했다는 이야기를 구부시령에 남겨놓고 있다.

 밤톨처럼 귀여운 덕항산 정상석 앞에서 인증사진을 찍기 위해 몸을 조아렸을 때 이미 거친 표면의 커다란 환선봉 정상석이 의미하는 바를 알았어야 했다. 사거리쉼터를 지나 환선봉 정상에 이르니 나뭇가지 사이로 건너편 바위들이 폭포 줄기를 쏟아붓듯 쭉쭉 줄기를 내리뻗고 있다. 발밑을 보니 천 길 낭떠러지이다. 장암재부터는 길이 수직으로 내리뻗어 후들거리는 다리를 진정시키고 간신히 전망대에 서니 '큰골'은 우리 강산 그 어느 곳에서도 볼 수 없는 깊은 계곡이다. 조물주가 펑퍼짐한 산을 만들어놓고 장난기가 발동했거나, 아님 뒤늦게 예술적 감성이 작용했을 것이다. 도끼로 찍어놓은 것처럼 갈라진 계곡의 틈은 예리하여 보기만 해도 아찔하다. 도끼자국에서 혼자 살아남은 촛대봉이 고난도의 곡예를 부리며 호기심을 자극한다. 그러나 범접할 수 없다.

 곡예가 위험할수록 그네를 타는 여인은 더 아름다운 법이다. 걸으면서 고개 이름이 그대로 산 이름이 된 것이 궁금했다. 산등성이도 특별할 것이 없었다. 바로 이 협곡에 비밀이 있었다. 이름을 지은 이는 자신이 다녀온 중국 후난성(湖南省)의 덕항德夯(dehang)을 연상한 것이 틀림없다. 크고 작은 협곡이 장관을 이루는 국가급 풍경명승구로 지정된 곳이다. 그곳 묘족苗族 말로 '아름다운 협곡'이라는 뜻이다. 요즘 같으면 미국 그랜드캐니언을 보고 온 감동이었을 것이다. 작명가는 대놓고 드러내지도 못하고 자신만의 자랑을 산 이름으로 남겨놓았다.

 내리막길은 주춤하더니 우측 등성이로 바짝 달라붙고, 다시 심한 오르막으로 빠져나왔으나 절벽이 가로막고 있다. 어떻게 벗어날 수 있을까. 이때 환한 빛줄기가 우리를 광명의 세계로 인도한다. 탈몽굴(자연동굴)이다. 빛을 향하여 네 발을 저어간다.

꿈이었을까. 언제 그랬냐는 듯 저 밑으로 물골이 태연하게 흘러가고 있다. 잔잔한 저녁 안개 속에서는 너와집과 굴피집에서 나는 하얀 연기가 모락모락 피어날 것이다. 평화로운 광경이다. 산행 초입 외나무골 예수원의 종소리가 새삼 귓가를 스쳐온다.

옛날 촛대바위 근처의 폭포수에서 멱을 감던 아름다운 여인이 있었다. 사람들이 다가가자 여인은 바위 절벽 속으로 자취를 감추고 바위 더미를 쏟아냈다. 여인은 환생한 선녀임이 틀림없었다. 동네 사람들은 그 동굴을 환선굴이라 부르고 그 앞에서 매년 제를 올리며 평안을 기원하였다.

모든 것은 물의 흐름을 그대로 받아들일 수밖에 없는 석회암 지대라는 사실로 풀린다. 물의 힘으로 크게 함몰된 곳이 도끼 자국으로 크게 패인 큰골이고, 덕항산 북서쪽의 고위평탄면에 있는 석회암의 카르스트 지형인 돌리네는 가벼운 함몰로 생긴 골짜기이다. 태고의 신비를 간직하고 있는 환선굴은 물줄기가 석회암동굴 속을 자유자재로 빠져나가면서 만들어 놓은 궤적이다. 수억 년 동안 발달한 종유석과 석순, 석주 등이 기기묘묘한 장면을 연출하고 있다. 마리아상, 도깨비방망이, 만리장성, 꿈의 궁전과 연꽃 모양의 옥좌대.

문득 바닥을 흐르는 물소리보다 옥좌대로 떨어지는 물소리가 더 크게 들린다. 또옥 또옥 또옥—

도락산

道樂山   965m

'길을 걸으니 마음이 즐겁더라.'

상선암 암자의 스님은 그렇게 해석하고 있었다. 공민왕이 도락산에 피신해 있다가 홍건적을 물리치고 환도할 때 했다는 이야기였다. 스님으로서의 권위는 하나도 찾아볼 수 없는 천진난만한 표정을 보니 공민왕의 마음을 도락산에서 즐기고 있는 분이었다. 덕분에 도락산 초입의 내 마음도 덩달아 즐거웠다.

그러나 스님과 헤어지고 들어선 산길은 후드득 떨어지는 도토리 소리에도 신경을 바짝 졸이게 할 정도로 험하기 이루 말할 수 없었다. 제봉弟峯과 형봉兄峯은 위태롭기가 모두 난형난제이고, 채운봉採雲峯은 이름 그대로 구름을 잡고 그 위에 올라서서 위용을 자랑하고, 검봉劍峯이 하늘을 향해 날카롭게 창을 세우며 우리나라 산에서 좀처럼 찾아보기 힘든 이름값을 톡톡히 하고 있었다. 리지등반에 자신이 없는 사람은 함부로 도전해서는 안 되는 구간이었다.

신선봉에서 내려다보는 조망은 평화로웠다. 건너편 용두산 모습은 바위는 찾아볼 수 없는 둥실한 봉우리들만 눈에 들어왔다. 근래 들어 사람들은 봉우리들이 붓과 같다 하여 필봉, 그 봉우리들을 앞세운 본산의 능선이 감투와 같다 하여 감투봉이라 불렀다. 필봉과 감투봉 사이에는 제법 넓은 벌판이 펼쳐져 있다. 옛날엔 큰 촌락을 이룬 탄광촌이었다니 북적거렸을 사람들의 모습이 그들의 험난한 삶과는 무관하게 하늘나라 별세계로 그려졌다.

넓고 펑퍼짐한 신선봉 너럭바위에서 직경 1m 정도의 '숫처녀웅덩이'를 발견했다. 숫처녀가 물을 퍼내면 금방 소나기가 쏟아져서 다시 물을 채운다는 전설이 서려 있다. 어린 처녀가 동네 총각과 사랑에 빠지자, 부모가 반대하고 마을 사람 누구 하나 편들어 주지 않는다. 이에 앙심을 품고 바가지를 들고 형봉을 넘고 제봉을 넘는다. 그리고 신선봉 웅덩이 앞에 선다. 웅덩이에 고여 있는 물은 마을 사람들의 생명수이다. 이 물이 마르지 않는 한 마을에 가뭄 걱정은 없다. 처녀는 바닥까지 박박 긁어 물을 퍼낸다. 이제 마을에는 가뭄이 들어 먹을 물 하나 없는 고통에 빠질 것이다. 그렇게 허리를 펴자 하늘에서 장대 같은 비가 쏟아진다. 이내 빗물이 웅덩이에 가득 고인다. 허탈감에 빠진 처녀는 바가지를 버리고 산을 내려간다.

마을 사람들은 이곳에서 용두산을 바라보고 기우제를 지냈다. 용은 비를 내리게도 하고 그 자체가 비이기도 하다. 비를 내리게 하는 용의 효험이 무용한 세상이 되자 사람들은 자아를 찾기 원했고 또 어떤 사람들은 출세하기를 소원했다. 용두산은 필봉이 되고 감투봉이 되었다.

숫처녀의 상념에서 벗어나 고개를 뒤로 돌리면 도락산 바위들이 주눅들게 할 정도로 첩첩이 쌓여 있다. 돌산이고 악岳산이다. 돌악산이다. 더 나아가 돌, 달達은 산의 옛말이니 돌악산이야말로 진정한 산이다. 월악산의 본디 이름이다.

길은 끝까지 험하여 조심조심 산을 다 내려왔을 때는 도락산 본래의 뜻을 다 잃어버리고 말았다.

깨달음을 얻는 데는 나름대로 길이 있어야 하고,

거기에는 필히 즐거움이 수반되어야 한다.

우암 송시열(1607~1689)은 '돌악산'에서 도락道樂을 발견하였다. 그가 지은 '도락산'의 의미를 곰곰 생각해 본다. 이는 도락산에 이르기 전 반드시 거칠 수밖에 없는 단양팔경丹陽八景과 무관하지 않을 것이다.

팔경은 많지만 그중 으뜸이 단양팔경이다. 팔경이란 불교의 팔정도에서 나온 말이다. 고통의 원인인 탐貪, 진瞋, 치痴를 없애고 해탈하여 깨달음의 경지인 열반의 세계로 나아가기 위해서 실천수행해야 하는 여덟 개의 길이다. 우리나라를 팔도강산으로 나눈 데에서도 알 수 있듯이 우리가 추구해야 할 최고의 가치이다.

구담봉, 옥순봉, 석문을 거쳐 계곡을 오른다. 도담삼봉에는 조선의 개국공신 삼봉 정도전(1342~1398)이 은거하였다. 깎아지른 계곡을 따라 치솟아 있는 사인암舍人巖은 우탁禹倬(1262~1343)이 사인舍人이란 벼슬 재직 시 자주 와서 휴양하였다. 사인암에는 우탁이 직접 새긴 '뛰어난 것은 무리에 비유할 것 없으며, 혼자서도 두려울 것이 없으며, 세상에 은둔해도 근심함이 없다'라는 글귀가 남아 있다. 미륵바위 앞 3층으로 된 흰 바위의 넓이가 백여 척이나 되는 마당바위의 하선암은 조선 성종 때 임제광이 이곳에 와서 신선바위라고 불렀다. 삼선구곡의 중심지로 쌍룡이 승천했다는 중선암은 김수증(1624~1701)이 이름 지었다. 상선암은 송시열의 수제자 권상하(1641~1721)가 초가 정자를 짓고, '신선과 놀던 학은 간 곳이 없고 학같이 맑고 깨끗한 영혼이 와 닿는 그런 곳이 바로 상선암일세'라고 읊었다.

산, 계곡, 바위, 소나무가 어우러진 단양팔경을 거슬러 올라오는 송시열의 발걸음은 가벼웠다. 마침내 상선암에 이르러 도락산을 올려다보았다. 즐거움 속에서 팔정도의 길을 다 걸었다. 아무리 바위투성이인 산인들 투영하는 그의 마음은 너무나 즐거웠다.

'도락산'

산을 내려와 상선암 스님에게 이런 감회를 전하니 허허 웃으며 정상 부근 표지판의 글을 상기시켰다.

'도를 즐기며 걷는 것처럼 험난한 암봉을 지나기도 하고, 때로는 한 폭의 진경산수화를 가슴에 그리며 오를 수 있는 정겨움이 가득한 산이다.'

여전히 도락산의 의미는 나의 사고력 저편에 있었다.

"단양팔경만으로 부족했을 것입니다. 적어도 저 험한 바위산을 보고서야 도락道樂을 얻었을 것으로 생각합니다."

단양팔경의 귀결점은 도락산이었다. 팔경은 모두 계곡의 깎아지른 절벽에 위치하고 있다. 그래서 그런 형상을 상징하는 팔八 자를 붙였다. 그래도 무언가 아쉽다. 험난한 암봉을 지닌, 전체적인 모습도 팔八 자와 같은 도락산을 보아야 진정한 팔八을 본 것이고, 팔경八景이 완성되고, 팔정도八正道 역시 완성되는 것이다. 그래서 스님도 이곳에 기도터를 잡았을 것이다.

신선들이 노닐던 바위 상선암上仙巖을 상선암上禪庵으로 새롭게 탄생시킨 스님은 나의 표정을 일견하더니 또다시 허허 웃는다.

도봉산

道峯山　　　　　740m

  도봉산의 선인봉, 만장봉, 자운봉 봉우리는 병풍을 접어놓은 형상이다. 앞에서는 주상절리처럼 쭉쭉 뻗어 있지만 자세히 보면 복잡한 모습을 하고 있다.
  그 봉우리들이 의정부 가는 길옆에 불쑥 솟아 있어 지나가는 길손은 당연히 그냥 지나칠 수 없었을 것이다. 세상 덧없음을 한탄하고 서울을 뒤로한 사람으로서는 언제 올지 모르는 서울의 마지막 상징이었다. 때마침 구름이 물러간 자리에 역광을 받아 하얀 정수리가 나타난다면 절절한 심정이 나오지 않을 수 없다.

구름이 흘러간 뒤 만장봉 정수리가 하얗고
꽃잎이 솟을대문에 떨어지니 길이 붉게 물들었다.

  조선 태조는 왕위를 둘러싼 자식들 간의 골육상쟁을 지켜보고 나서 왕위를 내려놓고 함흥으로 가는 길에 만장봉을 바라보고 이 시를 남겼다. 훌륭한 돌(山)은 도道로 이어진다. 원망은 만장봉 정수리의 하얀 눈으로 변하고, 회한은 솟을대문에 떨어진 붉은 꽃잎이 된다.
  젊은 시절 나의 도봉산 등반은 선인봉에서 박쥐와 표범의 길을 더듬고, 트레버스, 침니의 추억만이 있었다. 새로운 마음으로 도봉道峯을 대하고자 배낭을 둘러멨다.

2016년 1월, 도봉산역을 빠져나와 산 입구의 안내 지도판 앞에 섰다. 입체적으로 펼쳐진 초록의 능선은 잇몸이고 그 위에 줄지어 돋아난 바위는 이빨처럼 보이기도 하는데 이빨을 유난히 강조하여 도봉산의 산세를 한눈에 볼 수 있게 하였다. 자운봉을 중심으로 남쪽으로 주봉·칼바위·우이암으로 이어지는 도봉주능선, 주봉과 칼바위의 중간 부분에서 오봉으로 이어지는 오봉능선, 다시 자운봉에서 사패산으로 이어지는 포대능선과 사패능선이 도봉산의 골격임을 잘 나타내고 있었다.

	드디어 길은 호젓한 오솔길로 접어든다. 올 때마다 매번 발길을 멈추지만 '도봉산할머니집'의 집터가 옛 기억과 달라 생소하다. 우리들 이름도 아들을 부르듯 불러주고 외상값도 어김없이 기억하던 할머니(정흥업. 황해도 정주 출신. 1919~1987)가 가게를 열어 장사하던 자리이다. 1980년 국립공원 일대가 정비되면서 산 밑의 상가단지로 옮겨갔고, 그 후 할머니는 돌아가셨지만 우리 산악인들의 영원한 할머니로 남아 있다. 할머니도 이곳을 떠날 수 없었던지 유골을 이 집터에 뿌리도록 유언하였다. 얼마 전까지 있던 누군가 세워놓은 '할머니 잠드신 곳'이란 표석은 사라지고 없었다.

	그 옛날 내가 걸터앉아서 막걸리 잔을 들었던 마당의 돌부리 옆에 서서 계곡 위를 올려다보니 선인봉 바위가 숲 사이에서 신비롭다. 할머니가 이 자리에 집터를 잡은 이유였을 것이다.

	도봉산할머니 집터를 나서자 길이 옛날과 달리 계곡을 건너 나 있는데 몇 해 전 해빙기에 집채만 한 돌이 두 개나 굴러 옛길을 막아버려서 길이 바뀌게 된 것이다.

	다행히 변하지 않은 것도 있으니 도봉대피소이다. 강산이 몇 번 변했어도 70년대 초반의 모습을 온전히 간직하고 있는 산장이다. 옛날에 누워 잤던 침상은 물론이고 무릎을 맞대고 앉아 차를 마시던 통나무 의자도 그때 그대로이다. 다만 세월의 때가 묻어 반들반들해질 뿐이다. 이곳에는 조순옥(1939년생) 할머니가 계시기 때문인데 누군가 나서서 대패로 멋지게 밀어주겠다든지 심지어 소파를 놓아준다는 사람이 있었지만 할머니는 펄쩍 뛰었다.

"반질반질해진 것은 여기 앉았다 간 사람들의 흔적입니다. 왜, 애써 지워야 합니까?"

국립공원이 자랑스러워하는 정비사업에도 이 산장이 그대로 보존되고 있는 이유이다.

"남편은 처음부터 음식을 만들어 파는 것을 생각하지도 않았어요. 산이 망가진다고."

남편 유용서(1993년 작고) 님은 1972년 처음 대피소가 오픈되고 첫 관리인이 불과 몇 달 만에 산 생활을 못 견디고 내려가자 동생인 설악산 권금성 산장지기(털보)의 권유로 이곳에 와서 돌아가실 때까지 도봉산을 지키신 분이다.

우리나라에 처음 산장이 생긴 것은 1968년 엠포르 산악회가 북한산 용암사 절터에 세운 엠포르산장과 윤두선(1994년 작고) 님이 같은 해 설악산 백담골에 세운 백담산장(현재 국립공원 탐방안내소)이다. 그 후 공화당 중앙사무국 선전부 책임자로 있던 김영도(1924년생) 님 주도하에 전국 주요 산에 산장이나 대피소를 세우게 된다. 그것은 선거공약의 일환이었고, 70년 말에서 71년 초에 산장은 대부분 준공되었다. 도봉대피소도 이때 세워진 것으로 현재 유일하게 처음의 모습을 유지하고 있다.

대피소를 나와 몇 걸음 더 올라서 도봉산할머니가 다녔다는 천축사를 들어가 보았다. 절 뒤의 선인봉 바위벽이 갑자기 다가와서는 나를 한낱 티끌로 만들어버린다. 넓은 우주에서 내가 없어지는 순간이다.

나는 더 이상 오르는 것을 포기하고 발길을 돌렸다. 산 밑의 상가단지 가게를 이어받아 운영하고 있는 할머니의 아들을 찾아갔다.

김유태(1960년생) 님은 쓸쓸한 표정을 감추지 못했다. 그 표석은 2008년 북한산 국립공원 일대에 흩어져 있던 추모비와 추모동판을 정비할 때 국립공원 측에서 없앴다는 것이다. 나도 그 사업을 알고 있었고 북한산 무당골의 합동추모비 제막식에 참가도 했지만 할머니집 표석이 거기에 해당된다는 것은 꿈에도 생각 못하였다.

어둠침침한 가게 안에는 나처럼 이곳에서 추억을 되새기고자 하는 산악인들이 군데군데 앉아 있었다. 옆에서 우리의 대화를 들으며 막걸리 잔을 들이키던 한 수염쟁이가 기어이 입을 열어 분통을 터트렸다.

"그렇다면 계곡 바위에 쓰인 옛 암각화도 지우라고 해요."

김수증의 '고산앙지高山仰止' 글씨를 두고 한 말이었다.

나는 가게를 나와 다시 선인봉을 올려다본다.

그동안 구름이 몰려와서 바위 봉우리를 감쌌다. 한참을 바라보자, 선인봉은 그 속에서 나의 시선을 느꼈는지 얼굴을 내밀었다. 영원히 변하지 않을 그의 시선이 계곡을 통해 나에게 다다랐다.

| 頭輪山 | 두륜산 | 700m |

두륜산은 한반도 서남 해안 끝자락에 자리를 잡고 평야지대에 홀로 서 있어 외로워 보인다. 그러나 산이란 어디에 있든 우리의 우두머리 산인 백두산과 혈맥을 통하고 있으니 그런 생각은 기우에 불과하다.

『산경표를 위하여』의 작가 조석필은 산은 그 생성 원리상 홀로 솟을 수 없다고 주장한다. 모든 산에는 줄기와 가지와 흐름이 있으며, 평야지대에서 우뚝 솟은 산도 시각적 착각일 뿐 지도의 등고선을 보면 그 줄기를 알 수 있다는 것이다.

우리나라의 모든 산들은 백두산을 뿌리로 하고 있으며 백두산에서 지리산에 이르는 지도상의 거리 1,625km의 기둥산 줄기가 곧 백두대간이다. 나라 줄기의 대들보 격인 백두대간에서 갈라져 나온 버금가는 산줄기를 정맥正脈이라고 한다. 14개 정맥 중 하나인 호남정맥은 영취산에서 뻗어 나와 줄기는 갈라져서 북으로 계룡산을 향하여 달리고 남으로 무등산을 거쳐 백운산에서 끝을 맺는다.

그렇게 보면 한반도 서남 땅끝의 두륜산도 백두대간의 흐름과 끊을 수 없다. 조석필은 호남정맥이 다시 새끼를 쳐서 월출산과 두륜산으로 이어지는 줄기를 땅끝기맥으로 명하고 있다. 땅끝기맥은 두륜산과 달마산을 지나 땅끝전망대가 있는 사자봉에 이르러서야 바닷속으로 사라진다.

두륜산은 백두산의 '두'와 중국의 곤륜산崑崙山의 '륜' 자를 딴 이름이라고 한다. 곤륜산은 중국의 전설에서 멀리 서쪽에 있어 황허강(黃河)의 발원점으로 믿어지는 성산聖山이다. 그러나 두륜산의 '륜輪(바퀴 륜)'은 결코 곤륜산과 관계가 없다는 것이 나의 생각이다. 한자 뜻풀이 그대로 백두산에 바퀴를 단 것이다.

한 마디로 백두산은 한 자리에 머물러 있는 산이 아니다. 백두산이 그 대간을 따라 흐르다가 장백정간과 해서정맥과의 갈림길에 서 있는 산이 함경북도와 함경남도의 두류산頭流山이고, 또 남쪽으로 내려와 대간의 꺾임을 신호해 주고 있는 산이 태백산이라는 이름의 큰 백두산이다. 이중환이『택리지』에서 "백두산이 크게 끝난 곳으로 산의 다른 명칭은 두류산頭流山이다"고 한 말에 공감하지 않을 수 없다. 크게 꺾인 지점은 백두대간이 아닌 정맥과 지맥에도 많아 두류산은 한반도 곳곳에 산재하게 된다. 결국 우리 강토는 어디든 백두산과 닿아 있다.

그렇다면 두륜산은 왜 '류'가 아닌 '륜'을 쓰는가? 간단하다. 흘러 보내는 것으로는 해남 땅끝까지 갈 수 없다. 바퀴를 달지 않고는 힘들기 때문이다. 또, 산이 오죽이나 크지 않은가.

산을 뜻하는 우리말 '달達'을 '돌이'·'두리'·'다리'로 귀엽게 부르던 것이 '두류'·'주류'·'두륜'의 한자 표기를 갖는다(양주동 선생의 견해를 필자가 재해석하였음). 한때 큰 산이라는 뜻의 한듬산 → 대듬산 → 대둔산이라 불리기도 했는데, 두륜산이란 이름이 승리한 것은 전술한 백두산과의 연관성을 갖고 싶어 한 탓일 것이다.

두륜산은 기교 없이 오직 장대하다. 뭉툭뭉툭한 봉우리들이 서로 연결되어서 웅장한 산세를 연출한다. 이곳 사람들이 두륜산을 얼마나 크고 넓은 산으로 보았는지는 남쪽의 매봉산(150m)으로 넘어가는 고개를 '쇄노재'로 불렀다는 것에서도 알 수 있다. '쇄노재'는 솔재와 놀재의 합성어이다. 높은 하늘을 나는 새를 '솔개'·'소리개'라고 하듯이 솔재는 높은 고개를 말하고, 놀재는 넓은 목을 노루목이라 하듯이 높으면서도 넓은 고개이다. 제물로 바치기 위해 도솔봉으로 끌려가던 소가 쉬어가던 고개라고 해도 의미는 그대로 일 것이다. 도솔봉은 최고 높은 고개를 말하는 수리봉에서 온 말이다.

　대흥사 일주문을 지나서 동백나무 숲길로 접어든다. 예사 동백나무가 아닌 것이 백두산의 정기를 받고 한듬산의 큰 산세를 닮아서 거대하기 이를 데 없다. 사천왕문에는 험상궂고 용맹스러운 사천왕이 아닌 흰 코끼리를 탄 동자승이 해맑은 웃음으로 날 반기고 있다.

　까까머리 동자승에게 답례 인사를 보내기도 전에 눈길을 사로잡는 것은 부처님 형상을 하고 있는 암석 봉우리들이다. 부처님은 두륜산 산자락을 깔고서 오른편에 얼굴을 두고 누워 있다. 두륜봉은 부처님 얼굴로 눈·코·인중 그리고 목선이 뚜렷하고, 가련봉은 좌우의 손을 겹쳐서 중생들에게 가르침의 사인을 보내는 모습이다. 경내로 들어가 대웅전 앞에 서면 부처님은 상체만 드러내어 클로즈업 상태로 보인다. 처마 사이가 액자 역할을 하여 부처님을 더욱 존귀하게 만든다.

　우리의 영산 백두산이 흐르고 구르며 땅끝에 당도하여 어느덧 부처님으로 변해 있다. 나는 그 바퀴를 돌려서 백두대간을 따라 거슬러 북쪽 끝 흰머리 산에 가서 당신의 완성은 부처님이었다는 보고를 드리고 싶다.

　아쉬운 마음도 달랠 겸 차를 남으로 돌려 미황사를 보고 달마산을 오르기로 한다. 그리고 땅끝마을에 서서 저 멀리 북쪽의 백두산을 그려볼 것이다. 그곳으로 내딛는 발걸음이 실현되는 날 '땅끝마을'은 '땅처음마을'이 될 것이다.

두타산 頭陀山 1,357m

　오죽하면 무릉계곡이라고 했을까. 설악산 천불동에 비해 전혀 손색이 없다. 더구나 천불동은 비선대를 제외한다면 지나가면서 계곡의 경관을 즐기는 곳이지만, 무릉계곡은 오랫동안 머물면서 물과 바위와 하늘을 내 것으로 만드는 곳이다.

　무릉반석에 이르니 벌써 입이 쩍 벌어진다. 그 넓은 바위에 많은 사람들이 앉아서 목을 젖히고 있는데, 그들 사이로 무수한 암각화들이 예로부터 많은 시인묵객들이 찾아왔음을 말해 주고 있다. 그중에서 옥호거사의 '무릉선원武陵仙源, 중대천석中臺泉石, 두타동천頭陀洞天'의 열두 자는 물이 잔잔하게 흐르는 듯하고, 용이 하늘로 올라가는 듯 힘차고, 바위에 앉은 사람들이 모두 일어나 환호성을 지르며 춤을 추는 듯하다.

　이어서 학소대를 우러르고 먼발치 아래 쌍폭과 용추폭포를 굽어보며 올라 문간재를 넘어 신선봉에 오르니 또 다른 세상이다. 청옥산과 고적대, 갈미봉에서 흘러나온 피마늘골, 물방아골, 바른골, 박달골이 으스스한 적막감을 자아낸다. 기암괴석으로 치장한 고적대는 이웃하고 있는 두 개의 거봉 두타와 청옥과는 다른 기품을 자아내고 있다.

　문간재를 맞은편에서 조망하는 두타산 방향의 백곰바위에 오르면 지나온 무릉계곡이 내려다보이고, 이어서 깔딱고개와 햇대등에 오르면 두타와 청옥이 한눈에 들어온다. 청옥산은 초가지붕을 연상시키듯 산세가 완만하고 두타산은 급경사를 이루어 다소 피라미드 꼴을 하고 있다. 두타는 자세히 보면 계곡이 깊게 들어와서 청옥의 옷을 벗겨 골격을 드러나게 한 것이고, 청옥은 걸치고 있는 두툼한 옷 속에서 두타의 골격을 상상하게 한다. 불국사 마당에서 날렵한 다보탑과 육중한 석가탑을 비교하며 보는 재미가 여기에 있다.

사람들은 석가탑보다 다보탑을 높게 평가하는 모양이다. 두타는 청옥보다 50m 낮음에도 속세의 번뇌를 버리고 불도 수행을 닦는다는 고귀한 뜻을 갖게 되었고, 청옥은 청靑(방위에서 북을 나타낸다)을 얻어 두타에게 중앙의 위치를 양보하였다. 타陀는 '비탈지다, 벼랑, 험하다'의 뜻을 지니고 있으니 그런 두타의 형상과 불교용어가 함께 의미를 이루고 있다. 의식주의 집착을 버리고 심신의 수련을 닦는 것은 벼랑길을 걷듯 험한 것이구나!

두타와 청옥 중간지점인 박달재를 바라본다. 고개 주위에 자생하고 있는 박달나무는 단단하여 농사꾼들에게 유용한 홍두깨, 방망이, 수레바퀴 등 유용하게 쓰였다. 나무 중의 왕으로 신성시해도 이상할 것이 없다. 단군왕검은 박달나무 아래서 신시神市를 열었다. 단군檀君의 '단'은 박달나무라는 뜻이다.

두타에서 동해로 뻗으며 무릉계곡을 감싸고 있는 능선의 끝에서 쉬움산으로 발길을 돌린다. 여기저기 수많은 웅덩이가 보이고 산 곳곳에 치성을 드리는 제단과 돌탑 등이 즐비하다.

고려 말 무신 집권기에 일어난 몽고 침입은 고려 사회에 일대 위기를 가져왔다.『제왕운기』는 단군신화를 역사화해 중국과 같은 BC 2333년에 시작된 것으로 서술함으로써 민족의식을 고취시키고 있다.

"상제 환인에게 아들이 있어 웅雄이라 하였다. 삼위태백三危太伯으로 내려가 널리 인간을 이롭게 하라. 웅이 천부인天符印 세 개를 받아 귀신 3천을 거느리고 태백산 꼭대기 신단수神壇樹 아래에 내려오니 이분이 단웅천왕이다. 손녀에게 약을 먹여 사람 몸이 되게 하여 단수의 신과 혼인하여 아들을 낳았다. 이름을 단군이라 하니 조선 땅에서 웅거하여 왕이 되었다."

이승휴가 『제왕운기』를 집필한 곳은 용안당으로 지금의 천은사이다. 지금도 그때의 모습을 찾아볼 수 있다.

배수고개에서 뒤돌아보니 역시 청옥은 두툼하고, 두타는 날렵하며 그 왼편으로 능선을 탁탁 쳐놓은 듯 뾰족한 봉우리가 정상을 향하여 이어지고 있다.

마을 이름이 미로리이다. 무릉계곡은 우연히 발을 들여놓을 수는 있지만 아무리 과거의 기억을 더듬어도 다시 찾을 수 없는 곳이다. 입구를 찾을 수 없는 미로迷路인가 했더니, 용궁에서 며칠 잘 지내고 고향에 돌아오니 그사이 많은 세월이 흘러서 아는 사람들은 모두 죽고 없다는 미로未老였다.

혹시나, 나도 산행이 끝나고 집으로 돌아가서 가족이 없어져 버렸다면 어쩌나. 무릉계곡과 두타에서 느끼는 기쁨이 너무 커서 그만큼의 대가가 따라야 하는지도 모르겠다.

마니산

摩尼山　　　　　　　　　　　472m

환웅이 내려오신 이 땅의 산은 과연 어디일까. 백두산일까, 태백산일까? 아니면 이곳 마리산일까? 환웅에게 가장 중요한 것은 함께하며 인간 세상을 이어줄 웅녀이다. 우리의 어머니가 되신 웅녀는 어디에 기거하며 환웅을 기다리고 계셨을까? 첫 번째 답은 마리산이고 두 번째 답은 정족산鼎足山이다.

마니산의 이름은 불교 색채를 입히기 전까지는 마리산이었다. 이 땅의 머리로, 하늘에서 태어난 최초의 땅이다. 하늘에서 땅이 생기니 다음 차례는 인간 세상을 이어갈 하늘의 아들이 강림하실 일이다. 그리고 그곳은 당연히 마니산이다.

정족산의 유래는 우리말 '솥발산'에서 찾을 수 있다. '솥'은 높다의 '솔'에서, '발'은 '밝'에서 나왔다. 즉 정鼎은 '솔'을, 족足은 '밝'을 훈차한 것이다. 환웅이 빛줄기를 타고 내려왔으니 마니산은 밝게 빛났다. 그때 정족산이 빛을 밝혀 당신에게 걸맞은 처자를 여기서 찾을 수 있다고 계시를 주었다. 환웅은 주저 없이 정족산에 와서 곰을 선택하였다. 이들 사이에 단군이 태어났고 단군의 세 명의 자식인 부여, 부우, 부소가 이곳에 성을 쌓았다. 이들은 죽어서 그대로 세 봉우리가 되었다. 산의 이름이 삼랑산이 될 수도 있었겠지만 두 분의 인연을 소중히 여겨 여전히 정족산으로 부르며, 더 나아가 마리산을 할아버지산으로, 정족산은 할머니산으로 부르기도 한다.

세 봉우리 안자락에 자리 잡은 전등사는 381년에 지어졌다. 우리나라에서 가장 오랜 역사를 간직하고 있는 사찰이다. 할머니가 되신 웅녀가 이곳에서 태어났으니 불교도들도 떠받들지 않을 수 없는 곳이다. 사찰 내의 삼성각에는 다른 절과 달리 단군 할아버지가 세 성인 중 한 분인 산신령으로 모셔져 있다.

전등사를 뒤로하고 마니산으로 향한다. 환웅 할아버지가 바람같이 걸어오신 길이고, 웅녀 할머니가 제사음식을 이고 즐거운 마음으로 걸어가신 길이다. 이제 이분들은 어디 계실까. 우리는 이분들이 영원히 산에 계셔서 우리에게 빛을 주시기를 원한다.

'고이다', '괴다', 마음이 기우는 것이다. 우리는 할머니를 괴니, 아예 그리움 그 자체로 '곰'이라 부른다. 곰이 계신 산은 고운 산이다. 산은 돌(산의 옛말은 돌)이다. 돌을 괴어서 우리의 사랑을 전한다. 고인돌은 저 산을 우리 곁으로 옮겨놓은 고운 산이다. 환웅 할아버지와 할머니는 거기 계신다. 강화도의 많은 고인돌 중 어디엔가 말이다.

1906년, 이 섬에 살았던 화남華南 고재형高在亨(1846~1916) 선생도 이 길을 걸었다. 과거 급제까지 해놓고도 벼슬에 나가지 않았던 그가 환갑되던 해에 무심코 혼잣말을 내뱉었다.

"고향 땅이라도 제대로 돌아봐야지. 더 이상 늦으면 안 된다. 지나온 인생 여정이 자꾸만 뿌예져 꿈이었는지 현실이었는지도 모르겠다. 종착역이 다가온다. 뭔가 확실한 매듭을 짓고 싶다."

강화도 200여 마을과 명소를 돌아보고 『심도기행沁都紀行』을 남겼다.

이제는 자동차가 쌩쌩 달려 갯바람에 흰 수염 휘날리는 늙은이의 유유자적한 발걸음을 흉내 내기 힘든 길이 되어버렸지만, 평야 위로 보이는 마니산 풍광은 시원하고 갯벌에서 불어오는 바람은 상쾌하다.

함허동천에서 오르는 산길은 점점 가파르다. 칼날 같은 암릉이 나오고 그 큰 바윗덩어리가 제멋대로 가로막고 있어서 그 틈을 빠져나가기가 쉽지 않고, 발밑까지 파고들어온 갯벌은 내려다보면 아찔하다. 낮은 산이라고 얕볼 일이 아니다.

잠시 쉬어 저 아래의 동막골을 내려다 본다. 돌(산)밝골 → 독박골 → 동막골의 변천을 겪은 이름이다. 저 마을에서는 마니산을 밝은 산으로 보고 있는 것이다. 저기서 산을 올려다보면 바위 능선 사이에서 환웅이 강림하실 적의 빛이 보인다. 뿐만 아니라 단군의 세 자손이 태어날 때도 밝은 빛이 있었다. 부여, 부우, 부소는 밝음(부는 '붉다'에서 온 것이다.)을 상징하는 이름들이다.

참성단 안내판에서 전국체육대회 때 하얀 날개옷을 입은 칠선녀가 채화경에서 불꽃을 담는 장면을 바라본다. 머리는 하늘을 향해 하트 모양으로 높게 땋고 양손에는 용궁부채를 든 일곱 선녀가 추는 성무춤이 나를 5천 년 전으로 데려가 준다. 단군 할아버지의 인자한 웃음이 떠오른다.

마니산 산머리는 태백산처럼 천, 지, 인으로 나누어 제단 쌓기에는 비좁다. 참성단塹星壇 기반基盤은 하늘을 상징하는 원형으로 하고 그 위의 제단은 땅을 상징하는 사각형으로 했다. 그리고 칠성님을 상징하는 일곱을 세 번 반복하여 스물한 개 계단을 쌓았다. 한 발 한 발 오르는 발걸음마다 환인, 환웅, 웅녀, 우사雨師, 운사雲師에 대한 생각이 새롭다.

환웅 부모님이시여! 함께 오신 비와 구름님이시여! 우리는 당신들의 은혜를 잊지 않겠으며 귀중한 홍익인간의 정신을 길이길이 이어가겠습니다.

산을 내려와 정류장에서 서울행 버스를 기다리고 있으니 마을 촌로 한 분이 말을 걸어왔다.

"마리산에 다녀옵니까?"

마리산은 반만년을 흐르고도 우리들 가슴속에 살아 있었다.

너의 머리에 내려와 있는 신을 찾아라. 그것이 모든 인간에게 존재하는 선함과 평화와 사랑의 본성이다. 그것이 홍익이다.

| 馬耳山 | 마이산 | 687m |

　하나는 동쪽으로 둔중하여 암놈이고, 또 하나는 서쪽으로 날렵하니 수놈이다. 두 봉우리는 서로 등을 지고 있는데 그 모습이 말의 귀처럼 생겨서 마이산이라 부른다.
　하지만 이런 모습은 남쪽이나 북쪽에서 볼 때의 모습이고, 마이산의 긴 줄기에 해당하는 서쪽의 광대봉에서 보는 모습은 사뭇 다르다.
　진안군 마령면 강정마을에서 올려다보는 광대봉과 좌우의 능선은 이름 그대로 탈을 쓴 춤꾼이 반동을 주어 긴 소매를 척 늘어뜨린 형상이다. 거기서 동쪽을 바라보니 역시 마이산이 똑같은 모습으로 화답하고 있다. 이때 마이산 두 개의 봉우리가 겹쳐서 양반이 쓴 갓으로 보이니 양반 마이산과 상놈 광대봉이 서로 바라보며 세상 이치는 이러하노라 하는 듯하다.
　마이산 암마이봉과 수마이봉으로 향하는 능선 길은 적당히 오르막과 내리막이 이어진다. 오르막에서 보면 봉긋 솟아오른 두 봉우리의 매끈한 선은 군더더기 하나 없다. 주변의 산능성이는 굽이굽이 이어지고 겹겹이 멀어져서 대해를 이루고 있다.
　딱 달라붙어 있는 두 개의 봉우리는 출렁이는 파도 속에서 짝을 지어 춤을 추는 한 쌍의 돌고래이다. 동작을 일치시킨 싱크로나이즈이다. 1억 년 전 깊은 호수에 있던 한 쌍의 돌고래가 물 위 세상이 궁금하여 물속을 박차고 올라와 그대로 화석이 되었다. 내 발걸음은 1억 년 전 태고의 바닻속으로 향하고 있다.

고금당古金堂에 이른다. 만신 할머니가 지키는 당집이었지만 불상이 모셔져 있다. 그래도 여기저기 호랑이와 산신령을 보존하고 있어 당초의 토속신앙에 대한 마음을 전하고 있다. 전망이 탁 트이고 마이산 두 봉우리가 처마 끝에서 정확히 한 봉우리로 보인다. 둥그런 암놈 뒤에 쫑긋한 수놈이 숨어 있다고 생각하면 마이산 신령님의 능력에 무한한 신뢰를 보낼 수밖에 없다. 팔각정 전망대에 앉으니 마이산이 봉두봉 위에서 벙어리장갑처럼 보인다. 뒤편의 봉긋한 수마이봉이 둔중한 암마이봉 왼편으로 엄지손가락처럼 돋아나 있다. 두 봉우리가 조화를 부리는 듯하다.

이렇게 다른 모습을 보여주는 마이산은 계절에 따라서 그 이름도 다르다. 봄에는 안개 속에 솟은 두 봉우리가 쌍돛배 같다 하여 돛대봉, 여름에는 신록 사이로 드러난 봉우리가 용의 뿔처럼 보인다 하여 용각봉, 가을에는 단풍 든 모습이 말 귀처럼 보인다 하여 마이봉, 겨울에는 윗단은 눈이 쌓이지 않아 먹물을 찍은 붓 끝처럼 보인다 하여 문필봉이라 부른다.

보는 사람마다 또 모습이 다르다. 조선시대 성리학자였던 김종직은 마이산을 죽순으로 보았다.

아름다운 봄 죽순 같은 자태를 서로 사랑할 뿐 기댈 수는 없구나

두 개의 봉우리가 있어 서로를 빛내주는 산은 많다. 왕자봉과 선녀봉의 강천산, 수미봉과 사자봉의 재약산, 석가탑과 다보탑처럼 서 있는 두타산과 청옥산, 이런 산에서는 서로를 비교 감상하는 맛이 있다. 그중 암마이봉과 수마이봉의 마이산은 미니멀리즘minimalism의 전형이다.

단순함은 끝없는 상상력을 부른다. 파란 하늘을 흘러내리는 일필휘지

는 보는 이를 싫증나지 않게 한다. 하지만 양에 차지 않는다. 마이산처럼 많은 작품 사진도 드물 것이다. 논바닥 뒤로 아련한 두 봉우리, 탑형제 저수지에 투영된 두 봉우리, 49번 국도 끝으로 솟아오는 두 봉우리, 능선 상에서 구름자락을 흘리고 있는 두 봉우리, 너무나도 다른 모습을 보여주고 있다. 그런데도 여전히 허기지게 할 뿐이다. 전주에서 카센터를 운영하는 한 아마추어 사진사는 10년 동안이나 쉬는 날이면 북쪽의 부귀산에 오르고 남쪽의 내동산에도 올랐지만 아직도 만족하지 못한다.

은수사 태극전 벽에는 일월오봉도日月五峯圖가 그려져 있다. 진안 사람들은 용상 뒤편에 있으면서 임금님 권위를 부여해 주고 있는 다섯 개 봉우리를 마이산이라고 믿는다. 학자들은 오봉을 중국의 『시경時經』 중 어느 시에서 나온 것이라고 풀이하고, 혹자는 우리나라의 대표적 산인 금강산·묘향산·지리산·백두산·삼각산이라고 하거나 인仁·의義·예禮·지智·신信을 상징한다고도 하지만 그 형상만큼은 분명 마이산이라는 것이다. 봉우리의 반듯한 곡선을 보면 부인할 수 없는 사실이다. 또한 여름철 큰비가 올 때 암마이산 벽으로 흘러내리는 힘찬 물줄기는 일월오봉도 양편의 폭포라는 생각을 지울 수 없다.

일월오봉도를 감상한 다음 육중한 마이산 봉우리 앞에 서 본다. 해와 달로 상징되는 하늘(天), 다섯 개 봉우리가 나타내는 땅(地), 소나무와 물로 상징되는 사람(人)이 내 앞에서 차례차례 세 개의 줄로 그어진다. 내가 반듯하게 그 앞에 섰기에 임금 왕王이 완성되었다.

명성산

鳴聲山　　922m

'소리'는 '높다'와 같은 어원을 가지고 있다. 명성산은 '소리뫼'였다. 산에 부딪치며 소울음을 내는 바람 소리는 산골짜기 사람들에게 두려웠을 것이다. 소리뫼는 '울음생이산'이 되었다. 신라 마의태자가 이 산에 와서 망국의 한을 품고 목 놓아 울었고, 왕건에게 쫓긴 궁예가 이 산기슭에서 통곡을 터트렸다.

울음생이산이라는 의미를 가지고 있는 명성산이 근년에 널리 알려지게 된 것은 그 남서쪽 골짜기 안에 호젓이 자리한 산정호수에서 비롯되었다. 1925년 농업용수를 공급하기 위해 축조되어 '산 속에 있는 우물'이란 뜻으로 이름이 붙었고, 산 안에 있다 하여 '산안저수지'로 불리기도 하였다. 첩첩산중에 둘러싸인 호수에 명성산이 비치고 있다.

산정호수는 1977년 국민관광지로 지정되면서 식당과 숙박업소가 호숫가를 따라 줄지어 들어서기 시작했다. 사람들의 발길이 잦아져 북적이지만 호수와 주변 산세가 빚어내는 풍경은 예나 지금이나 변함없이 아름답다.

산정호수만 찾던 사람들은 이제 명성산으로 발길을 돌린다. 정상 부근의 억새꽃 군락지 때문이다. 상동 주차장 입구에서 한 시간 정도 걸어서 도착하는 억새밭은 장관을 이룬다. 가을의 정취를 느끼기에 이만 한 곳도 없다. 흩날리는 억새밭을 전경으로 하여 멀리 넘실대는 능선들을 바라보는 것은 명성산의 매력이다. 대부분의 등산객들은 탁 트인 경치에 환호하고, 억새밭 속에 들어가 사진을 찍고, 팔각정에서 간식을 먹고는 왔던 길을 도로 내려간다. 포천시도 그런 등산객의 마음을 배려하여 팔각정 옆에 사람 키 정도나 되는 육중한 명성산 정상석을 버젓이 세워놓고 있다.

정작 가을의 정취는 여기서 몇 걸음 더 올라서 구삼각봉부터이다. 오른쪽으로 살짝살짝 파란 호수가 보이고 왼쪽으로는 은빛의 갈대 바다가 출렁인다. 짧은 거리이지만 갈대 울음소리를 들으며 능선 길을 걷다 보면 왠지 가슴이 휑해지는 느낌이 온다.

아~아! 으악새 슬피 우니 가을인가요

포천시 안내판에는 으악새란 억새를 가리킨다고 조심스럽게 쓰여 있다. 울음샘이산 명성산의 유래에 이렇게 억새의 울음이라는 설을 하나 더 붙여도 좋을 듯하다. 억새의 가느다란 줄기가 서로 부딪치며 내는 소리가 쇳소리처럼 날카롭다.

삼각봉에서는 우측으로 약사령을 넘어 각흘산(838m)으로 흘러드는 길이 있다. 그 산 너머 약수봉 근처가 1975년 8월 17일 장준하 선생이 추락사한 곳이다. 그 산은 선생의 산행 며칠 전에 군사보호구역에서 풀렸다. 당일 산행계획이 없었지만 호림산악회가 극구 독려하여 참가했다가 변을 당하였다. 선생의 의문의 죽음은 밝은 세상을 바라는 많은 이들의 가슴을 답답하게 했고, 마의태자와 궁예에 이어 으악새의 울음에 또 하나의 의미를 추가하게 되었다.

삼각봉을 지나면 명성산 정상이다. 그 너머로 궁예봉이 날카롭게 서 있다. 궁예는 918년 부하였던 왕건에게 쫓겨 이 산의 8부 능선에 있는 석성에서 중과부적으로 전의를 상실하고 도망친다. 그러나 얼마 못 가 평강에서 백성에게 붙잡혀 최후를 맞는다.

일대에는 궁예와 관련된 지명이 많다. 궁예왕굴弓裔王窟은 상봉에 위치한 자연동굴로 왕건에게 쫓겨 은신하던 곳이며, 항서받골(降書谷)은 궁예 군사에게 항복하는 항서를 받은 곳이라고 한다. 또 가느다란 골이라는 의미의 가는골은 궁예가 단신으로 이 골짜기를 지나 평강으로 도망갔다고 하여 패주골敗走谷이라고 하며, 누운재 또는 눌린재에서 따온 눌재는 도주하면서 흐느껴 울었다는 곳으로 눌치訥雉라고도 불린다.

억새로 시작하여 궁예로 끝나는 산행. 울음생이산은 가을에 적합한 산이다.

지난가을 산안고개를 내려와서 주차장으로 가던 중에 바라본 명성산은 한 폭의 그림이었다. 파란 도화지에 궁예봉에서 삼각봉으로 이르는 바위 능선을 오려 붙인 평면도였다. 그 그림 위로 하얀 새털구름만이 능선과 하늘을 넘나들었다.

| 明智山 | # 명지산 | 1,252m |

하얀 나비가 동무하자고 앞서거니 뒤서거니 팔랑거리는 따뜻한 봄날, 익근리계곡은 한적하기 그지없다. 나른한 햇살은 그 기능을 잃어버린 승천사 일주문과 천왕문에 머물고, 명지산 정상부터 동지들을 불러 모아 내려오는 물소리만 우렁차다. 산등성이는 여전히 회색빛이지만 발밑에는 물소리의 응원을 받은 길가의 잡풀들이 왕성한 생명력을 주체하지 못하고 있다.

암반을 가르고 떨어지는 명지폭포의 포말은 사방으로 흩어지며 녹음 짙은 산을 뿌옇게 만들고 햇빛에 달궈진 내 뺨에도 시원하게 뿌려준다. 발길이 능선을 향하자 이내 장막이 드리운 듯 어두운 그늘이 져서 오싹해 진 마음은 사방을 두리번거리게 된다. 길은 가팔라서 좀처럼 나아가는가 싶지 않다.

사방으로 산뿐이다. 정상에서는 산과 산줄기를 연결하는 능선만이 있을 뿐 어느 계곡에 마을이 있는지 분간이 안 간다. 북쪽으로 화악산, 동으로 운악산, 서쪽으로는 북배산, 남쪽으로는 광주산맥을 타고 연인산, 매봉, 대금산이 이어진다.

조선 후기에 제작된 『해동지도』에 화악산 서쪽에 명지봉明芝峯이 있다고 묘사하고 있다. 맹주산盟主山이라 불리기도 하였는데 일관되게 '밝뫼'임을 말하고 있을 뿐만 아니라, '뫼'란 이 땅의 '머리'라는 인식인데 여기서 더 나아가 주위 산들의 우두머리와 같다는 데서 유래한 이름이다.

주변의 모든 산을 굽어볼 수 있으니 과연 맹주산이다. 나는 그 산들이 낮아진 곳에서 유난히 많은 고개들을 헤아려본다. 동으로 귀목봉과의 사이의 귀목고개·남으로 연인산과의 사이의 아재비고개·북으로 화악산과의 사이의 적목고개를 확인하고 지도를 보며, 갈마고개·노재고개·장수고개·우정고개·회목고개의 방향을 가늠해 본다.

산은 우리 삶의 터전이다. 조상들이 잠들어 있는 집이며, 언제나 부르면 대답하는 인자한 어머니이다. 또한 고개는 소통이고 교류이다. 그러나 어렵게 고개 너머에서 색시를 데려온 노총각에게는 반대 의미로 변한다.

산골짜기에서 부모를 모시고 평생 그곳을 떠난 적이 없는 노총각이 고개 너머에서 아직 철모르는 어린 색시를 신부로 맞아들였다. 그 순간 신부를 데려온 고마운 고개는 언제든 신부가 되넘어갈지도 모를 두려운 존재로 변한다. 아이를 둘씩이나 낳아도 안심할 수 없다. 두레박을 타고 하늘도 올라가는데 그깟 고개가 무슨 장애이겠는가.

아재비고개에는 섬뜩한 전설이 있다. 임산부가 친정으로 몸을 풀러 가던 도중에 고개 중턱에서 출산을 하게 되고, 길을 헤매다 배가 고파 눈에 보이는 게 없던 산모는 옆에서 발견한 물고기를 잡아먹고 혼절하였는데, 정신이 든 후 잡아먹는 것이 물고기가 아닌 자신의 아기였다는 사실을 알고는 미쳐버렸다는 이야기이다. '아재비고개'는 이래도 출산하러 고개 너머 친정에 갈 것이냐는 신랑의 위협이 담긴 이름이다.

또한 적목리에서 귀목고개에 이르는 곳의 범바위에는 호랑이가 갓 시집온 새댁을 잡아먹었다는 일화가 전해진다. 범바위는 어린 색시가 꼬부랑 할머니가 되었어도 여전히 그 자리를 지키고 있다. 귀목고개라는 이름도 그냥 지나칠 수 없다. 인근의 여러 고개 중 비교적 낮아서 그냥 '길목'에 지나지 않았다. 한자로 표기하면서 귀신을 붙여서 귀목鬼木으로 해놓았으니 햇빛 구경하기도 힘든 계곡 길을 지나면서 귀신을 상상하지 않을 수 없다.

"아저씨, 같이 가요. 같이 가요, 아저씨."

여인네의 가느다란 소리는 이내 흐느낌으로 변하며 지나가는 등산객을 혼절시킨다. 그 옛날 새댁이 친정으로 도망치다 길을 잃어 지금도 헤매고 있다. TV프로 '이야기 속으로'에 방영된 1985년 12월에 시인이자 수필가인 박계수 님과, 1986년 12월에 「월간 산」 기자 박영래의 체험은 발걸음을 귀목고개로 향하게 한다.

귀목고개에 쉬고 있자니 적목리 쪽에서 여인네들이 왁자지껄 올라온다. 귀신 나오는 길을 어떻게 올라왔느냐고 물으니 재미있는 아저씨라고 깔깔거린다.

집에 돌아와 검색하니 귀목鬼木이 아니라 귀목貴木이었다. 귀목은 물푸레나무를 말하고 적목리赤木里는 주목朱木에서 유래한다는 해석도 있다. 그러나 주목은 인근 화악산 중봉 근처에나 자생하는 나무이다. 적목리는 적목고개에서 보듯이 한자로 표기한다면 적항赤項이 맞는 말이다. 적赤은 '밝음'의 우리 고유말의 한자 표기이다. '배재'가 원래 말이다. 어두운 골짜기에 사는 사람들에게 밝은 빛은 고개 너머에서 왔다. 부처님의 대자대비大慈大悲가 거기에 있다. 불교인들에 의해 무너미고개와 접목되어 배너미고개로 바뀌기도 하는 고개이다.

이제 산에서 귀신을 만나기는 어렵다. '같이 가요 아저씨' 하는 공포스러운 흐느낌보다 깔깔거리는 여인네들 웃음소리가 더 어울리는 고개이다.

모악산 母岳山 795m

　남성으로 상징되는 천신天神은 정신적 영역을 담당하며 추상적이나, 여성으로 상징되는 지신地神은 우리에게 젖을 물려주는 너무나 현실적인 존재이다. 모악산, 대모산大母山, 모후산母后山, 부산婦山, 선녀산仙女山, 자모산慈母山, 지리산의 노고단이나 서울의 노고산老姑山, 변형된 것으로 무학산舞鶴山, 음역된 것으로 아미산峨眉山 등 전국의 '어머니 산'은 이런 생각의 반영이다. 위대하고 크신 어머니 즉 할미이다. 하늘은 머리를 주고 생명을 불어넣었지만 마고할미는 혼돈한 세상에서 강을 내고 산을 만들었다. 그러니 산은 본디 여성이었다. 산은 '영원한 어머니'로서 생산과 풍요를 안겨준다. 어머니의 품에 기대어 존재하는 애기봉, 아산, 앗재, 아현 등은 바로 우리의 모습이다.

　금산사金山寺라는 절 이름이 말해 주듯 모악산은 위대하고 큰 산이며 웅녀의 산, 곰산이다. 호남 곡창지대 중심부에 우뚝 서서 정면으로 원평천을, 북으로는 만경강을 흘리면서 평야지대에 젖줄을 물리고 있다. 섬진강 시인 김용택은 모악산의 형상을 '고봉밥을 쌓아올린 것 같다'고 표현하였다.

　금산사는 계곡 아래에 자리 잡은 탓에 전망은 없고, 대신 전국 어느 절 못지않게 앞뒤의 길이 소요하며 사색하기 좋다. 금산사를 지나고 금동계곡까지는 초입의 여운이 느껴지는데, 본격적인 오르막이 시작되면서 평범한 산으로 느껴져 '금산사만으로도 모악산의 가치가 충분했구나' 하고 때 이른 평가를 하게 된다.

그러나 능선에 올라서는 순간 모악산이 놓인 형상에 감탄하지 않을 수 없다. 북으로 뻗은 여맥이 S 자를 그리면서 멀어져 가고 남으로도 그러하였다. 그 가운데서 둥글게 솟은 모악산이 마치 빙빙 도는 긴 꼬리를 늘어뜨린 은하계의 핵처럼 중앙에 놓여 있다. 모악기맥 동쪽의 엷은 운해에 싸인 산들은 수많은 별들이 수억 광년 빛을 발산하는 듯 아스라하다.

북쪽으로 보이는 전주는 후백제의 견훤이 도읍을 정한 곳이다. 모악산은 그에게 어머니 산으로서의 역할을 충분히 하여 후삼국 중 가장 잘 나가는 나라로 이끌었다. 하지만 935년, 그는 아들 신검에 의해 금산사에 석 달 동안이나 유폐당하는 처지에 놓인다. 45년 동안 백제의 고토를 발판으로 완산주에 도읍을 정해 놓고 북쪽의 왕건과 또 동쪽의 신라에 대치하여 패권을 다투다 마침내 본거지인 모악산 기슭에서 허리가 꺾이고 만 것이다.

하지만 사람들은 지금도 모악산에 대한 믿음에 변함이 없다. 정읍 출신 강증산이 이 산골짜기에 증산교甑山敎를 연 일이다. 증甑은 떡시루를 말하니 생산과 풍요의 상징인 모악산과 어울리는 궁합이다.

산을 내려와서 모주母酒 한잔 기울이다 중요한 정보를 하나 얻어들었다. 도립공원 측의 안내지도에 적힌 지명에 이의를 제기한 노인이 백운동 뽕밭 근처에 살고 있다는 것이다.

백운동 골짜기는 속세를 떠난 마을처럼 보였다. 빈집이 있는가 하면 외지 사람들의 별장으로 쓰이는 집도 있었다. 슬레이트 지붕의 옹기종기 모여선 집들은 과거 초가집의 흔적을 잃지 않고 있었다.

안광춘(1942년생) 님은 순흥 안씨로 100년 전 경상도 함안에서 이주한 후손이었다. 일가를 이끈 선조는 전라도에 모악산이 있음을 알고 장차 여자도 남자와 같이 평등하게 사는 세상이 도래한다는 것을 깨달았다. 무엇보다 곧 말세가 올 터인즉 구원받을 곳은 오직 모악산 기슭뿐이라고 믿었다. 실제 6·25가 터지고 바로 아랫마을에서도 좌우익으로 나뉘어 많은 사람들이 목숨을 잃었지만 백운동은 누구 하나 다치지 않았다.

처음 이주해 와서는 모악산에 올라 나무를 해서 생계를 유지하였다. 삶의 터전인 모악산 북쪽 능선에 세세한 이름이 필요하였다. 어른들이 지혜를 모았다. 현재 정자가 있는 지도의 '백운동뽕밭'은 씨름판처럼 생겼다 하여 '씨름판', 지도의 '제1헬기장'은 '매봉', 지도의 '매봉'은 햇빛을 받을 때 그곳에 있는 바위가 번들번들하다 하여 '뻔득산'으로 정하였다. 안광춘 님은 3년 전 도립공단 지도를 처음 접하고 이의를 제기했으나 아무도 귀담아주는 이가 없었다.

마을을 벗어나자 귀신사라는 특이한 이름의 절이 그냥 지나치게 하지 않았다. 스님이 사는 곳에 귀신鬼神이 웬일인가.

귀신사歸神寺는 우선 이름으로 나를 사로잡는다. 영원을 돌아다니다 지친 신이 쉬러 오는 자리.

귀신사는 '돌아가 믿는다'의 귀신사歸信寺이다. 그러나 전주 출신 작가 양귀자는 소설 『숨은 꽃』에서 귀신사歸神寺로 묘사하였다.

지친 우리들이 돌아가야 할 자리는 어머니 품이다. 우리 인간만 지치는 것이 아니다. 신도 지친다. 그럴 때 신이 쉬러 돌아오는 자리가 어머니 산이다. 귀신사歸神寺. 작가의 통찰력과 상상력에 경의를 표한다. 치맛자락을 넓게 펼치고 있는 우리 어머니 모악산.

무등산

無等山　　　1,187m

　무등이란 말은 불교에서 부처가 절대평등의 깨달음, 곧 '무등등無等等'을 말한 대목에서 유래한 것이다. 정상 부분에는 천왕봉, 지왕봉, 인왕봉이 비슷한 크기로 나란히 서 있다. '천 → 지 → 인'의 순차적 수직적 관계는 여기서는 나란히 수평적 관계로 존재한다. 절대평등의 무등은 평등이란 말을 쓸모없게 하는 완전한 평등을 뜻한다는 것을 실감하지 않을 수 없다. 그러한 무등산 정신이 1929년 광주학생항일운동, 1980년 5·18 광주항쟁으로 구현되었음에 틀림없다.

　산의 형세가 완만하고 편안하다. 증심사에서 계곡을 벗어나 중머리재에 올라서면 중봉, 장불재, 천왕봉이 높이와 관계없이 동네 뒷동산의 이미지로 다가온다. 분명 고창 방장산의 옛 이름인 '반등산'의 등(완만한 동산 또는 들판)이란 어휘가 머리에 떠오르고, 중봉中峰도 분명 '가운데'가 아닌 '스님의 민머리'로 이해하게 된다. 높낮이가 있으나 서로 어울려서 평화로운 경치를 만들어내고 있다.

　임진왜란 때 의병장 고경명(1533~1592)은 존경하던 임훈林薰(1500~1584)의 초청을 받고 1574년 무등산을 올랐다. 임훈은 당시 광주목사였음에도 산에 오르기 전에 말먹이는 사람을 물리치고, 야인 복장으로 노복만 따라오도록 하였다. 짐꾼, 안내자, 악사 등 일단을 거느리던 당시 산행 풍습과 많이 다른 모습이었다.

　"네 모퉁이를 반듯하게 깎아서 층층이 쌓아올린 품이 마치 석수장이가 먹줄을 튕겨 다듬어서 포개놓은 듯한 모양이다."

고경명의 『유서석록遊瑞石錄』의 입석대 대목이다. 장불재에서 바라보면, 서석대와 입석대는 장엄하게 양옆으로 위치하고 있다. 주상절리대란 화산활동으로 분출된 용암이 식을 때 수축되면서 균열이 일어나 생긴 현상인데, 제주도 남해안 절벽에서 보았던 것을 높은 산 위에서 보게 되는 것이다.

서석대는 높이 30m 돌기둥이 질서정연하게 병풍처럼 늘어서 있다. 어떠한 힘에도 꿈적하지 않을 것 같은 위엄에 절로 머리가 숙여진다. 반면 입석대는 답답했던 병풍을 빠져나온 돌기둥이 저마다 자리를 잡고 있다. 오래되어 지붕이 없는 파르테논 신전의 기둥으로 보이기도 하고, 하느님이 아무렇지도 않게 툭툭 던져놓았지만 본디 있어야 할 자리에 정확히 자리 잡고 있는 특별한 정원석으로 보이기도 한다. 무등이란 의미를 안다면 우열을 따지는 것은 어리석은 일이다. 입석대와 서석대는 서로를 빛내주기 위해 존재할 따름이다.

주상절리는 이뿐만이 아니다. 입석대 조금 위의 승천암은 도열해 있던 서석대가 힘들어서 삐딱하게 누운 형상이다. 광석대는 입석대가 부동자세를 풀고 규봉암圭峰庵 주변을 어슬렁거리는 모습이다. 광주 산악인에게 암벽등반의 즐거움을 선사해 주고 있는 새인봉도 앞으로 수만 년 후에는 주상절리가 될지도 모를 일이다. 정상에 널려 있는 바위들도 예사롭지 않다. 서석대에서 입석대 그리고 승천암, 광석대는 무등無等을 누리고, 이제는 하산하기로 작정한 놈들이다. 동화사 터 근처의 덕신너덜과 규봉 주변의 지공너덜은 무등산 정상부의 주상절리가 수만 년을 지나면서 뿌리만 남겨놓고 하나 둘씩 빠져나간 흔적이다.

그러나 정상부의 주상절리 뿌리에 앉아 인왕봉과 지왕봉 옆에서 바위들이 송두리째 잘려 나간 채 텅 빈 공간으로 남아 있는 천왕봉을 보면 영원히 돌아오지 못할 팔 하나를 잃은 기분이다.

1965년 군부대가 들어서면서 군막사와 통신기기 등의 설치로 4m나 되는 천왕봉 정상이 날아간 것이다. 다행히 단두대를 면하고 철창에 꼭꼭 갇혀 있던 지왕봉은 다시 해방될 수 있었다. 1990년대 중반부터 20년 동안 복원작업을 거쳐 320톤의 콘크리트 잔재를 완전히 제거하여 원래 모습을 되찾은 것이다.

천왕봉은 1년에 봄, 가을 두 차례씩 4일간 일반에게 개방된다. 하지만 상처를 확인하는 것 말고 무슨 의미가 있겠는가.

깎여져 나간 무등산의 높이를 생각하며 1187번 버스에 올라타서 무등산을 돌아본다. 참으로 입석대와 서석대는 천연의 신전이다. 봄에 철쭉이 만개하면 천상의 화원이요, 겨울에 눈꽃이 피어오르면 주상절리는 얼음성으로 빛난다. 육당 최남선은 무등산을 전라도 지방 종교의 중심지였고, 무등산 전체가 당산으로 '무당산'이라고 주장하였다. 박선홍 님도 『무등산의 유래전설과 경관』에서 백제 이전까지는 무돌뫼나 무당산, 통일신라 때는 무진악武珍岳 또는 무악으로 하다가 고려 때부터 서석산이라는 별칭과 함께 무등산으로 불렀다고 밝히고 있다.

결국 '무無돌'과 '선돌'은 같은 의미라는 것을 알 수 있다. 우리가 지향하는 최고의 경지, 즉 태초에 이 땅이 잉태될 당시의 깨끗하게 정화된 상태를 말하며 아직도 이를 구현하고 있는 곳이 산이다. 우리는 바위 앞에서 산신에게 기도를 올린다. 바위는 우리의 믿음이다. 서석대와 입석대를 비롯 여러 신령한 바위를 지닌 무등산은 그 자체가 선돌 중의 선돌이며, 무돌 중의 무돌이다.

무학산

舞鶴山　761m

　마산의 아침은 무학산을 물들이며 시작한다. 태양은 대마도 바다 위를 은은하게 적셔놓고, 점차 붉어지는 빛은 바다 위에 떠 있는 거북 등 같은 섬들을 어루만지고, 거제대교와 마창대교를 비추고, 깊숙이 들어와 앉은 마산만을 반짝반짝 빛나게 한다. 그리고 무학산 아래를 길게 지나가는 산복도로(현 고운로)에 이르러서는 따스한 온기를 발산한다.

　'무학산'이라는 이름은 일제강점기 때의 『조선지지자료』(1911년), 『조선지형도』(1918년)에 나온다. 신라 말기 최치원이 산세를 보니 학이 춤추는 듯 날개를 펴고 나는 형세와 같아 무학산舞鶴山이라 불리운 데서 유래하였다고 한다. 현실정치를 떠나 은거할 곳으로 마산을 택했고 월영대를 세우는 등 많은 흔적을 남긴 분이다. 파란 마산만 위를 나는 순백의 학, 그것은 천재 학자이자 정치가의 마지막 꿈이었고, 이곳 출신 예술가들이 도달해야 할 목표이고, 마산 사람들이 추구하는 자유정신이다.

　이은상 시인은 무학산 정상에 서서 마산만 앞으로 펼쳐지는 풍경을 보면서 고향 앞바다를 떠올리며 '가고파'라는 명시를 탄생시켰다. 6·25전쟁이 나자 많은 사람들이 마산에 몰려들었고, 이 중에는 문인 예술가들이 많았다. 김남조·김상옥·이원섭 등의 문인 문신과, 김세중 등의 조각가, 최영림·강신석 등의 화가, 김춘수·천상병 시인이 그들이다. 그들은 산복도로를 걸으며 무학산과 마산만, 그리고 거제도와의 사이의 남해 바다를 바라보았고, 서원계곡을 통과하여 두 시간 남짓 걸어서 무학산 정상에 오르기도 했을 것이다.

정상에서 보는 마산만은 둥실둥실한 섬들을 안고 있는 호수이다. 그 오른편의 거제도 지역에 몰려 있는 섬들은 섬이 아닌 산군이다. 첩첩이 산등성이가 늘어서 있고 산 사이는 하얀 가스가 희미하게 경계를 그어주고 있다. 그것은 파도일 수도 있고 물안개일 수도 있겠지만 무학산에서만 볼 수 있는 독특한 풍경이다. 아련한 바다를 바라보노라면 시인의 마음처럼 나도 한 마리 물새가 되어 훨훨 날고 싶다.

무학산은 조선시대 기록에는 두척산斗尺山으로 나온다. 원래 이 지역에 조창이 있어 쌀이 많이 쌓여 있었는데, 이를 재는 단위인 말(斗)과 쌀이 쌓인 높이를 재는 척尺에서 유래된 지명이라고 한다. 두척산 아래를 '마재(말재)'라고 불렀고, 이 마재(말재)가 마산馬山이 되었다는 설이다.

굳이 지적한다면, 순서가 거꾸로 된 것이다. 머리재, 머리산, 또는 마리산에서 나온 말이다. 마산 사람들은 무학산을 이 땅의 숭고한 머리로 보았다. 하늘이 최초로 잉태한 곳이며, 모든 땅이 시작되는 곳이다.

나는 2016년 초겨울 무학산에 올랐다. 마산 사람들이 무학산을 한 마리 학으로 생각하는 것은 너무나 구체적이었다. 학이 날개를 쭉 펴서 마산 시내 하늘을 활공하는 형상, 서마지기를 중심으로 길게 뻗어 나와 솟아오른 학봉이 그 눈이요, 봉화산과 대곡산으로 이어지는 능선이 양 날개이며, 중리로 뻗은 능선은 다리였다.

서마지기 정자에 올라 마산만을 살피다가 뒤돌아보니 김광식 님이 고개를 갸웃하며 나를 쳐다보고 있었다. 평생 다닌 직장을 퇴직하고 그가 한 일은 새벽에 일어나 도시락을 싸들고 무학산을 오르는 일이었다. 양지바른 곳에 자리를 잡아 막걸리 한 병을 마시면서 남쪽 바다를 바라보면 떠나갔던 가족을 만나고 지나간 청춘이 되돌아왔다. 봄에는 진달래가 붉게 피어 백학을 홍학으로 바꾸게 하는 서마지기. 그는 만날고개로 같이 내려가자는 나의 제의에도 그 자리를 떠날 생각이 없었다.

산불감시를 위해 매일 정상을 오르는 박봉주 님을 만난 것도 행운이었다. 지리산을 250회나 오른 그의 설명이 없었더라면 거대한 장벽을 형성하고 있는 지리산 능선을 못 보는 눈 뜬 장님이 될 뻔하였다. 반야봉과 천황봉으로 이어지는 능선, 그 중간의 V 자형으로 오목 들어간 장터목, 화엄사에서 대원사까지 동쪽 방면이 명확히 들어왔다.

산을 다 내려와 만날고개에 앉아 마산만 파란 바다를 바라보다가 무학산의 진짜 유래를 풀었다. 원래 '어미산'이었다. 돌이켜보니 산세도 원만하여 어미산에서 보이는 특성을 지니고 있었다. 모악재가 무학재로 불리듯이 무학산은 모악산이었던 것이다. 만날고개의 이야기가 이를 뒷받침하고 있다.

시집간 딸은 친정어머니가 보고 싶지만 고개 너머의 마산으로 갈 수는 없다. 행여 들켰다가는 출가외인 운운하며 무슨 핀잔을 들을지 모른다. 어머니는 못 만나더라도 마산의 파란 바다는 볼 수 있다. 추석 명절의 뒤처리도 다 끝난 다음 날 딸의 발걸음은 고개를 향한다. 그런데 이게 웬일인가. 파란 바다를 이고 어머니가 힘든 발걸음을 떼며 올라오고 있지 않은가. 어머니와 딸은 얼싸안고 한바탕 눈물을 흘린 후 만날고개에 나란히 앉아 마산만을 바라본다.

꿈에서도 가고팠던 고향 바다. 물새가 날고 있다.

| 彌勒山 | 미륵산 | 458m |

    인도에서 사랑을 듬뿍 받고 있는 용화수는 향기가 좋다. 바다 인근에서 잘 자라는 열매는 기름을 많이 함유하고 있어 물에 잘 뜨며 해류를 타고 먼 곳까지 흘러간다. 용화수 열매가 동남아를 지나고, 일본 오키나와를 지나서 다도해를 요리조리 피하여 통영 미륵도에 다다르는 꿈을 꾼다. 열매는 싹이 트고 세월이 흘러 키가 20m 가까이 되는 나무로 자란다. 그 나무 아래서 56억 7천만 년 후 미륵 부처님이 오셔서 세 번에 걸친 설법을 하실 예정이다. 그때 우리는 모두 몰려가 설법을 듣고 구원을 얻도록 되어 있다.

    그러나 용화수는 오키나와에서 더 이상 북상하지 않는다. 그렇다고 포기할 수는 없다. 남쪽 바다의 섬을 미륵도로 명하고, 섬 가운데 우뚝 솟은 산은 용화산이라고 부르고, 산기슭에는 사찰 용화사를 짓는다. 이쯤 되면 용화수가 없다고 무시할 수 없다. 그래도 안심할 수 없다. 남쪽으로 용화산을 앞세우고 있는 주봉을 미륵산이라 명명한다. 미륵불이다. 즉 통영 미륵산은 용화수 밑에서 설법하는 미륵불이다. 그래서 이 산을 오른다는 것은 56억 년 후 인도의 어느 바닷가 용화수 밑을 찾아가는 것과 같다. 용화사에서 채 두 시간도 못 걸어 미륵산 정상에 서서 주위 풍경을 내려다보는 것은 바로 용화수 밑에서 미륵불을 만나 설법을 듣는 것이다.

    미륵산은 꼭지가 살짝 솟은 달마대사의 머리와 같아 사방이 거칠 것이 없다. 거제도와 매물도를 비롯 대마도까지의 섬들, 남해와 여수, 그리고 사량도와 그 너머의 백운산과 지리산이 모두 눈앞에 펼쳐져 있다. 섬들 사이의 바닷물은 호수처럼 고요하다.

봉수대 터에 서서 북쪽의 육지를 바라보며 여기서 켠 횃불을 따라 군데군데 연기가 올라가는 모습을 그려본다. 그 연기는 긴급한 전황을 전하는 것이지만 미륵불의 설법도 전하고 있다. 어쩌면 전국의 많은 미륵산과 용화산(용산)도 이곳 통영 미륵산에서 전하는 훈훈한 김을 쏘이고 그 효과를 전수받게 된 것인지도 모른다. 그 때문에 외적을 물리치고 우리나라는 이렇게 유구한 역사를 이어온 것이다.

조그만 산인데도 많은 생각을 하게 만든다. 미륵산의 의미를 더듬어 본다.

지혜로운 사람은 물을 좋아하고
어진 사람은 산을 좋아한다.

지자요수知者樂水 인자요산仁者樂山. 지혜로운 자는 움직이고, 어진 자는 고요하다. 지혜로운 자는 즐기고, 어진 자는 오래 산다. 공자님 말씀이다.

물은 늘 움직이며 상대에게 순응하기 때문에 어떠한 것도 장애가 될 수 없다. 반면 산은 움직이지 않고 고요하며 한결같이 그 자리를 지키고 있다. 지혜로운 자는 변화를 받아들이며 항상 겸허한 자세를 가지려고 노력한다. 덕분에 삶이 즐겁다. 어진 자는 움직이지 않는 산과 같이 절대적 가치를 추구한다. 덕분에 은근하고 오랜 삶을 산다. 미륵산과 용화산은 산이지만 물이다. 산에서 물을 찾는 것은 바로 이런 이치이다. 우리에게 귀에 익은 배산임수背山臨水라는 단어도 떠오른다. 산과 물은 떨어질 수 없는 한 몸이다. 통영 미륵산에서 시작하여 전국의 많은 곳에 자리 잡고 있는 수산水山은 산과 물이 조화를 이루는 삶을 살라는 교훈이다.

더 이상 봉수대에 연기를 피우지 않는 미륵산은 초록빛 바다와 에메랄드빛 하늘과 어울려 그 에너지를 예술가의 도시를 만드는 데 쏟고 있다. 달아공원 관해정과 상춘의 매화꽃, 미륵도 바닷가를 달리는 산양 일주도로, 강구안의 언덕배기에 들어앉은 동피랑 마을, 통영의 첫 새벽을 여는 서호시장, 싱싱한 생선들이 팔딱이는 중앙시장, '동양의 나폴리'라는 이름을 얻은 통영운하들은 세 시간 남짓의 부족한 미륵산 산행을 대신해 충족시켜 주고 있다.

이런 풍경과 통영의 쪽빛바다는 많은 예술가들을 낳았다. '그리움'을 쓴 유치환과 극작가 유치진 형제, '꽃'의 시인 김춘수, 『토지』의 박경리, 작곡가 윤이상, 화가 전혁림… 그리고 요리하는 사진작가 이상희 님.

충청도 출신 이상희 님은 전국을 돌아다니다 30년 전 미륵산에 반해서 산기슭 바닷가에 자리를 잡고 아예 눌러앉았다. 그는 5년째 미륵산 풍경을 사진에 담고 있다. 구름이 벌어진 틈으로 내려온 빛은 소박한 해변마을을 용화수 향기가 날리는 불국토로 만들고, 정상의 일출은 마파산 앞의 다도해를 56억 년이나 줄인 하여 용화세계로 끌어들인다. 그는 마음에 드는 일출 장면을 얻기 위해 매일 새벽 4시에 일어나 산을 오른다.

56억 년이나 기다려서 맞이하는 빛이다. 해님은 구름을 갈라 찬란한 빛을 바다에 비추고, 섬들을 비추고, 그리고 용화산과 미륵산을 지나, 내 얼굴에 다다른다. 그 빛이 닿자 비로소 바닷물이 모습을 드러내며 움직이기 시작하고, 섬들이 꿈틀대고, 미륵산과 용화산이 환희에 젖고, 그 환희는 내 만면을 가득 채운다.

| 岷周之山 | 민주지산 | 1,242m |

"눈이 게으르다."

호미를 들고 넓은 밭뙈기를 바라보며 언제 다 매나 하고 한숨 쉴 때 어른들이 하는 말이다. 주로 넓은 평야가 있는 남도 지방에서 쓴다. 손이 다 알아서 할 테니까 얼른 시작하기나 하라는 핀잔이 담겨 있다.

각호산에 올라 바라보는 민두름한 능선이 민주지산 주봉과 석기봉, 삼도봉으로 하염없이 이어지고 있다. 언제 저기까지 가나 하는 말이 나도 모르게 튀어 나온다.

고지도나 문헌에서 한결같이 '삼도봉'으로만 표기하던 산이다. 민주지산 정상이 삼각형이고 어느 봉우리보다 높다고 하지만 주위의 각호산(1,176m), 석기봉(1,200m), 삼도봉(1,177m)과 별 차이가 없으니 의미 깊은 '삼도봉'으로도 충분했을 것이다. 김장호 님이 무주 설천 장터의 노인에게서 들은 '째보산'도 산 모양을 보고 내뱉은 말로 별도의 이름을 가지고 있지 않았다는 증거이다. 민주지산이라는 이름이 생긴 것은 일제강점기로, 내 추측은 이렇다.

서류 작성하다 산 이름 때문에 곤란해진 일본인 서기가 동네 노인에게 물었다.

"저 산 이름이 무엇입니까?"

이름을 모르는 노인은 반문할 수밖에 없었다.

"저 민두름한 산이요?"

한자에 유식한 서기는 옳거니 책상을 한 번 치고 나서 산 이름 민岷, 두루 주周, 한(또는 의, 일본어로는 の에 해당된다) 지之라고 기록했다. 만약 그 노인이 고유명사 격인 '민두름산'이라고 답변했다면 '민주산'이 되었을 것이다.

민두름해서 온화한 이 산에서 큰 사고가 있었다. 1998년 3월 28일 제5공수특전여단(흑룡부대)은 9박 10일 일정의 천리마 행군을 시작하였다. 칠갑산을 출발한 부대원들은 사기가 하늘을 찔러 대둔산 정상에서 환호를 지르기도 하였다. 4월 1일 무주군 하두마을을 출발하여 나제통문 위를 가로질러 지나가자 큰 비가 내리기 시작하였다. 민주지산 6부 능선을 오를 때 비는 눈으로 바뀌었다. 한창 젊은 나이의 병사들은 추적추적 몸을 적시는 비보다는 눈이 좋았고 흰 눈을 배경으로 사진을 찍기도 하였다. 하지만 그것도 잠시, 민주지산 정상은 바람이 심하게 불어 체감온도는 영하 30도에 달하였다. 물한계곡 황룡사로 내려가는 발걸음은 한없이 질퍽였다. 여섯 명이 사망하는 큰 참사였.

그 후 세워진 민주지산 정상 아래의 대피소를 보자 당시의 상황이 스쳐 지나간다. 질이 떨어졌던 국산 고어텍스가 논란이 되기도 했지만, 4월 초의 꽃샘추위를 예상 못 한 것이 큰 이유였다. 1983년 4월 3일 북한산 인수봉에서 발생한 일곱 명의 사망 사건도 반팔을 입을 정도로 더웠던 봄 날씨가 오후가 되자 갑자기 돌변한 것이 원인이었듯이.

민주지산은 태백산, 덕유산, 소백산, 계방산과 더불어 5대 겨울산으로 유명하다. 상고대를 보기 위해 일찍 올라왔건만 가볍게 싸락눈이 덮여 있을 뿐, 맑은 날씨가 일망무제 풍광을 제공해 주고 있다. 동쪽으로 덕유산 스키장 슬로프가, 그 아래로 지리산 천황봉도 눈에 들어온다. 남쪽 석기봉 뒤편으로 가야산이 만물상을 자랑하고 있다.

두 눈이 보는 것과 달리 말없는 한 걸음 한 걸음은 참으로 위대하다. 어느새 등 뒤로 민주지산과 그 너머의 각호산이 까마득하다. 흑룡부대 대원들도 당초 눈보다는 발을 믿고 한 걸음 한 걸음을 내디뎠을 것이다.

그렇게 걷다가 석기봉 앞에 서니 바위 절벽이 떠억 버티고 서 있다. 어디에 발 디딜 자리가 있고 어디에 손잡을 데가 있는지 난감하기만 하다. 이때 또 '눈이 게으르다'는 핀잔을 생각해야 한다. 막상 부딪히면 스탠스가 있고 홀더가 있기 마련이다.

석기봉에 올라 걸어온 길을 뒤돌아보고 가야 할 삼도봉을 쳐다본다. 주위는 하염없는 산들뿐이다. 아름다운 풍광을 본다는 것은 너무나 행복하다. 생각해 보면 부지런한 발 덕분에 소득을 챙기는 놈은 게으른 눈이다.

삼도봉!

"도道란 바로 압록강 중간에 있는 것."

『열하일기』의 연암 박지원이 중국으로 건너가면서 압록강 중간쯤 배가 지날 때 한 말이다. 산에 다니는 나는 지금 이렇게 대답한다.

"도道란 민주지산 능선에 서는 것."

압록강 중간이든 민주지산 능선이든 경계를 일컫는다. 이쪽도 저쪽도 아닌 양쪽을 다 아우르는 곳이다. 능선 한편은 먹구름인데 한편은 쾌청하다. 계곡 사람들은 반대편의 사정을 모르고 자기주장만 하기 쉽지만 능선에 서면 양쪽 계곡의 모습을 다 볼 수 있다.

우리나라 행정구역을 나누는 도道라는 말도 경계에 오르는 것, 그래서 깊은 이치를 깨우친 경지, 궁극적으로는 물염勿染으로 상징되는 돌(山)을 말하는 것이다. 지역이 다르다고 서로 편 가르고 배척하지 않을까 염려하여 고심 끝에 선택한 단어이다. 삼도 사람들은 매년 10월 10일 삼도봉에서 만나 서로의 도道를 나누며 경계를 허문다. 전라도 쪽에서는 설천면 대불리의 내북동에서 석기봉을 거쳐서, 경상도 쪽에서는 부항면 등산로에 있는 해인동산불감시초소를 통해서, 충청도에서는 물한계곡으로 올라와 서로의 안부를 묻고 음식을 나눈다.

 다섯 걸음 만에 충청도, 전라도, 경상도를 넘나드는 재미를 몇 번이나 맛보다가 물한계곡으로 하산한다. 동네 사람들은 아무리 가물어도 수량이 줄지언정 물길이 한없이 이어진다고 그렇게 부른다. 계곡물 소리에 이끌리어 신발을 벗고 발을 담근다.

방장산

方丈山　　734m

　정읍에서 고창으로 가는 22번 도로에서의 경치는 이 지역의 독특한 풍경을 자아낸다. 넓고 둥그런 벌판 사이로 야산들이 이어지고 있다. 김제평야처럼 수평으로 반듯하지 않고 정읍 내륙의 산간지역처럼 좁지도 않다. 산도 아니고 들도 아닌 벌판이 끝없이 이어지며 시야를 막는 것은 멀리 고부의 두승산과 부안의 변산뿐이다.

　차창으로 스쳐 지나가는 입석 간판에 '마동마을', '조동마을', '주동마을', '야동마을' 등 동이란 말이 들어가 있다.

　고창군 신림면 신평리 입전마을 회관 앞의 마을회관 준공기념비 글을 보고 이유를 알았다. 입전笠田(입은 삿갓이라는 뜻)마을 옛 이름은 '갓밭등'이라는 설명이다. '등'과 '동'은 똑같이 등背(등어리)으로, '마동'·'조동'은 '말등'·'새등'이었다.

　방장산의 옛 이름은 반등산半登山이었다. '갓밭등'의 모양을 상기한다면 '반등'은 그보다 경사가 얕은 들판으로, 반등산은 '반반한 들판에 서 있는 산'으로 풀이해야 옳다.

　　길을 몰라 못 오는가. 길 어두워 못 오는가.
　　달아 달아 밝은 달아 반등산에 비쳐주오.
　　내 얼굴을 잊었는가. 우리 언약 잊었는가.
　　거울 같은 맑은 달아 낭군님께 비쳐주오.

백제시대 장일현(장성으로 추정)에 사는 부녀자가 반등산에 있는 도적떼에 납치되었는데 남편이 구해 주러 오지 않는다고 원망하며 노래를 불렀다. 가사가 전해지지 않아 안타까운 마음에 필자가 그 여인의 마음을 표현해 보았다.

여인의 간절한 마음을 담은 가사는 사라졌지만 다행히 '반등산곡'이라는 노래 제목이 전해져서 방장산의 원래 이름을 찾게 해줬다.

반등산은 '방정하고 평등하다'는 불교식 이름 방등산方等山으로 불리기도 하다가 중국의 삼신산三神山 중 하나인 방장산과 닮았다고 하여 현재 지명으로 바뀌었다.

방장산方丈山 · 봉래산蓬萊山 · 영주산瀛洲山은 발해渤海 해상에 있었다고 전하며, 그곳에 선인仙人이 살며 불사不死의 영약靈藥이 있다고 믿었다. 산동반도(山東)半島에 있던 고대국가 제齊나라에서는 그 삼신산三神山을 신앙하였고, 이는 신선사상으로 발전하여 진秦나라 시황제始皇帝가 삼신산에서 불로불사의 약을 구해 오게 할 정도가 되었다. 신선사상은 우리의 민간신앙과 무속巫俗 등에 깊이 영향을 미쳐서 아기를 점지하는 '삼신할머니'도 등장한다. 또한 중국의 삼신산을 본떠 금강산을 봉래산, 지리산을 방장산, 한라산을 영주산으로 불러 한국의 삼신산으로 일컫기도 하였다.

방장산으로 이름이 바뀐 시기는 고려 건국 시기로 추정된다. 상심에 빠진 후백제를 위무하고, 새로운 행정제도 개편이 필요한 시점이었다. 방장산의 파급효과로 고부 두승산은 영주산瀛洲山, 부안의 변산은 봉래산이 된다. 당시 호남 북부의 중심지였던 고부의 이름도 영주로 바꾼다. 그때 고려 태조는 지금의 도지사에 해당되는 관찰사를 파견하였으니 고부를 위해서 반등산을 방장산으로 바꿨다는 추론도 가능하다.

방장산 산행은 보통 장성의 갈재에서 시작한다. 갈재는 가리왕산의 갈

고개와 같은 뾰족 솟은 고개라는 뜻의 가리재에서 나왔으나 내장산에서는 가을 단풍을 연상시키는 '가을재'로 정착한다. 가을재는 갈재葛峙·추령秋嶺·노령蘆嶺 등 한자의 음이나 뜻을 따라 분화하고, 노령으로 불리는 장성의 갈재는 소백산맥에서 뻗어 나온 노령산맥으로 대표성을 지니게 된다.

먼저 마주치는 쓰리봉 이름이 재미있다. 써래봉에서 유래되었다고도 하는데, 쓰리봉 정상에는 써래처럼 틈이 벌어진 바위들이 있기는 하지만 멀리서는 보이지 않으므로 신빙성이 약하다. 어떤 이는 6·25 때 봉우리가 폭격을 당해 원래 높이에서 30m 깎여 세 번째 봉우리가 되었기 때문이라고 한다. 하지만 방장산에서 큰 전투는 없었다는 것이 마을 어른들의 증언이며, 쓰리봉 정상에서 폭격의 흔적도 찾아볼 수 없다. 또 어떤 이는 아리랑과 관련이 있다고 한다. '쓰리랑' 할 때의 그 쓰리라고 하는데 아마 갈재의 통일동산에서 '아리랑 노래비'를 보고 온 여운이 남아서일 것이다. 결국 '쓰리봉'은 높은 봉우리를 뜻하는 '수리봉'에서 파생된 말로 귀착된다.

6·25 폭격 이야기는 지어낸 이야기지만 당시 미군들이 이 땅에 들어왔을 무렵 생긴 말임을 알려주는 대목이다. 수리는 소리·서리·수레·싸리·써레를 거쳐서 이제 영어 단어 쓰리에 이르게 되었다.

쓰리봉과 방장산을 지나 양고살재로 내려가는 12km의 능선은 전라북도와 전라남도를 가르고 있다. 능선 길 양쪽으로 넓은 평야지대가 펼쳐져 시원하기 그지없다. 억새봉에 이르면 패러글라이딩 활공장에 하늘을 향해 주먹 쥔 팔을 힘껏 뻗은 조형물을 볼 수 있는데, 카누를 탄 사람이 허공을 가르는 힘찬 기운이 잘 표현되어 있다.

하산길의 '배너미재'는 '무너미재'와 더불어 이곳 지형이 배도 넘어가고 물도 넘어간다는 반반한 들판이라는 원래의 뜻을 간직하고 있다. 산골짜기에서 보는 산 위의 높은 고개 너머는 우리가 도달하지 못할 피안의 세상이다. '배너미', '무너미'는 불교에서 우리를 태운 반야용선般若龍船이 열반의 세계로 넘어간다는 의미이다. 보통 다른 산에서는 배바위 등으로 그 염원을 표현하는데, 방장산에서는 배가 넘어가는 실제의 길이 존재하고 있는 셈이다. 억새봉 위의 카누도 필시 이 고개를 타고 올라왔을 것이다.

| 芳台山 | # 방태산 | 1,446m |

'누구의 주제련가 맑고 고운 산.'

가곡 '그리운 금강산'의 첫 대목이다. 맑고 고운 산, 아름다운 산이다. 많은 산 중에서 단연 곡선미가 돋보인다. 구룡덕봉, 주억봉, 깃대봉으로 이어지는 산세가 참 곱다. 이 고운 산을 두고 남쪽으로 내린천이 살둔마을을 끼고 흐르고, 북쪽으로는 아침가리에서 시작한 방태천이 흐른다. 방태천 사람들은 방동산이라 불렀고 내린천 사람들은 '고운산'이라고 불렀다.

고운산은 현재의 개인산開仁山으로 살짝 내려와 몸을 낮추고, 방동산은 꽃향기가 쌓여 방태산이 되었다. 마치 한 쌍의 고운 부부 같다. 고운산을 밀쳐내었을 뿐 아니라 이름도 개인산으로 바꾸었으니 심성 착한 신랑은 내린천에 개인開仁약수와 함께 미산美山계곡이란 이름을 남기어 미안한 마음을 덜었다. 대신 자신의 향기는 동쪽으로 퍼트려 호랑이 새끼 갈가지가 어슬렁거리는 방태芳台천과 이들이 장난치며 물을 마시는 방동芳東약수에 이르도록 했다.

방동이란 이름은 진동계곡鎭東溪谷에서 유추해 볼 수 있으며, 진동의 어원은 서울 용마산과 아차산 사이의 골짜기가 길어서 긴골·진골이라고 불렸던 '긴고랑골'에서 찾을 수 있다. 방태천으로 흘르드는 진동계곡은 아주 작은 지류인데도 아침가리를 지나 구룡덕봉 턱밑까지 그 줄기가 올라가고 있다. 반면 그 옆의 방동계곡은 방동약수 근처에 이르면 바로 끝이 난다. 약수터가 없었더라면 이름도 없었을 짧은 줄기이다. 진동은 '긴 고랑골'이고 방동은 고작 방고래 정도의 짧은 '방고래골'이다. 보통 골은 동洞으로 표기되지만 방태산의 향기와 연관을 갖기 위해서 동녘 동東으로 표기하고 있을 뿐이다.

지난여름 아들과 함께 방태산을 찾았다. 적가리 휴양림에서 하룻밤을 보내고 동이 트자 발걸음을 떼니 이폭포저폭포가 하얀 비단 줄기를 떨구고 있다. 위 단의 저폭포는 일편단심 여자의 마음이고 아래단의 이폭포는 바람기 심한 남자의 숨겨진 마음이다. 이름을 '이단폭포'라고 부르는 이유는 이 둘을 모두 하나의 마음으로 보고 싶은 심정이 담겼을 것이다.

매봉령에 이르니 정면으로 구룡덕봉이 버티고 서 있고 그 왼편으로 주억봉이 살짝 고개를 내밀고 있다. 연약한 가지로 변한 참나무가 흔들거리며 길을 비켜주고 있다. 길은 정원을 거닐 듯 편안한 꽃길이다. 초록의 융단과 그 위로 노랑과 흰색의 꽃이 수를 놓고 있고, 간밤에 내린 비 덕분에 은구슬이 꽃잎에 구르고 옥구슬이 작은 열매에 송송 매달려 있다.

구룡덕봉이 평원 위에서 조그만 동산처럼 서 있다. 봉우리로 오르는 길에는 과거의 군 시설을 철거하고 생태복원을 위해 설치한 나무 펜스가 마치 목장 길 같다.

구룡덕봉은 얼핏 아홉 개의 봉우리를 말하는 것 같은데 산의 모양에서 그런 형상은 발견하기는 어렵다. 이 산 계곡의 아침가리에서 유래를 찾아야 할 것이다. 아침가리는 '아사달'의 또 다른 이름이다. 구(九, 아홉)는 한자를 음차한 것으로, 아사달의 대표적인 한자 이름으로 구월산이 있다. 구룡덕봉은 아사달과 미르뫼, 그리고 큰뫼의 합성어이다.

구룡덕봉을 향하여 흐르는 겹겹의 능선들이 마치 기다란 용처럼 보인다. 아들에게 동의를 구하니 어릴 적 운동회 날 용의 깃발을 들고 물결치던 광경을 생각해낸다. 그중에서 남쪽으로는 계방산에서 출발한 물결이 을수골, 비로봉, 북대, 두루봉을 지나 응복산에서 끝난다. 북쪽으로는 설악산 대청봉에서 시작한 물결이 귀때기청봉, 대승령, 안산을 지나 가리봉이 방점을 찍고 있다. 나는 과거에 한 발 한 발 올랐던 기억이 새로운데, 아들에게는 그 모든 산들이 관념으로만 들어올 것이다. 우리는 안내판의 도움을 받아 여러 산들을 확인한다.

"저기 설악산이 있네요."

자신이 직접 발을 밟았던 곳에는 관심과 애정이 생길 수밖에 없다.

"그래, 생각났구나. 너 어릴 때 나와 함께 저곳에 올랐었지."

그 험한 설악산도 멀리서 보면 그저 흘러가는 평화로운 능선들이다. 서북주릉이 끝나는 부분에 가리봉이 보인다. 가리봉은 이곳 아침가리, 적가리와 같은 의미를 지닌 말이다. 하나는 낟가리처럼 하늘로 솟고 하나는 계곡에서 초승달처럼 날카롭게 굽어서 한 줌 햇볕을 받고 있다.

나는 아들에게 손가락으로 가리키며 물었다.

"저 산은 다른 산과 다르게 봉우리가 유난히 뾰족뾰족하구나. 네 눈에는 무엇으로 보이냐?"

"예, 갈치 가족이 물 밖으로 머리를 내밀고 있는 거 같아요."

"갈치와 가리는 끝이 뾰족하다는 점에서 일치하는 말이란다. 나는 이 봉우리가 구룡덕봉이라는 점을 감안하여 아홉 마리 용의 형제들 중 막내로 보고 싶구나."

구룡은 아홉 마리의 새끼들을 칭한다. 이들은 각각 성격이 다르며 저마다 나름대로의 장기長技를 가지고 있다. 그중 막내인 초도椒圖는 도깨비 같은 모양으로 문을 잘 닫는 재주가 있어 문고리 문양으로 장식된다. 나에게 가리봉은 험악한 도깨비 모습으로 역병과 마귀로부터 설악산을 지키려는 초도로 보였다.

서쪽은 완만하고 동쪽은 비교적 급격하여 원래 주걱에서 나왔다는 주억봉을 마주하는 발길이 가볍다. 방태산의 이름을 어떻게 해석해야 할까? 방동약수와 방동리에서 나온 말임에 틀림없지만 한자 이름은 우리를 상상의 세계로 데려간다. 꽃답다, 아름답다, 향기가 난다의 방芳. 하늘의 별, 높고 평평한 건축물의 태台의 방태산이다.

"꽃별이라고 해석해야 할 것 같아요."

"향기 가득한 거대한 화분으로 보아야 하지 않을까."

이렇게 의견이 갈렸지만 모두 능선 위의 꽃밭 길을 염두에 두고 한 말이었다.

| 白德山 | 백덕산 | 1,350m |

치악산 뒤에 꼭꼭 숨어 있는 산이다. 왜 나는 이 산을 그동안 모르고 있었는지. 백덕산으로 가는 길목에서 무릉도원면武陵桃源面과 무릉리의 지명을 발견하고 그 이유를 어렴풋이 깨달았다.

신림IC에서 국도로 들어선 차는 치악산과 감악산 사이를 구불구불 빠져나와 무릉도원면에 들어서더니 법흥계곡을 거슬러 한참이나 올라간다. 보이는 것은 산들뿐이다. 차는 흥원사(옛 관음사) 앞에 이르러 더 나아가지 못한다.

'박덕술골'이라는 이름이 예사롭지 않다. 나중에 산을 내려와서 알아보니 구체적인 이야기가 있었다. 구인사를 창건한 박준동(1911~1974)이 이 골짜기에서 공부를 했다. 동네 사람들이 추렴해서 솥단지를 올려놓고 음식 준비할 동안 단숨에 주천시장에 가서 고기를 사 올 정도로 축지법에도 능했다. 이렇게 도술을 부려 그의 이름이 박득술로 그리고 박덕술로 바뀌어 불렸다는 것이다.

박덕술골은 밝고 넓으며 높은 골짜기를 말한다. 역시 한 마디로 정의할 수 없는 산임을 나타내고 있다. 백덕산은 여기서 술뫼가 제외된 산 이름이다. '밝'은 빛·빗·비·번·볏·별·배·백·박·밖·불·발·부·뷰·북의 다양한 단어를 갖고, 한자로 明·赤·光·朱·足·丹·北 등으로 표기된다. '밝뫼'는 우두머리 산인 백두산白頭山을 필두로 백白 자가 들어간 산이며, 흰색을 표현한 설악산雪嶽山·희양산曦陽山 등이며, 붉은색을 표현한 적상산赤裳

山 · 치악산雉嶽山 · 계룡산鷄龍山 · 연화산蓮花山 · 작약산芍藥山이며, 북北이 들어간 북한산, 북배산 등이며, 그리고 발(足)이 들어간 정발산鼎鉢山 · 정족산鼎足山 · 계족산鷄足山이 모두 여기에 포함된다.

정상에서 서쪽 줄기에 이어진 사자산을 확인한다. 원래 새재(鳥嶺)산이었다. 전라남도 보성군 사자산에는 간재(間峙)라는 지명이 남아 있어 유추가 가능하다. 신라 자장율사가 흥녕사(현재 법흥사)를 창건하면서 사자산으로 바꾸었다. 신라 말 선종禪宗을 산골짜기에 퍼트리면서 당대의 사상계를 주도한 아홉 갈래의 대표적 승려 집단이 있었는데 흥녕사를 사자산파獅子山派의 중심이라고 표현하고 있다. 사자산은 불교의 사자후獅子吼에서 나온 말로, 석가의 설법은 모든 악마가 불교에 귀의할 정도로 설득력이 있기에 그렇게 부른다. 여기서 이 산에 네 가지 보물이 있다는 의미로 사재산四財山이란 이름이 탄생한다.

하산 길에 계곡을 건너다가 푯말을 본다.

"마지막 계곡이니 수통에 물을 담으시오."

이 코스로 오르는 사람들을 위한 친절한 안내말이다. 요즘 계곡에서 물을 뜨는 사람을 보기는 어렵다.

'군용 철제 수통을 옆구리에 차고 다니는 시절이 있었지.'

나는 옛날처럼 두 손을 모아 물을 떠서 입가로 가져간다.

낙타바위, 촛대바위를 지나고 화전민 터에 이르러 선명한 안내판의 글씨를 본다.

'1970년대 화전을 일구던 터다. 광산도 있어 부를 찾아 한때는 200명이 기거하였다. 그때의 흔적은 지워지고 그들은 어디서 무엇을 하고 있을까?'

감상적인 문구의 글을 쓴 주인공 구조대 한상웅. 그는 바로 산 밑 마을에 살고 있었다. 1980년대 초 몸이 아파 쉴 곳이 필요하여 치악산 뒤편에 무릉도원이 있다는 말을 듣고 이곳 백덕산 기슭에 들어와 어언 70대 중반을 맞이하고 있다. 새천년이 오자 결심하여 백덕산과 구봉대산의 등산로를 개척하였다. 전해 오는 구전과 상상력을 발휘하여 바위 이름을 정하고 설명문을 붙였다.

들고 보니 인근의 구봉대산九峰臺山(870m)이 더 인기 있는 산이었다. 법흥사 뒤의 층층이 올라가는 아홉 개 봉우리 이름이 사람이 태어나서 죽을 때까지의 과정으로 나타나 있다. 인간이 어머니 뱃속에 잉태함을 나타내는 양이봉에서 죽은 후 인간으로 다시 태어난다는 윤회봉까지 한평생을 알려주는 산이다. 구九는 우리말로 읽어 아홉이다. 평안남도 구월산이 그러하듯이 아사달의 한자 이름으로 보인다. 단군이 아사달에 도읍을 정하고 조선朝鮮이라고 불렀다. 그리고 아사달에서 승천하여 신神이 되었다. 구봉대산의 아홉 개 봉우리는 단군과 아사달의 관계로도 해석된다.

무릉도원, 다시 올 수 있을까. 다시 온다 하더라도 이 길을 찾을 수 있을까, 차는 구불구불 법흥사 계곡을 빠져나간다. 한상웅 님의 말이 귓가에 들려온다.

"제가 이곳에 들어와 평생 꼼짝 않고 산 이유는 한번 나갔다가 다시 들어오는 길을 못 찾을 것 같아서입니다."

백암산

白巖山　　741m

　구도자가 궁극적으로 도달하고자 하는 곳은 어떤 세상일까. 색깔로 표현한다면 하얀색일 것이다. 사방이 흰빛으로 가득한 곳, 한 점 얼룩도 없는 곳. 무의 세계다. 백의관음의 옷처럼 아무 색도 없다.
　백양사 너머의 거대한 암봉이 바로 그것이다. 밝알(태양)을 받은 바위 봉우리는 은색으로 빛나고 있다. 눈이 부시도록 하얀 백학이 날개를 펴고 있는 모습이다. 큰바위 얼굴을 보고서 결국 자신이 그 얼굴의 주인공이 되었듯이, 그 품 안에 살면서 매일 이를 바라볼 수 있다면 어느 순간 하얀 세상에 도달하고도 남을 일이다.
　백양사는 원래 632년 백암사白巖寺로 개창했으나 1034년 중창하면서 정토사淨土寺라는 이름으로 바꾸었다. 하지만 아무리 고상한 불교식 이름도 흰 바위를 넘을 수는 없었던지 1574년 백양사白羊寺로 고쳐 부르게 되었다. 이에는 재미있는 일화가 있다.
　하루는 지완스님이 영천굴에서 법화경을 독경하는데 흰 양 한 마리가 찾아와 무릎을 꿇고 독경소리를 귀 기울여 듣더란다. 그러기를 몇 달, 어느 날 밤 꿈에 그 흰 양이 나타나서는 "스님의 독경을 듣고 깨달음을 얻어 사람의 몸으로 환생합니다. 스님 정말 감사합니다"라고 하더란다. 이를 이상히 여긴 스님은 이튿날 아침 뒷산에서 그 흰 양이 죽어 있는 것을 발견하고 그 꿈의 의미를 알게 되고, 그 후로 스님의 높은 법력이 축생을 제도했다며 스님의 법호를 환양喚羊으로 바꾸고 절 이름도 백양사로 고쳐 부르게 되었다는 것이다.

  백암산은 내장산국립공원에 속해 있으며 장성새재를 통하여 내장산과 연결되어 있으면서도 대비되는 특성을 가지고 있다. '산은 내장산, 절은 백양사' 그리고 '봄 백양 가을 내장'이라는 말이 있듯이 가을의 단풍으로 유명한 내장산과 달리 벚꽃이 피는 봄의 백양사 풍경이 자랑이다.

  약수천을 따라 올라가면 수령 700년 된 갈참나무가 맞이하고 백양사는 경내에 수령 100~150년 된 커다란 단풍나무가 숲을 이룬다. 쌍계루 위로 백학봉은 파란 하늘을 배경으로 보면 더없이 웅장하다.

  가람 배치와 오가는 행락객이 조화를 이루고 초가집을 방문하듯 친근함이 있다. 주체와 객체가 아닌 너나없이 주인이고 모두 대접을 받아야 할 손님이다. 보통 큰 절에 가면 주뼛거리기 일쑤이고 지존에게 엄숙히 절을 드리는 것으로 방문을 마치지만 걷기 좋은 비자나무가 있고 문을 열고 들어가 차 한 잔 마실 수 있는 공간이 있다. 중생을 배려한 절이 또 어디 있을까. 백학은 하늘에서 우아한 날개를 펴 활공을 하고, 이렇게 배회하는 한 마리 흰 양이 되는 것. 이것이 백양사의 즐거움이다.

  빨리 가면 30분, 천천히 가면 10분. 약사암 가는 길은 요술 길이다. 심한 오르막임에도 그것이 오히려 즐겁다. 길은 비자나무와 갈참나무 사이를 비켜서 왔다 갔다 한다. 그 우람한 나무들 사이에서 가을이면 빨간 아기단풍이 방긋 얼굴을 내민다.

  생각하며 걷는 오르막 길은 급할 것이 없다. 여기서는 걷는 자체가 목적이 되어야 한다. 약사암이나 백학봉은 생각하며 걷는 한 걸음 한 걸음의 결과일 뿐이다. 그리고 약사암에서의 탁 트인 조망은 부산물이다.

  영천굴에서 약수 한잔으로 목을 축이고 다시 길을 나선다. 백학의 다리에 다다르고 가까이 몸통을 스친다. 여기서부터 능선까지는 온통 사다리

계단 길이다. 약사암 요술 길을 걸은 사람들은 대번에 지칠 수밖에 없다. 체력훈련장과 다름이 없다. 공원 측의 부득이한 사정을 모르는 바 아니지만 정작 하얀 학을 느낄 수 없으니 아쉬움이 크다.

백학봉에서 상왕봉으로 가는 능선길이 편안하다. 상왕봉象王峰 도착하니 갈등이 생긴다. 어디로 내려갈까? 처음 왔을 때는 사자봉으로 건너가 청류암을 거쳐 가인 주차장으로 내려갔었다. 백학봉을 바라보며 걷는 기쁨이 있었다. 몽계폭포를 건너 입암산(626m)으로 넘어가는 것은 다음으로 미루기로 한다. 고려 때 축조한 입암산성은 고려시대 몽골의 침입을 막아냈고 임진왜란 때는 의병이 결사항전을 벌이다 순절하였고 근대에는 동학농민혁명 당시 농민군이 일본군·관군과 대치하였던 곳이다.

북쪽의 내장산 신선봉으로 발길을 돌린다. 상왕봉 순창새재, 소동근재, 내장산 까치봉까지 이어지는 6km의 길이다.

소가 재로 올라가다가 뒹굴었다는 '소동근재' 표지판 앞에 선다.

소동근재의 어원은 쇄노재, 우금치牛禁峙와 같이 단순히 '높다'라는 '술', '수리'에서 찾아야 할까. 정말 소가 이곳까지 온 것은 아닐까? 그렇다면 재 너머에 소시장도 없는데 무슨 이유로 여기까지 오게 된 걸까.

답은 상왕봉에 있다. 불교에서 소를 대신할 수 있는 동물은 코끼리였으니 상왕봉의 원래 이름은 하늘에 제물로 소를 바치던 우두봉牛頭峰이었다. 끌려가던 영물이 그걸 알고 못 가겠다고 뒹굴었던 것이다.

'솔'과 '노루'에 기원한 쇄노재는 소가 가기 싫어 늑장을 부리던 곳이고, 우치牛峙와 금치金峙에 기원을 두고 있는 우금치는 소가 못 넘어간 것이 아니라 안 넘어간 고개이다.

소동근재, 소죽음재, 소뒹군재, 소지갱이···.

백운산 (광양) 白雲山 1,222m

　광양 백운산은 지리산에서 백두대간을 갈라져 나온 호남정맥이 마이산, 내장산, 무등산, 제암산, 조계산 등 호남을 휘젓다 끝맺음하는 산이다. 정상에 서면 북쪽으로 지리산 능선이 파노라마처럼 펼쳐지며, 그 앞으로 짙푸른색을 띠고 흐르는 섬진강을 굽어보며, 남동쪽으로는 억불봉이, 그 뒤로 섬들이 점점이 이어지는 한려수도가 한눈에 보인다. 이런 백운산의 지리적 특성을 잘 보여주는 짧은 시를 한 편 소개한다.

　태산이 뒤를 덮어 하늘엔 북쪽이 안 보이고
　큰 바다가 눈앞에 있어 땅엔 남쪽이 없다

　광양 봉강면 출신 최산두崔山斗(1483~1536)는 조선의 문신으로 15세 때 진상면 동동마을의 토굴 학사대에서 공부하였다. 그가 8년 만에 암굴을 나와 백운산을 바라보며 읊은 소회는 첫 구절뿐이었다. 다음 구절이 나오지 않아 쩔쩔매고 있을 때 이를 완성한 사람은 지나가던 어린 초동이었다. 최산두는 백운산과 북두칠성의 정기를 받고 태어나서 신통력이 있는 도깨비들로부터도 밝은 앞날이 예언되었으며, 실제로 그 후 계속 학문에 정진하여 조정의 두터운 신임도 받았던 인재였다.
　어느 누구도 함부로 규정할 수 없는 산이 백운산이다. 깊은 학문을 쌓은 인재와 저 하늘의 흰 구름처럼 무심한 어린아이가 합심해야 비로소 드러나는 산이다. 참으로 최산두가 닦아야 할 학문처럼 깊고도 넓다.

백운산 상봉은 북쪽에서 서쪽으로 신선대와 따리봉, 도솔봉, 그리고 형제봉을, 남쪽으로 억불봉과 노랭이봉을, 동쪽으로 매봉을 흘러 보내고, 섬진강 쪽에서 쫓비산과 갈미봉이 호위하고 있다. 남해안으로부터 따뜻한 바람을 받는 덕분에 너도밤나무가 서식하고 식생이 다양하다. 백운란, 백운쇠물푸레, 백운기름나물, 나도승마, 털노박덩굴, 히어리 등은 백운산의 희귀식물이다. 단풍나무과에 속하는 고로쇠나무는 지역주민의 주요 소득원이다. 울창한 원시림을 끼고 돌며 금천계곡이 다압면 금천리로, 어치계곡이 진상면 수어저수지로, 성불계곡이 도솔봉 남쪽 봉강면으로 흐르며, 동곡계곡이 옥룡면의 광양읍 동천을 거쳐 광양만으로 흘러들어간다.

빛의 고을 광양은 우백호 백운산이 우뚝 서 있고 좌청룡 섬진강이 흘러가고 있으니 명당이 아닐 수 없다. 전국을 운수행각雲水行脚하던 도선이 마지막 35년 동안 머무르던 곳이 이곳 옥룡사이다. 옥룡사지는 백운산의 한 지맥인 백계산의 남쪽 중턱에 자리 잡고 있다. 광양 사람들은 '산은 인물을 주관하고, 물은 재물을 주관한다'는 말을 곧잘 한다. 그들은 백운산을 봉황의 정기를 받은 산으로 숭상하며, 광양의 자랑 황현黃玹(1855~1910) 선생이 나온 것도 백운산의 정기로 돌린다.

억불봉을 제외한다면 산세는 완만하고 걷기 좋은 육산이다. 마을의 농부들은 초가지붕의 이엉으로 보았던 모양이다. 이엉은 짚으로 엮어 초가지붕의 용마름에 쓰이는 재료이다. 필요한 수량이 완성되면 지붕에 올리기 위해 똘똘 말아놓은 상태를 노랭이라 한다. 물잠자리의 애벌레도 노랭이라 부르며, 지독한 구두쇠도 노랭이라 부른다. 잔뜩 웅크린 모양새가 얄짤없을 것처럼 보인다. 억불봉 갈림길에서 동동마을로 내려오는 길에 볼록 올라온 봉우리가 노랭이봉이다. 마치 백운산 용마름에 올리기 위한 노랭이로 보인다. 백운산 주능선은 그 노랭이를 길게 늘여뜨려 놓은 것처럼 푹신하다.

노랭이봉을 내려와 동동마을에 닿으면 커다란 바위 위에 4각의 반듯하고 단청이 선명한 학사대가 있다. 그 밑으로 옥룡천이 흐르고, 한 사람이 들어가 간신히 앉을 정도의 암굴은 지금도 잘 보존되어 있다.

최산두는 초동의 지적을 받고 다시 그 암굴로 들어가 2년을 더 정진하였다. 공부를 마치고 한양으로 올라가 조광조와 함께 개혁정치를 꿈꾸다가 기묘사화에 연루되어 화순 동북의 나복산(현 모후산)에서 14년간 유배생활을 하였다. 말년에는 태초에 하늘에서 이 땅이 처음 태어났을 때의 그 모습처럼 순백의 세계를 추구했다. 그가 유배생활 중 읊은 '물염정勿染亭'이란 시다.

백로가 고기 엿보는 모습, 강물이 백옥을 품은 듯하고
노란 꾀꼬리 나비 쫓는 모습, 산이 황금을 토하는 것 같네

백운산(정선)

白雲山　　　884m

　강원도 높은 산을 피하여 이리저리 흘러내리는 물길은 아름답다. 태백산 검룡소에서 발원한 골지천은 대관령과 노추산에서 내려오는 송천과 아우라지에서 아우라진다. 오대산에서 흘러내린 오대천과 만나 조양강으로, 정선읍을 돌면서 동강東江으로, 영월에서 서강과 만나 남한강을 이룬다.

　백운산은 동강에서 가장 경치가 아름답다는 어라연魚羅淵 길목에 있다. 어라연은 '강물 속에 뛰노는 물고기들의 비늘이 비단같이 빛난다'는 뜻으로, 물 위에 비친 기암절벽과 노송, 작은 바위섬들이 동강 물결 속에서 물고기 비늘처럼 빛난다.

　백운산 산자락을 동강이 몇 번이고 굽이치는 모습은 문어가 다리를 늘어뜨리고 있는 것 같다. 먼저 백운산 남면의 능선 하나가 길게 늘어졌고, 서쪽으로 길게 뻗은 주능선은 다시 제장마을과 연포마을로 갈라져서 꿈틀거린다. 산 위에서 내려다보는 바리소와 나리소는 문어의 흡입판처럼 보인다.

　동강이 산 옆구리를 깊게 파고들어와 한 걸음 한 걸음이 위태하기만 하다. 산을 이루고 있는 편마암이 날카로움을 더해 주고 있었다. 그 돌에 겹겹이 쌓인 추모탑 하나가 발걸음을 조심스럽게 만든다. 급경사가 끝나자 문희마을 이정표가 기다리고 있다.

언덕 문희여 조븐 길 메오거라 말고

두던이나 문희여 너른 구멍 조피되야(古時調. 靑丘)

- 『고어사전』, 남광우, 교학사

언덕 무너뜨려 좁은 길 메우려고 하지 말고

둔덕이나 무너뜨려 넓은 구멍 좁히려무나

우선 평생을 고어 연구에 바친 남광우南廣佑(1920~1997) 선생께 존경의 예를 올리지 않을 수 없다. 선생이 아니고서야 어떻게 문희마을의 어원을 찾겠는가. '문희'는 동사 '문희다', 또는 '문희치다'로 쓰여서 '무너뜨리다'이다. 산사태가 난 백운산 자락에 마을이 들어섰으니 바로 문희마을이다.

흐르는 세월은 생각들을 붙잡아두지 않는다. 문경聞慶의 옛 이름도 문희聞喜였다. 첩첩산중에서 무슨 좋은 소식을 들을 수 있을까. 문경에서 고개를 넘으면 남한강 물줄기를 만나 한양으로 가는 배를 탈 수 있었다. 동강을 끼고 있는 문희마을 역시 나루터가 있다. 산길을 오르내리다가 배를 탔을 때의 가벼운 마음을 충분히 상상해 볼 수 있다. 그렇게 힘들게 하던 산들이 좋은 풍광으로 변하여 여정을 즐겁게 해준다. 스르륵 강바닥을 미끄러져 내려가는 배는 마치 저 산 위에 흘러가는 흰 구름이다. 백운산은 그들이 부르던 이름이었을 것이다.

강아지도 좋은 소식이 그리웠을까? 어느 날 밤 북두칠성의 은은한 불빛에 끌려 고개에 올랐더니 자기가 뛰놀던 소사마을의 경치가 너무 좋았더라. 다음 날 낮에 발에 칠을 묻힌 발자국으로 사람들에게 좋은 전망대가 있음을 알렸다. 개의 전날 행적을 알 길 없는 사람들은 칠족령漆足嶺이라 이름 짓고 정자를 만들어 조망을 즐겼다.

전망대에 서면 동강이 그려낸 태극선이 한눈에 보인다. 제장마을과 소사마을이 태극선 사이에서 파란 하늘과 빨간 땅처럼 대비를 이룬다. 백운산을 배경으로 화려하고 변화해 보이는 제장마을과 동강의 물줄기가 감싸고 있는 한적하고 여유로운 소사마을이다. 태극선 너머의 소사마을은 유혹적이다.

능선 길은 점점 가파르고 발밑으로 바짝 붙어 흐르는 동강이 고소공포증을 불러일으킨다. 동강은 발밑까지 파고들어 내가 밟고 있는 능선을 언제 문희칠지 알 수 없다. 그 염려는 곧바로 현실로 드러나 하늘벽구름다리 밑은 아마득한 낭떠러지이다. '하늘벽뼝대'에서 아래를 내려다보니 까마득하여 표준말 '절벽'으로는 도저히 표현해 내지 못할 풍경이다. 옛날 하늘의 여신이 지상을 다스리고자 천봉을 훔쳐와서 이곳에 숨겨놓았다는 전설이 하나도 이상하지 않다.

동강이 또 한 번 휘돌아 나가니 연포이다. 여름에는 줄배가, 강이 어는 겨울에는 섶다리가 있을 자리에 콘크리트 연포다리가 단단한 자세로 서 있다. 나는 옛날이라면 떼군들이 쉬어갈 만한 주막에서 곤드레막걸리 한 잔을 기울이고 다리를 건넌다.

 아우라지 뱃사공아 배 좀 건너주게
 싸리골 올동백이 다 떨어진다
 떨어진 동백은 낙엽에나 쌓이지
 사시사철 임 그리워 나는 못 살겠네

- 『정선아리랑』 애정 편 중에서

백운산(포천)

白雲山　　904m

　먼지가 풀풀 나는 비포장 길을 요동치며 한 구비 돌고 또 돌아도 끝이 없다. 미군 운전병은 안내를 맡은 조수석의 한국군 병사에게 고개 이름을 물었다.
　"광덕고개요."
　"캉더크 고개라구요?"
　어려운 한국 발음은 고개를 한 구비 돌자 그나마 잊히고 말았다. 또 물어볼 수밖에 없었다. 여전히 어렵다.
　"캉더크? 에그, 모르겠다. 카라멜 고개!"
　제2차 세계대전 막바지 미군은 오키나와섬 남단에 슈리 방어선을 친 일본군과 마지막 결전을 벌이고 있었다. 항복을 모르는 일본군에게 고전하면서도 '슈리'란 단어에서 슈가를 연상하고 비슷한 초콜릿과 코니컬conical을 생각해 내어 슈가 언덕, 슈가로프 언덕, 초콜릿드롭, 코니컬 언덕이라는 이름을 붙였다.
　전쟁 중 알아듣기 어려운 현지 지명은 작전 수행에 치명적 결함이다. 자신들의 이름으로 바꾸어 부르는 것이 상식이다. 하지만 언제 죽을지 모르는 상황이고 보이는 것은 하늘의 구름뿐인 산중에서 달콤한 이름을 붙인다는 발상은 존경스럽다. '인제 가면 언제 오나, 원통해서 못 살겠네' 하는 인제·원통에서도 북쪽으로 한참을 들어가는 양구의 해안분지亥安盆地도 그들은 화채그릇처럼 생겼다 하여 펀치볼Punch Bowl이라고 불렀다.

광덕고개는 요즘은 포장도로를 자동차를 타고 손쉽게 올라설 수 있으니 백운산 정상만 밟고자 하는 사람에게는 달콤한 고개이다. 여기서는 해발 200m만 오르면 정상에 다다른다.

주위는 백운산, 북계산, 북주산, 두류산, 화악산, 명지산, 석룡산, 민둥산, 명성산, 각흘산으로 사방은 정적이 흐르는 산뿐이다. 정상에서 건너편 박달봉의 의미를 생각해 본다. 백운산을 흰 구름이 아닌 밝뫼와 구름뫼를 함께 부르는, 더 나아가 많은 산들이 모여 있는 곳에 붙는 대표 격 이름으로 보게 하는 봉우리이다. 어둠 속에서 숨 죽여야 하는 두메산골에서는 박달봉이 자신들의 마을을 밝게 비쳐주기를 희망했을 것이다. 그러나 막연한 믿음의 대상일 뿐 산은 꿈쩍 않고 그대로 있다.

두 뫼 사이의 골짜기를 뜻하는 두메산골에서 저 높이 유유히 흐르는 구름은 깊고 깊은 골짜기를 벗어나는 유일한 희망이었다. 도인이라면 구름을 타고 저 높은 봉우리를 넘어 넓은 세상으로 훨훨 날아갈 것이다. 그러나 땅에서 한 발도 뗄 수 없는 우리 같은 범인은 두메산골을 벗어날 수 없다.

다행히 백운계곡이 있다. 구름이 아니라면 물이다. 원래 구름과 물은 같은 것이 아닌가. 백운봉 줄기에서 흘러내리는 백운계곡은 일동에 이르러 서쪽으로 방향을 바꾸어 영평천이 되고 전곡에서 한탄강이 되었다가 파주에 가서 임진강이 된다. 계곡물은 이렇게 산골짜기를 굽이굽이 돌아서 대해에 이른다. 백운계곡을 흘러가는 물은 도마치봉 위로 흘러가는 구름과 다름 아니며, 이곳을 찾는 사람들은 구름을 탄 백운도사가 되는 것이다.

백운산에 대한 기록은 신라 말기 도선국사의 흥룡사 창건으로 올라간다. 도선道詵(827~898)은 풍수도참설 창시자답게 항상 신화가 따라다닌다.

나무로 세 마리의 새를 만들어 날려 보냈더니 그중 한 마리가 백운산에 앉아 그곳에 절을 세웠다는 것이다.

세 마리의 새 이야기는 운악산 현등사와 응봉산 용추폭포에서도 보인다. 그 밖에도 도선은 순천 선암사, 광양 운암사, 진주 용암사의 삼암사三巖寺를 창건했다. 또 그의 중심사상은 경인敬人, 애민愛民, 안국安國의 세 가지로 요약된다. 여기에는 혼란기의 후삼국시대를 마감하고 새로운 시대의 출현을 예고하는 의미가 있다. 특히 신라는 지역적, 신분적, 계급적 사회였기에 이러한 벽을 없애고 통합과 조화라는 새로운 가치를 창출하고자 한 분이었다. 어차피 세 마리 중 한 마리만 지상에 남는다. 두 마리는 더 좋은 하늘로 날아갔다는 것으로 위로를 보낸 것이다. 지역적으로 개성에 가까운 백운산과 운악산에 그 이야기를 남긴 것은 고려에서 나머지 두 마리의 몫까지 아우르는 새로운 세상을 만들어보자는 메시지이다.

조선시대에 백운산은 한양 문인들이 금강산으로 가는 길목이었다. 그들은 반드시 백운산에 들러 시 한 수씩을 남겼다. 김시습(1435~1493), 이의건(1533~1621), 이호민(1553~1634), 송상기(1657~1723), 우원(1700~1740) 등이 그러했고, 허목은 그의 기행문 『백운산』에서 거의 사계절의 백운산 변화를 묘사하고 있는 것으로 보아 아예 이곳에 머물렀던 것으로 보인다. '백운산 유람하러 가는 정 선생에게 보냄'에서 그의 절절한 백운산 사랑을 엿볼 수 있다.

> 백운산에 유람 가는 그대를 전송하며
> 그대에게 백운산의 아름다움을 말하리
> 백운산의 바윗돌 울퉁불퉁 나오고
> 백운산 계곡물 잔잔히 흐른다네

백운산의 사람들 예스러운 기운이 많아
농사로 만족할 뿐 다른 욕심이 없어라
나도 또한 그러고자 농기구를 챙겼다가
장차 노년에 접어들면 천천히 따르리

변산

邊山　　　　508m

　변산의 변邊은 고유어로는 '처음', '시작'의 뜻을 지닌 '갓'에 해당된다. 갓을 지닌 이름으로는 음차音借로 가산架山, 加山 · 갑산甲山이 있고, 훈차訓借로는 관산冠山 · 변산邊山이 있다. 변산은 지형적 의미와 함께 변한卞韓, 弁韓이라는 역사적 의미도 포함한 이름이다.

　변산은 쌍선봉, 의상봉(509m), 삼예봉(355m), 관음봉(425m)의 권역으로 나눌 수 있다. 쌍선봉의 월명암 마당에서의 조망은 변산 최고의 풍광이다. 의상봉에서 삼예봉으로 이어지는 바위벽들은 그 위에 앉아 담소를 즐기는 신선들을 떠올리게 한다. 저 기묘한 경치를 어떻게 표현해야 할까. 불당의 벽화를 그린 화가도 만족하지 못했을 것이다. 요지경으로 바위들을 마음껏 비틀어 놓았지만 아쉬움이 있다.

　의상봉은 변산을 통틀어 최고봉이다. 남쪽으로 수직의 암벽을 가지고 있고 정상에 공군 레이더 기지가 있는 탓으로 멀리 정읍에서도 확연히 구분되는 봉우리이지만 출입이 금지되어 올라갈 수는 없다. 하지만 쇠뿔바위봉에서의 조망은 나머지 권역에서 못 느끼는 광활함이 있다. 쇠뿔바위는 두 개가 있으니 자연히 쇠머리에 해당된다. 이 육중한 소 앞에는 소의 먹이통인 구시(구시골)가 있다. 의상봉과 원효굴은 이 점을 이용한 불교인들의 교묘한 작명이다. 소는 먹이를 먹으려고 고개를 숙이니 자연스럽게 두 거장에게 경배를 드리는 셈이 된다.

　삼예봉의 우금암遇金岩 역시 두 개의 쇠뿔이다. 쇠뿔은 투박하고 모나지 않아 사랑스럽다. 누구나 만져보고 등에 올라타도 굼뜬 동작으로 꼬리를 팔랑댈 것이다. 개암사開岩寺는 쇠뿔보다 결코 잘나지 않은 자세로, 그러나 쇠뿔 두 개가 생긴 것은 자신의 염력이었다고 자랑하듯 그 앞을 지키고 있다. 쇠뿔은 개암사가 있어서 그 가치가 드러나고 있다.

개암사는 변한의 왕궁터였다. 변산의 아름다운 절로 이름난 개암사는 변한의 문왕이 진한과 마한의 공격을 피해 이곳에 성을 쌓으며 왕궁의 전각을 짓고 동쪽을 묘암, 서쪽을 개암이라고 했다고 한다.(네이버지식백과)

여기서 갈라진 바위를 각각 묘猫암과 개(犬)암으로 불렀다는 추론이 가능하고, 변한 왕족의 태胎를 이 바위 밑에 묻었음을 알 수 있다.(계방산 편 참조) 더 나아가 개암사의 직접적인 뜻은 바위의 갈라진 모양을 나타낸 것이지만 발음상으로는 변산이 이쪽에서는 '고운산'으로 불렸다는 것을 암시하기도 한다. 또 변산의 어원은 변卞이든 변弁이든 모두 한자를 형차形借한 것으로 그 대상은 우금암이 분명하다.

배후에 넓은 평야가 있어 세곡稅穀을 조달하기 쉽고 산세는 커서 외적 침입에 방비가 용이하다. 백제가 일본에 가 있던 부여풍扶餘豊을 모셔와 최후 항쟁을 벌였다는 주류성周留城이 어디인지 논쟁이 많지만 이곳 우금산성禹金山城이라는 설이 유력하다. 여차하면 바다로 나갈 수 있다는 것도 설득력을 얻고 있다. 정읍문화원장을 지낸 은희태 님의 증언에 의하면 이들이 패망 후 일본에서 오는 배를 기다렸던 곳이 두승산斗升山 고천동姑天洞이었다는 말을 어렸을 때 들은 적이 있다고 한다. 모든 것을 포기한 그들은 엉엉 울면서 돌아오지 못할 고국을 떠났다. 우금牛金은 우리말로 '소쇄'로 읽어 두 개의 쇠뿔로 생긴 이름이지만, 불행하게도 한 번도 제대로 된 이름을 갖지 못했다. 우금산성은 울금산성이 되었다. 소 울음소리가 슬프게 한다.

내소사 전나무 숲에서도 울금산성의 여운이 남아 발걸음이 무겁다. 뒤편의 관음봉觀音峯은 변산의 다른 봉우리와는 다르게 사뭇 위압적이다.

아하! 그것은 오해였다.

세상의 어려운 소리를 잘 들으시는 자비로운 관세음보살觀世音菩薩님이 조그만 소리도 놓치지 않으려고 귀를 살짝 기울이신 것이다. 그러하신 부처님의 귀를 쓸데없이 어지럽힐 수는 없다.

대웅전 전각을 만든 이도 매일 부처님의 귀를 의식하지 않을 수 없었다. 건물은 하나하나 정성껏 목침을 깎아 만들었고 건물 내외를 단청과 탱화로 가득 메워 절대자를 향하는 마음을 가득 담았다. 그러나 아무리 좋은 것도 지나치면 이 또한 부처님께 누를 끼치는 것이다. 단청 하나를 비우고 목침 하나를 빈 공간으로 둠으로써 겸허한 마음을 표현했다.

'설악산 대승폭포도, 개성의 박연폭포도 이 같은 부드러움은 찾기 어렵다. 힘이 있으면서 자랑치 않고 아름다움이 있으면서 수줍어하며 이름이 있으면서 숨어서 있는 폭포. 자비로운 마음으로 작은 폭포를 아래로 거느리고 웃음을 머금고 있는 폭포가 직소폭포라고 말하고 싶다.'

손경석(1926~2013)의 『속 회상의 산들』에서의 표현이다. 거대한 산이지만 화려하지 않고 투박하고 검소하다. 쇠뿔바위봉이 그렇고, 우금암이 그렇고, 직소폭포가 그러하다. 치열한 구도자의 마음은 안으로 드러날 뿐이다.

지난 정월 대보름에 내소사를 찾았다. '내소사 석포리 당산제' 축제를 보기 위해서였다. 내소사 스님들과 석포리 주민들이 일심一心을 확인하는 행사이다. 대웅전 앞마당에 서 있는 우람한 느티나무와 일주문 앞의 느티나무는 변함없이 부부애를 과시하는 '할아버지'와 '할머니'이다.

축제는 흰옷 입은 남자와 여자가 편을 갈라 줄다리기를 하는 것으로 시작하는데, 예상과 다르게 여자 편이 이기면서 경기는 끝이 났다. 생산과 풍요의 상징인 여성이 이겼으니 변산반도는 올해도 풍년이 들 것이다. 줄다리기가 끝나자 용머리를 앞세우고 마을과 내소사를 한 바퀴씩 돌아 할아버지와 할머니에게 줄다리기 줄을 인줄로 입혔다. 사람들의 요란한 환호성이 울려 퍼지고 스님들의 목탁소리가 석포리로 내려가고 대웅전을 지나 관음봉으로 올라갔다.

북한산

北漢山　　　836m

'가노라 삼각산아 다시 보자 한강수야.'

병자호란 때 청나라에 대항하여 끝까지 싸우기를 주장한 예조판서 김상헌金尙憲(1570~1612)이 청나라 심양으로 끌려가면서 북한산을 바라보며 읊은 시이다.

삼각산은 '서울산'이라는 설이 있는데, 삼각의 삼三은 '세'(세)이고 각角은 '불'(불)로 곧 '서불 → 서울'이라는 주장이다. 그러나 이는 삼각산의 명칭이 고려 중기부터 사용한 이름이라는 점에서 벌써 오류가 발견된다.

여기에는 '서불'의 의미를 단순히 눈에 보이는 세 개의 뿔로 본 것에 잘못이 있다. 가야산 우두봉의 우리 고유의 이름은 쇠뿔봉이다. 명성산 삼각봉, 여수 손죽도 삼각산, 부산의 삼각산도 같다. 소가 얼마나 신성시 되어 왔는가는 전국의 우두봉牛頭峰과 소재, 쇠재, 쇄노재, 우금치, 소동근재 등에서 찾아볼 수 있다. 그 생김새를 떠나서 고귀하고 신성하다는 의미가 담겨 있다. 더구나 인수봉 거대한 바위는 영락없는 소의 뿔이다. 삼각산은 쇠뿔산이다. 덧붙이면 부여의 옛 이름 소부리군所夫里郡은 '소벌'이고, 신라의 수도 '서라벌'은 '소들의 벌판'이다.

북한산이라는 이름은 '붉'과 '흔'의 합성어이다. '북'은 '밝'의 또 다른 표현이다. 진관동의 박석고개에서 보듯 북배산과 마찬가지로 밝음의 산이며, 한강과 대비되는 큰 산이며, 불함산의 다른 표현이다. 1711년 북한

산성을 축성하고 별칭으로 사용해 오다가 일제강점기 이후 정식으로 사용하게 되었다.

북한산을 돋보이게 하는 것은 인수봉이다. 공자의 '어진 사람은 산을 좋아하고 오래 산다는 인자요산인자요수仁者樂山仁者樂壽'에서 유래된 인수봉仁壽峰(810m)은 그 거대한 바위가 불끈 솟은 모습이 가히 남자의 성기를 연상시킨다. 영조 21년(1745년)에 엮어진 『북한지北漢誌』에 부아악負兒岳으로 부르고 있다. 한자 표기의 의미를 받아 인수봉의 북편이 기묘하게 튀어나와 바위가 어린아이를 업은 형상과 같다 하여 붙여졌다는 설도 있으나, 負兒는 향찰로 읽으면 '불' 즉 '불구덩'으로 남성 성기를 가리킨다는 『한국백명산기』의 저자 김장호(1929~1999) 님의 풀이다.

인수봉 초등정에 대한 확실한 기록은 없다. 동명왕의 아들 비류와 온조가 올랐다는 이야기는 우리나라 고대 산행기록의 효시로서 가치를 지니지만 인수봉 등정으로 인정되지는 않는다. 1889년 10월에 북한산을 찾은 신기선申箕善(1851~1909)은 안내자로부터 영남에 사는 김 씨 성을 가진 사람이 혼자 인수봉에 올라 깃발을 꽂았다는 이야기를 전해 들었다고 『유북한산기遊北漢山記』에 썼다. 그리고 백운산장 관리인 형제의 조부 이해문이 1924년 백운대에 처음 올랐을 때 인수봉 정상에 이미 불단 석탑이 차려져 있는 것을 보았다고 전하고 있다.

근대적 암벽등반으로는 1925년 10월, 당시 경성 주재 영국 총영사관 부영사였던 아처C.H. Archer와 하야시라는 이름을 가진 한국인 임무林茂의 초등이다. 이것은 재한 일본인들이 결성한 조선산악회 창립멤버였던 이야마 다쓰오(飯山達雄)의 구전이다. 이야마는 1927년 임무와 함께 인수봉 정상에 올라 바위 사이에서 새겨져 있던 임무의 이름을 확인했다고 증언하였다. 기록상 초등은 1929년 아처와 페이시E.R. Paccy, 야마나까(山中) 등반이다. 이 사실은 영국의 1931년 『알파인저널The Alpine Journal』에 기록되어 있다(초등 시기는 아직도 정확한 결론이 나와 있지 않다. 국립산악박물관 전시실에 소개된 내용으로 했음을 밝힌다).

인수봉 바위는 우리나라 산악인의 메카라고 할 수 있다. 인수봉 암벽은 단단한 화강암 재질로 등반가에게 무한한 신뢰를 주고 아늑함을 준다. 고상돈, 허영호, 박영석, 엄홍길, 한왕용, 김창호에 이르기까지 산악인들은 여기서 걸음마를 떼고 히말라야 고산을 생각하며 기술을 연마하였다. 그들이 첫사랑이라고 부르는 봉우리이다. 달콤한 첫사랑에는 시련도 따르는 법, 희생자를 많이 낸 봉우리이기도 하다.

북한산 등산의 기록은 1603년 가을, 이정구李廷龜(1564~1635)가 처음 남겼다. 그의 『유삼각산기遊三角山記』는 홍제교에서 동행자를 만나는 것으로 시작한다. 1박 후 백운대를 오르고자 하나 안내를 맡은 스님으로부터 임진왜란 후 왕래가 전혀 없어 길이 끊어진 지 오래되었다는 말을 듣고 대신 노적봉을 오른다. 천민과 두 중이 먼저 올라가 바위의 틈을 따라 나무를 사용하여 사다리를 만들고 허리띠를 늘어뜨려주어 그 끈으로 몸을 묶고서 올라간다. 이들은 정상에서 한강과 남산, 그리고 도성을 바라보며 황홀한 기분에 휩싸인다.

북한산은 원래 큰 산이다. 대남문 누각에 올라 서울을 내려다보면 도시가 북한산 자락에 위치해 있음을 알 수 있다. 한양 도읍 당시보다 도시가 훨씬 커지기는 했지만 여기저기 북한산 줄기들은 깎이지 않고 살아남아서 빌딩 투성이의 황막한 서울을 보듬고 있으니 여간 다행이 아니다.

최석일(전 선정고등학교 교사) 님은 20년 동안 북한산 사진을 찍었다. 인수봉이 아침 햇살을 받아 빨간 낯으로 멀리 오봉을 바라보고 있다. 하얀 운해가 깔리어 산 아래 세상이 신비롭다. 가끔씩 구름을 뚫고 올라온 고압선

철탑만이 내가 저 아래 세상에 속함을 잊지 않게 해줄 뿐이다.

　북한산 능선에 서면 모두들 그런 심미안이 생기는 모양이다. 주말이면 서울 사람들은 가벼운 배낭을 꾸려 북한산을 올라와서 다닥다닥 붙은 빌딩과 아파트를 구름 속으로 잠시 밀어놓고 다양한 코스를 즐긴다.

　북한산성 입구에서 좌측으로 신라의 국내파 스님의 이름을 딴 원효봉이 우측으로는 유학파 스님의 이름을 딴 의상봉이 고개를 돌리게 한다. 함께 당나라 유학길에 올랐다가 도중에 길을 달리하였지만 서울의 근교 북한산에서 북한산성 계곡을 사이에 두고 영원히 마주하고 있다. 원효능선은 급한 암벽과 좁은 굴을 비틀어 빠져나가게 하여 다짜고짜 백운대로 안내하는데, 의상능선은 같은 산이지만 마치 다른 산에 온 듯 멀리서 백운대·만경대·노적봉을 조망하게 한다.

　구기동에서 대남문으로 오르면 좌측으로 지혜의 상징인 문수봉이, 우측으로 덕을 상징하는 보현봉이 있다. 불광동에서 오르면 시집가는 신부가 쓴 둥근 족두리봉이 맞이하고 이어서 신랑의 사모관대를 상징하는 사모바위가 영접한다. 다른 것이 함께해서 균형을 이루고, 큰 세계로 나아가게 하는 산. 그 때문인지 매번 똑같은 길을 걸어도 새 사랑이 돋아나는 산이다.

　1974년 봄, 선배들에 이끌려 인수봉을 등반한 후 주말이면 북한산을 찾았었다. 구기동에서 대남문 길은 젊어서 다리 근육 테스트를 위해 자주 올랐고, 지금은 산성 입구에서 산성계곡 길을 즐겨 찾는다. 완만하고 전망이 없는 깊은 수림대여서 한 발 한 발 옮기며 사색하기에 더할 나위 없다. 가을에는 효자비에서 올라 숨은벽을 통과하여 인수봉을 끼고 인수산장으로 내려오는 길을 택한다. 서울의 오염된 공기에 아랑곳하지 않고 원색을 유지하는 단풍이 여간 고맙지 않다.

겨울에는 또 어떠한가. 간밤에 눈이라도 오면 급한 발걸음으로 북한산을 찾는다. 청수동암문만 올라도 서울의 겨울 정취 부족을 충분히 채워준다. 겨울 산의 진미인 빙화와 설화가 바로 가까이에서 존재하고 있음을 실감하고 내려오는 것이다. 진달래가 다 지고 벌써 반팔의 여름인가 할 때 의상능선을 오르면 아직도 연분홍 진달래가 반기고 있다. 이렇게 북한산은 나에게 2~3주 정도의 과거로의 여행을 가능하게 하는 산이다.

| 琵瑟山 | 비슬산 | 1,083m |

'비파금슬 팔대왕(琵琶琴瑟 八大王: 비파금슬은 여덟 개의 왕 자가 있다)'

깊은 산중 고개를 넘던 선비가 갑자기 나타난 도깨비의 '귀매망량 사대귀鬼魅魍魎 四大鬼(귀매망량은 네 개의 귀 자가 있고)'에 대한 대구對句였다. 도깨비가 만족할 대답을 하지 않는다면 목이 달아날 순간이었다. 그는 이렇게 절묘한 대답을 한 끝에 목숨도 부지하고 모친의 병을 고치는 약도 얻을 수 있었다.

― 『민담민요지』, 김종대의 『도깨비, 잃어버린 우리의 신』에서 재인용

본디 '수리뫼'였다. 비슬산을 비롯 서술산西述山 · 술모산述母山 · 치술산鵄述山 등은 슬瑟과 술術에서 음을 그대로 따고, 서연산西鳶山 · 영취산靈鷲山 · 취서산鷲棲山 · 상산霜山 · 차산車山 · 포산包山 등은 솔개(鳶) · 수리(鷲) · 서리(霜) · 수레(車) · 쌀(包)로 읽으면 높다 · 으뜸간다의 뜻을 가진 '수리'로 귀결된다. 전국의 많은 수리뫼는 점차 마을 간의 교통이 많아지면서 구분할 필요가 생기고 한자 표기하면서 자수를 늘리는 등 다양한 이름으로 분화한다.

유가사瑜伽寺에서 나의 사전지식을 무색하게 하는 안내문을 접하였다. "비슬산 천왕봉 아래에 위치한 유가사는 비슬산의 암석 모습이 마치 유瑜(아름다운 구슬)와 부처의 형상이 같다고 하여 유가사라고 명명하였다." 비슬산琵瑟山의 한자 모양을 보면 두 개의 산 위에 구슬玉이 각각 두 개

엎히어 있는 형상이다. 정상 천왕봉 부분의 암벽과 그 오른편의 병풍바위가 유가사 대웅전 처마 끝에서 똑같은 모습을 하고 있다. 이렇게 비슬琵瑟의 옥玉 자 네 개가 비슬산을 상징하고 있었던 것이다.

한참 무더위가 기승을 부리던 여름이었다. 묵묵히 걸음을 옮기던 중에 구영호 님을 만났고, 서로가 금방 호감을 갖게 된 것은 그런 날씨 속에서 비슬산 계곡이 뿜어내는 쿨Cool한 공기도 한몫했을 것이다. 반송군락지에서 당초 자신의 예정된 길을 접고 나의 앞장을 서기 시작하였다.

급경사지의 병풍바위가 고드름이 줄지어 내려앉는 것처럼 독특한 모습으로 다가왔다. 구슬을 꿴 옥玉이 줄줄이 늘어선 것 같기도 하였다. 구영호 님은 올라오면서 그 바위 앞에 서면 묘한 기분이 든다고 이미 예고했었다. 끝내 그 기분이 무엇인지는 말하지 않았는데 애써 선입감을 주어 나의 상상력을 제한하고 싶지 않은 깊은 마음으로 이해하였다.

그는 비슬산을 15년 넘게 하루도 빠지지 않고 오전 일과로 올랐다. 아예 비슬산 북쪽 면의 용연사 계곡에서 레스토랑을 운영하고 있으며 비슬산 덕분에 평생의 지병도 말끔히 치료했다며 산의 영험함에 놀라워하였다.

산의 덩치가 크고 정상도 펑퍼짐하다는 것이 경상도 산의 특징으로 다가왔다. 천왕봉 일대는 대평원과 아득한 전망을 제공해 주었다. 서쪽의 현풍玄風(검은 바람)에서 불어오는 습한 바람이 벌겋게 달궈진 볼을 상쾌하게 해주었고 또 바람은 거침없이 자란 억새를 가르며 지나갔다.

구영호 님과 작별하고 대견봉으로 향하였다. 대견봉에 이르는 비탈면에 참꽃군락지가 장관이었다. 일연스님(1206~1289)이 대견사를 비롯 유가사와 인홍사에서 『삼국유사』를 구상하던 젊은 시절 그 역시 이곳 참꽃군락지 앞에 섰을 것이다. 여기 사람들은 진달래야말로 진짜 꽃이라고 한다.

산이 아닌 들판으로 착각하고 있었는데 대견봉 너머의 험준한 절벽을 보고서 이름도 묘한 비슬산에 와 있음을 다시 알게 되었다. 계곡 건너편으로 관기봉(992m)이 봉긋이 돋아 있어 비슬로 보였다.

대견사 앞의 도출된 바위 위에 올라선 3층 석탑이 주변 지형과 절묘하게 잘 어울렸다. 마당에는 지난 석탄일에 걸었을 연등이 빼곡했고, 연등 밑의 주단에는 임금 왕 자가 무수하였다.

"이곳은 박근혜 대통령의 정치적 고향입니다. 국회의원 시절 참꽃축제에 꼬박 참석하였죠. 그리고 대통령이 되었습니다. 네 분의 왕 중 이제 한 분이 탄생한 것이지요."

대견사 보살의 말에는 자부심이 넘쳤다. 그러고 보니 삼성각의 산신령은 용포를 입고 있었다. 유가사의 해석과 대비되었다.

계곡에서는 지금도 암괴류가 흘러내리듯 생생하였다. 뚝뚝 끊어진 긴 바윗덩어리가 줄지어 늘어선 모습이 영락없는 비파(琵)의 4줄 또는 5줄과 거문고(瑟)의 6줄 부분(담괘/擔棵)을 모두 합한 것이었다. 비슬산 네 개의 옥玉의 출처는 바로 그 암괴류에 있었고 그 형상은 비파와 거문고를 상징한 것이었다.

돌이켜보니 정상에 오르던 중에 본 병풍바위의 생김새도 그러하였다. 구영호 님이 병풍바위 앞에서 묘한 기분이 드는 것은 바위 속에서 비파와 거문고의 현絃을 발견했기 때문이었을 것이다.

| 三岳山 | 삼악산 | 656m |

'봄은 산 넘어 남촌 아닌 춘천에서 오지.'

유안진 시인의 이런 표현이 아니더라도 기차를 타면 왠지 춘천으로 가야만 할 것 같다. 그리고 춘천으로 들어가는 길목의 마을 강촌이란 이름은 마음을 설레게 한다.

1970년대 말 강변가요제가 청평유원지, 남이섬, 춘천시 등지에서 개최되어 젊은이들을 열광시켰고, 검봉산 자락 강촌리는 인기 있는 MT(Membership Training) 장소여서 대학을 들어간 새내기들에게 잊을 수 없는 곳이다.

또한 강촌리 남쪽의 검봉산과 봉화산 계곡 사이에 있는 구곡폭포는 히말라야를 향하는 산악인들의 꿈이 시작된 곳이었다. 1970년대 중반 산악인들은 한국 빙벽의 상징과도 같은 설악산 토왕성폭포를 오르기 전에 먼저 설악산 형제폭포와 강촌의 구곡폭포를 올랐다. 구곡폭포는 1975년 경희대산악회 OB 김재근이 초등했는데, 산악강국 한국의 명예는 강촌이라는 꿈같은 이름이 만들어준 것이고, 지금도 겨울이면 빙벽기술을 연마하기 위해 많은 산악인들이 찾아오고 있다.

경춘선 철도가 뚫린 것은 1939년도이다. 1922년 개설된 경춘가도는 1960년대부터 구간별 확장을 계속해 오다가 1989년 왕복 4차선으로 새롭게 개통하게 되었다. 한편 2009년에는 경춘고속도로가 개설되고,

2010년에는 복선 전철이 개통되어 서울~춘천 간 거리가 한 시간 내외로 단축되었다. 복선 전철을 개설하면서 북한강을 따라 굽이굽이 돌던 철길을 쭉쭉 펼쳐놓아 강촌역도 강을 벗어나 마을 안으로 들어가게 되었다. 때문에 차창 밖 강변 운치는 감소되었지만 삼악산을 보다 멀리서 감상하며 강촌교까지 걷는 기쁨을 안겨주었다.

　강촌교를 건너 그대로 등선봉으로 오르기보다는 우측으로 경춘가도를 걷다가 등선폭포에서 협곡으로 들어가고자 하는 조급증을 떨쳐버릴 수 없다. 몇 개의 음식점을 지나 좁은 문을 통과하면 깊은 협곡이 나타난다. 그 위용 높은 설악산도 만들어내지 못한 협곡을 삼악산에서 보게 되는 것이다. 고개를 90도로 젖히어 올려다보아야 간신히 한 줌 햇볕을 볼 수 있다. 이어서 백련, 비룡, 주렴폭포가 이어지고 선녀탕에 이르러 하늘이 열리기 시작한다.

　용화봉과 청운봉, 등선봉으로 이루어지는 삼악산은 북한강이 감싸고 돈다. 북한강은 산의 동쪽을 흐르다가 서쪽으로 방향을 바꿔서 남면을 흐른다. 삼악산 동쪽과 남쪽의 산자락은 이런 한강에 막혀서 급경사로 마감한다. 이 덕분에 그리 높지 않은 자그마한 산에 예고도 없이 협곡이 생긴 것이다.

　삼악산 주봉인 용화봉 정상에 서서 동쪽을 쳐다보면 춘천이 왜 분지인지 금방 알게 된다. 강원도 홍천 출신 작가 전상국은 서울에서 활동하다가 1980년대 중반 서울 탈출에 성공한다. 그가 춘천에 정착하고 삼악산에 오른 후에 쓴 춘천 예찬이다.

　"그야말로 첩첩산중, 눈 가는 데가 모두 산이지만 그 한가운데 북한강과 소양강 두 물줄기가 의암댐에 의해 호수가 된 춘천 시가지가 별유천지로 떠 있다. 어떤 도시가 이렇게 아름다울 수 있는가. 삼악산을 오르는 대부분의 등산객들이 외지 사람들이라 붕어섬이며 송암동 스포츠 타운, 그리고 더 멀리 붉은 색깔의 애니메이션 박물관을 거쳐 봉의산 앞뒤로 펼쳐진 춘천 시가지를 내려다보며 환호하는 그네들의 찬사가 듣기 좋다."

전상국은 춘천 삶의 첫째 즐거움을 주변 산 오르기라고 말하고 있다. 이를 다 오르고 나서 쓴 책이 『전상국의 춘천 산 이야기』이다. 춘천 분지는 가깝게는 삼악산·계관산·북배산·가덕산·경운산·마적산·대룡산·금병산·드름산이 감싸고 있고, 멀리는 검봉산·봉화산·구절산·용화산·오봉산·부용산·봉화산·팔봉산이 빙 둘러 있다.

삼악산 유래를 용화봉·청운봉·등선봉 세 개의 봉우리로 보는 것은 너무 단순한 생각이다. 천·지·인 셋이 함께해야 우주가 완성되고, 상형문자 산山은 이의 함축적 의미를 지닌다. 우리말 '셋'은 '높다'의 '솔'과 같은 어원을 갖는다. 완성과 조화 그리고 하늘에 가장 가까운 숫자이다. 삼각형의 꼭짓점이며 일찍이 도선이 강조한 존귀한 숫자이다. 또한 셋은 '무염無染의 세계'인 '선뫼'에서 온 말이기도 하다. 이처럼 삼악산은 많은 의미를 함축하고 있다.

어두운 협곡을 지나 산 위에서 내려다보면 북한강이 유유히 흐르고 널따란 춘천분지가 천상의 세계인 듯 유혹한다. 한 마디로 부르기 어려운 산이다. 당초 산 이름은 보통명사로 시작하는 법인데, 이런 산일수록 사람마다 밝뫼·솔뫼·갓뫼 등으로 다양하게 부르기 마련이다. 이들의 요구를 어떻게 하면 동시에 만족시킬 수 있을까. 계룡산은 닭과 용을 한꺼번에 불러 해결했지만 이것도 순서에 불만을 품을 수 있다. 삼악산은 이런 문제를 일시에 해결한 이름이지만 욕심이 지나쳐 모두에게 조금씩은 불만을 갖게 한 무개성적인 이름이 되어버렸다. 본래의 거창한 뜻과 달리 숫자로 표현되는 이름의 한계이다.

'깊은 밤 지는 달이, 춘천 삼악산 그림자를 끌어다가 남내면 솔개동네 강동지 집 건너편 서창에 들었더라.'

한국 근대소설의 효시 이인직의 산을 보는 눈은 경외스럽다. '밝'과 '솔'의 『치악산』에서는 해피엔딩을 예고했으나, 『귀의 성』은 무개성적 이름을 가진 삼악산 그림자로부터 시작한다. 순절 기생 전계심은 하염없이 그 어두운 산 그림자를 바라보며 공허한 날을 보낸다.

반야월 작사의 '소양강 처녀' 역시 삼악산 그림자가 지는 서쪽을 바라보며 돌아오지 않는 님을 기다리고 있다. 소양강변에 살고 있는 열여덟 처녀는 우리가 돌아가고 싶은 고향이다. 삼악산을 오르는 것은 의암댐 너머의 춘천 시가지를 바라보기 위한 것이고, 자꾸만 경춘선을 타게 되는 것은 지난 젊은 날 열정을 다하지 못한 것을 후회하며, 전계심에게 그리고 소양강 처녀에게 용서를 빌러 가기 위함이다.

| 西臺山 | 서대산 | 904m |

산은 바라보는 대상일까. 봉우리를 올라야 하는 대상일까? 급히 등산로 입구를 찾아서 무조건 오르던 시절이 있었다. 그러다 언제부터인가 산 밑에서 올려다보는 즐거움을 알게 되었다. 예쁜 사과를 손에 들고 있는 어린아이가 차마 먹지 못하고 이리저리 바라보는 모습이랄까? 그동안 빠알간 사과를 한번 쳐다보지도 않고 얼른 먹어 치워 버리기 바빴으니 얼마나 어리석었던가.

통영대전 고속도로 추부IC를 빠져나와 등산로 입구인 성당리를 향하다가 지도를 보고 오른편에서 서대산을 찾았다. 동쪽에서 육중한 산등성이가 아침 햇살에 서서히 모습을 드러냈다. 파란 하늘을 배경으로 한 짙푸른 능선은 남쪽 서대리에서 서서히 오름세를 타고 반대편에서 올라온 능선과 완만하게 부딪혀서 살짝 부푼 꼭짓점를 만들어냈다.

함께 오지 못한 아내에게 사진을 찍어 전송하였다. 산 입구에 도착했다는 기별을 보낼 겸 사진을 보내는 것이 문자보다도 상황 설명이 확실한 방법이다. 아내로부터 보내온 답은 간결했다.

"젖꼭지네."

다시 쳐다보니 틀림없는 여자 가슴이었다. 가는 길에는 음식점이나 숙박업소가 하나도 보이지 않고 표지판도 없어서 길 가는 주민에게 등산로 입구를 물어봐야 했다. 충청남도에서 가장 높다는 서대산이 잘 알려지지 않았을까 하는 의문은 등산로 입구에 도착해서야 알게 되었다.

주차료와 함께 받는 입장료 1,000원의 용도를 묻다가 서대산 전체가 회사 소유인 것을 알았다. 이렇게 큰 산이 국가가 아닌 개인 소유란 것은 쉽게 납득하기 어려웠다. 나 같은 의문을 가진 사람이 많았던지 서대산 드림리조트 관리소 벽에는 아예 등기내역을 복사해서 부착해 놓고 있었다. 과거 우리나라 산들은 공신들에게 불하되는 것이 상례였다. 파주 감악산 일대는 최영 장군, 봉화 청량산 일부는 퇴계 문중, 청송 주왕산은 청송 심씨, 영동 천태산은 영국사 소유가 그 예로, 서대산 역시 과거 민간인이 불하받은 것을 몇 번 소유주가 바뀐 후 현재에 이른 것이다.

오르막 일색의 밋밋한 등산로에서 보는 평풍바위는 시원한 기분을 느끼게 해주었다. 평풍바위 조망을 위해 계곡에 구름다리를 설치했으나 난간은 좁고 부실하여 지금은 폐쇄한 상태였다. 대신 그 앞의 전망바위에서 평풍바위뿐 아니라 멀리 대둔산까지 감상할 수 있었다. 전망바위는 똑바로 오르다 오른편으로 꺾어지는 지점이어서 자칫 지나치기 쉬웠다. 곧 능선이 나타나고 강우 레이더 기지의 담벼락을 지나서 정상에 섰다. 정상석은 둥근 종처럼 쌓은 돌탑의 가슴에 중학생 이름표인 듯 반듯하게 붙어 있었다. 근처에 샘이 있다고 들었는데 둘러보았으나 찾을 수 없었다.

하산해서 개덕사의 산신각山神閣 안을 들여다보다 독특한 점을 발견했다. 보통 삼성각三聖閣이라 하며 산신령·칠성신·나반존자 세 분 성인을 모셔놓는데, 개덕사는 산신각이란 이름으로 곱게 화장하고 머리는 금장신구로 치장하고 분홍색 도포를 걸친 귀부인이 산신령으로 모셔져 있었다. 호랑이의 존경 어린 포효를 받고 앉아 있는 자태가 번듯했다.

개덕사에서는 서대폭포를 용궁으로 표현했다. 계곡다운 계곡이 없다고 생각했는데 등산로가 계곡에서 살짝 비켜 있는 탓이었다. 마침 비가 온 뒤라 물줄기 떨어지는 소리가 요란했다. 수직으로 떨어진 물은 포말을 그리며 수면에 동화되어 갔지만 일부는 형체를 바꾸어 산 위로 올라갔다. 사라지는 물방울을 보며 서대산을 다시 올려다보았다.

멀리서 바라보는 모습은 밑에서는 불쑥 솟아서 윗부분은 완만하게 좁혀 올라가다가 애교 있게 꼭지봉으로 마무리하고 있다. 마치 새의 부리같이 보이기도 한다.

서대산은 서운산, 축서산, 취서산, 선운산, 소요산같이 '선뫼' 계통의 산이다. '선'은 설다('설거지하다'의 고어), 설(깨끗하게 정화된 상태), 서리다, 선산, 서낭당의 어원과 동일한 의미로 쓰이고 광주 무등산의 선돌·무돌과 같다. 이 땅이 하늘과 분리될 때의 상태 그대로 남아 있는 곳을 산으로 본 것으로, 우리가 죽어서 돌아가는 선산이다. 대표적인 산 이름으로 영주 부석사 뒤에 선달산先達山이 있다.

불교인들에게 서대산은 중국의 우타이산(五臺山)의 다섯 개 봉우리 중 서대西臺를 떠오르게 했다. 서대산으로 바뀌고 서대사西臺寺가 무려 세 개나 들어섰다. 이 절들은 모두 번성하였고 그중 현재 원흥사 터에 있었던 서대사만 보더라도 고려 말의 고승 취운당翠雲堂을 배출하고 불교 경전 『화엄경』을 출판하는 등 불사도 활발했다.

등산로 들머리까지 대중교통을 이용한다면 마전에서 하루에 몇 번밖에 없는 버스를 타야 하는데 마전까지 오기도 쉽지 않다. 등산객은 대부분 승용차를 이용하는데, 이렇게 한적한 산은 전국에서도 드물 것이다. 서대산이 밖으로 드러내고 싶지 않은 수줍은 여성이기 때문일지도 모른다. 젖꼭지 같은 정상의 모습과 거기에 감춰놓고 있는 샘물도 이를 뒷받침하고 있다. 개덕사의 여자 산신령은 서대산의 화신이 분명하다.

선운산

禪雲山　　　335m

햇빛의 일곱 빛깔 타고 내려와
구름 속에 묻히어 앉아 쉬다가
빗방울에 싸여서 산수유에 내리면
산수유꽃 피어서 사운거리고

— 서정주의 '내 그대를 사랑하는 마음은' 중에서

선운산을 찾아가는 길목에서 이 고장 시인 서정주가 표현한 '사운거리다'를 우물거려 본다. '겨울바다로 뻗은 그 푸른 가지 솨… 솨… 그 가지와 함께 사운거리고', 이곳에서는 바람이, 나뭇가지가, 풀벌레가 내는 소리는 나지막하고 조심스럽다. 조그맣고 아담한 선운산에서 어떤 소리가 난다면 사운거릴 것이다.

그러나 겉에서 보는 것과는 다르게 험한 산으로 다가온다. 조금 안으로 발을 들여놓으면 이 조그만 산에서 수리봉과 소리재의 지명을 찾아내는 것이 하나도 이상하지 않다.

하늘에 가깝다는 의미의 '솔뫼'를 기원으로 하는 말이다. 한글 'ㅅ' 자 모양이 하늘을 향한 것은 우연이 아니다. 세종대왕은 이것까지 감안하여 글자를 만든 것이다. 우리가 다다를 수 없는 신성한 곳을 말한다. 여기서 소, 쇠, 새, 솔, 소리, 서리, 수리, 수레, 쌀, 싸리, 숯, 쑥 등 많은 단어가 파생한다. 더 나아가 鷲(수리 취), 鳶(솔개 연), 松(소나무 송), 鳥(새 조), 牛(소 우), 金

한국백명산　**181**

(쇠 금), 炭(숯 탄), 車(수레 차), 霜(서리 상) 등의 한자 표기를 갖는다.

이 중 수리봉과 소리재는 저 높은 하늘을 나는 독수리와 솔개를 보면 알 수 있듯이 '높다'의 가장 원류에 가깝다. 이러니 산은 얼마나 깊은가. 선운산이 깊은 산인지는 도적들이 들끓고 이무기가 출현하던 곳이라는 선운사 창건 설화에서도 짐작할 수 있다.

풍천으로 흘러 들어오는 선운계곡을 거슬러 올라가면 깊은 산중인데 선운사 앞 도솔계곡은 귀신이 나올 만큼 으스스하다. 계곡물을 이리저리 뛰어넘으며 오르는 산길은 두 시간도 채 안 걸리는 짧은 거리이지만, 바위가 터널처럼 머리 위까지 감싼 계곡은 도대체 우리를 어디로 데려가는 길인지 불안감마저 조성한다. 협곡은 점점 어두워지고 능선 못미처 용문굴은 별세상으로 빠져나가는 문처럼 섬뜩하기까지 하다. 문을 빠져나와 능선에 들어서서 환한 햇빛을 받고 나서야 도적떼도 이무기도 만나지 않은 것에 마음이 놓이게 된다.

인기 드라마 '대장금'에서는 용문굴의 돌무더기를 장금이의 어머니 묘소로 설정하고, 천마봉 일대를 고봉준령으로 묘사하고 있다. 가장 가깝게 접근해서 그런 효과를 낼 수 있는 곳은 아마 선운산 말고는 없을 것이다. 장금이는 어려움에 처할 때마다 어려서 여읜 어머니 묘소를 찾곤 했다.

이전에는 도솔산兜率山으로 불렸다. 돌의 솔, 즉 산 중에 가장 높은 수리라는 뜻인데, 불교인들이 기가 막힌 이름을 찾아냈다.

불교에서는 세계의 중심에 수미산須彌山이 있고, 그 산 꼭대기에 도솔천兜率天이 있다고 한다. 도솔천은 내원內院과 외원外院으로 구성되어 있는데, 외원은 수많은 천인들이 즐거움을 누리는 곳이고, 내원은 미륵보살의 정토로써 내원궁內院宮이라고 부른다. 석가모니가 인도에서 태어나기 직전까지 머무르면서 중생교화를 위한 하생下生의 때를 기다렸던 곳이며, 현재는 미래불未來佛인 미륵보살이 성불成佛할 때를 기다리고 있는 곳이다.
 바로 도솔산, 지금의 선운산은 수미산이고, 선운계곡은 도솔천이다. 물론 나는 즐거움을 누리는 천인이고 내가 걷고 있는 이 길은 외원이다. 극락은 아니지만 미래에 오실 부처님을 곁에 두고 있으니 여간 행운이 아니다.
 이런 의미를 가진 도솔산이 선운산으로 바뀐 것은 도솔천 신앙과 관련 있는 것 같다. 끊임없이 정진하고 공덕을 쌓은 자, 탑을 깨끗이 하고 좋은 향과 아름다운 꽃을 공양한 자, 번뇌를 끊지는 못하였지만 지극한 마음으로 미륵을 염불하는 자들은 도솔천에 들어갈 수 있다. 극락에 가는 조건보다 비교적 쉽다. 그러나 원효는 몇 가지 이유를 붙여서 도솔천이 극락보다 왕생하기 힘든 곳이라고 지적하였다. 항상 중생과 함께하며 토굴에서 기거하던 분이지만 무지한 그들에게 제시한 쉬운 방법이 자칫 수행을 멀리할 수도 있다는 우려가 컸던 것이다.
 그래도 선운산은 여전히 미래에 대한 희망을 간직하고 있는 곳이다. 거창한 바위벽에 새겨놓은 마애불은 도솔천 신앙으로 상징되는 미륵불彌勒佛 모습을 하고 있다. 새로운 세상이 도래하기를 원하는 사람들은 그 앞에서 미륵의 출현을 기원한다.
 마애불과 작별하고 용문굴을 지나 낙조대를 오른다. 과거 동학군의 손화중孫華仲(1861~1895) 장군이 마애불의 가슴을 열어 비결秘訣을 꺼내 유유히 사라지던 평원은 오후의 태양 빛으로 곱게 물들고 있다. 천마봉에 올라 내려다보는 마애불 일대는 울긋불긋 단풍이 한창이다. 마애불 주위의 바위 봉우리들이 마치 비단을 둘러쓰고 목을 갸웃 내놓은 고양이들 같다.
 낙조대와 개이빨산(국사봉, 견치산) 사이에서 허리가 잘록한 소리재를 바라본다. 이청준의 『서편제』에서는 인근에 공동묘지가 있어 곡성哭聲과 상여

소리가 자주 나는 고개로, 또 그곳 초가주막의 소리꾼 여인을 빗대어 소리재를 교묘히 묘사하고 있다. 이곳 소리재는 너무 높아서 공동묘지와는 관계가 없고 지나가는 길손도 없으니 주막도 있을 리 없다. 누군가가 이곳에 올라 낙조를 바라보며 소리 연습을 했을지 모른다고 상상해 볼 뿐이다. 하지만 개이빨산의 이름으로 미루어 소리재를 널찍하고 편안한 고개로 본 사람도 많았던가 보다. 개이빨은 '어깨재'로부터 시작하여 견치肩峙로, 다시 견치犬齒로 바뀐 과정을 겪은 이름이다. 선운산, 개이빨산의 이름을 낳은 어깨재는 현재 소리재였음이 틀림없다.

선운산에는 미래에 대한 희망을 도솔암 마애불과 더불어 또 하나의 장치를 해놓고 있다. 배맨바위다. 시동을 걸어놓은 배가 막 출발하려고 한다. 닻을 풀기만 하면 된다. 조계산과 화왕산의 배바위, 천관산의 석선石船, 그 밖의 많은 산에 무너미고개, 배너미고개가 있지만 선운산의 반야용선은 높으면서도 오르기 쉬운 산답게 사랑하는 사람과 헤어지는 일 없이 함께 노을을 바라볼 수 있는 미래가 가까이 있다고 말하고 있다.

다시 내려와 선운사 뒤뜰을 바라본다. 시뻘건 동백 꽃잎이 봉오리째 툭툭 떨어져서 풀숲을 물들이고 있다. 그 사이를 지나가며 사운대는 바람 한 줄기가 시원하다.

| 雪嶽山 | 설악산 | 1,708m |

백두산, 묘향산, 구월산, 금강산, 갈 수 없는 북쪽의 산이 못내 그립다. 죽기 전에 볼 수 있다는 희망도 점점 사라져 가는 이때다. 동족상잔과 분단의 비극인 6·25전쟁을 가지고 내 입장을 말하는 것은 부끄러워해야 마땅할 일이지만 그래도 설악산이 남쪽에 위치하고 있다는 것은 여간 다행이 아님을 밝힌다.

전쟁의 상처가 채 아물지 않은 1958년 여름, 서울고 2학년생이던 진교준이 설악산 유람을 떠났다. 설악산의 호쾌함은 젊은 천재 시인에게 주체할 수 없는 영감을 주었던 모양이다.

나는 산이 좋더라
파란 하늘을 통째로 호흡하는
나는 산이 좋더라
멀리 동해가 보이는
설. 설악. 설악산이 좋더라

'설악산 애기'는 경희대산악부 김재근이 자주 낭독하고 고려대산악부 이해동으로 이어지며 일반 등산가들에게도 퍼지게 된다. 7절까지 길게 이어지는 낭독이 끝날 때는 장엄함과 호쾌함 그리고 처절함과 허무함으로 믹스된 묘한 감정에 사로잡히게 된다. 산악부 생활에 갈등도 많았던 나에게 지금까지 산으로의 발걸음을 계속할 수 있게 해준 것은 이 노래가 자아내는 특별한 분위기 때문이었는지도 모른다.

나의 설악산 등산은 마장동 시외버스 터미널 근처에서 1박하는 것으로 시작했다. 버스 안에서 1970년대 초반 인북천에 용케도 걸친 일방통행 길에서 무전기를 든 사람의 지시가 떨어지기를 기다리며 처음 대면할 설악산을 상상했다.

용대리 버스 정류장에 내려 물이 흐르는 백담계곡을 건너뛰고 산줄기를 가로질러 당도했을 때 눈앞에 펼쳐진 백담사 앞 계곡을 결코 잊을 수 없다. 매끈하고 하얀 돌이 일대를 이루고 흘러가는 계곡은 눈이 부셨다.

설악산은 높고 규모가 커서 '설악산 얘기'의 분위기처럼 다양함과 특별함을 연출한다. 백담계곡 이외에도 수렴동계곡·가야동계곡·천불동계곡·십이선녀탕계곡의 광활하거나 깎아지른 협곡이거나 크고 작은 계곡이 있는가 하면, 토왕성폭포·대승폭포·소승폭포·쌍폭·양폭 등 대범하거나 날카로운 폭포들도 셀 수 없다. 그중에서도 폭포수가 힘차게 떨어져 바위를 뚫어 만들어낸 복숭아탕은 선녀가 목욕하는 모습이 선연히 그려질 정도이다.

계곡 위에는 용아장성과 공룡능선에서 볼 수 있듯이 하늘로 치솟아 오르는 산세가 있는가 하면, 화채봉에서 시작하여 대청봉에서 절정을 이루고 서북주릉으로 흐르는 완만한 산세가 있다. 결국 뾰족함이 두툼함을 이길 수 없음을 보여주는 것이 설악산이다. 주봉인 대청봉은 뾰족 봉우리들을 잠재우고 늠름하게 서 있다. 바짝 엎드린 눈잣나무 역시 대청봉의 위엄을 높여준다.

이렇듯 설악의 변화무쌍한 풍경은 너무도 압도적이어서 진교준은 '자유'를 차라리 설악에 맡겨버리기로 한다. 장애가 없는 탁 트인 공간을 바라보며 고래고래 자유를 외치다가도, 오솔길을 거닐 때는 한낮 길가의 머루 다래에 끌리는 욕망에 빠져 자유를 꼭 깨물고 잠들어버리고 싶어 하는 것이다.

설악은 내설악과 외설악으로 구분한다. 부처바위의 가호를 받는 봉정암이 644년 창건된 데에서 알 수 있듯이 내설악은 일찍이 일반인들도 오르던 곳이었다. 조선시대에는 장수대를 출발, 대승령을 넘어 영시암에서 봉정암과 오세암을 돌아오거나 설악동 비선대에서 마등령을 넘어 오세암으로 가는 것이 일반적이었다. 대청봉은 봉정암에서 왕복했다. 외설악의 천불동계곡은 손경석 대장이 이끄는 서울대 문리대산악부가 1955년 비로소 초등했다. 그 후 이기섭(1913~2006) 박사 주도하에 1965년부터 일반인 등산객을 위한 백담사~봉정암~양폭~신흥사 코스와 백담사~오세암~마등령~비선대~신흥사 코스가 개발되고, 다음 해에는 화채봉 능선 길이 열렸다.

설악을 사랑하는 사람들은 너무도 많았다. 한용운 님은 백담사에 기거하며 『님의 침묵』을 남겼고, 대통령을 지낸 전두환도 그곳을 유배지로 선택했다. 우리나라 최초의 히말라야 원정을 떠난 박철암 선생은 당신이 처음 설악산을 오르기 위해 발을 디뎠던 용대리에서 여생을 마쳤다. 권금성 산장 털보 유창서, 수렴동 대피소 말술 이경수, 희운각 오소리 임영수, 모두 그리운 사람들이다. 1970년대 대피소만 덩그러니 있을 때 산이 좋아 스스로 관리인이 된 사람들로, 국립공원 측에 그 임무를 맡기고 산을 떠나야 했지만 스스로 설악산 지킴이를 자부하던 사람들이었다.

중동고산악부 출신 이정훈은 '설악가'를 통해 애절한 마음을 남겼다. 후에 이영수, 이승구, 유문환으로 구성된 알펜트리오가 '설악산 얘기'의 백 음악으로 연주하여 시 낭독 분위기를 더욱 고조시킨 노래이다.

굽이져 흰 띠 두른 능선 길 따라~
달빛에 걸어가던 계곡의 여운을
내 어이 잊으리오, 꿈같은 산행을
잘 있어라 설악아, 내 다시 오리니~

평생 설악만을 화폭에 담고 평생 설악을 찍는 사진가들도 많다. 봉우리가 아닌 숲을 보는 김종학 화백이 창조한 설악산의 꽃과 나비가 현실과 허구를 넘나들고 있다. 조명환, 임채욱의 사진은 내가 여태 보지 못한 설악을 일깨워주고 있다. 그 그림을 보며 『사람의 산』 작가 박인식은 '이 그림에 케이블카가 등장하는 순간, 산의 시공간과 동화하려던 한국인 영혼의 혼불은 꺼지고 만다'라고 절규한다. 요즘 오색 케이블카 설치 논란에 대한 경고다.

더욱 존경해야 할 분들은 무너질 듯 경사가 심한 고개를 무너미고개로 명명한 이름 없는 산 선배들이다. 경사 심한 고개를 넘을 때면 잠시 쉬어 물이 넘어가는 고개로 희망을 노래한 그들에게, 설악의 '설'을 제대로 이해한 그들에게 경의를 표한다.

무너미고개를 넘은 구름도 즐겁기만 하다. 희운각喜雲閣에서 잠시 쉰 발걸음을 한없이 이어지는 가파른 오르막길은 혼몽의 세계로 안내하는 듯하다. 이윽고 소청에 이르고 비슷한 높이의 중청을 지나 대청봉 표지석 앞에 다다른다.

귀때기청봉까지 설악의 높은 봉우리들은 '청'을 내세우고 있다. 무슨 의미일까. 청산별곡의 '청산에 살어리랏다'가 생각나고, 나옹선사(1320-1376)의 '청산은 나를 보고 말없이 살라 하고'가 생각난다.

청개구리, 청맹과니, 심청이, 목청, 귀청, 대청, 피리청, 홑청.

눈잣나무가 납작 엎드려 있고 솜다리꽃은 아직 세상에 나오기 이전인 듯 배내털을 하고 있다. 태아를 감싸고 있는 태胎가 연상된다. 아하! 그렇다. 설악산은 하늘과 땅 사이의 얇은 막이다. 이는 청천강清川江의 옛 이름 살수薩水에서 분명해진다.

살얼음, 살짝이, 살살.

그리고

설설.

설, 설악, 설악산이 좋더라

시인은 설을 세 번이나 강조하며 자신의 감정을 표현하였다.

'설'은 태초의 깨끗이 정화된 상태를 말한다.(서대산 편 참조) 이를 잘 나타내는 한자어로 설雪만한 단어도 없다. 이를 설악산이 차지하고 있다.

겨울이면 숲과 바위 산에 하얀 눈이 가세하여 흑과 백으로 명암을 가른다. 옷을 벗은 산에는 하얀 눈들이 감싸고 능선에 서 있는 나무들은 검은색으로 변하여 산은 촘촘한 씨실과 날실로만 존재한다. 이는 멀리서 볼수록 그 윤곽이 분명하여 속초의 해안도로에서 바라보면 체크무늬의 장막인 듯싶다. 봄이 오면 체크무늬는 아래로부터 점점 사라지며 대청봉으로 좁혀져 올라간다. 1970년대 나는 대청봉을 올려다보고 흰 눈이 사라진 걸 보면서 벌써 5월이 끝난 것인가 하고 아쉬워했다.

나의 요즘 설악산 등산은 봉정암을 거쳐 소청에서 하루 자고 다음 날 대청봉을 들러 천불동으로 내려가는 코스를 택한다. 봉정암에서는 부처바위에 두 손 모아 경건히 기도 드리고, 소청에서는 발 아래로 낮게 깔린 별들을 바라보며 옛 산행을 회상한다. 그리고 설악동을 내려와 2014년 개관한 국립산악박물관을 들러 건물 한 벽면을 장식한 진교준의 '설악산 애기'를 읊조려본다.

　박물관을 나서면 미시령 벌판의 울산바위가 설악의 울타리로 막아서고 있다. 젊은 천재 시인은 말년에 버스 운전기사를 하며 생계를 유지했다. 그는 2003년 새벽 출근하기 위하여 오토바이를 타고 우이동 19번 종점으로 향하던 중 교통사고를 당하여 운명을 달리했다.

　바위들이 어린아이의 눈물처럼 죽죽 흘러내리고 있다.

| 聖人峰 | 성인봉(울릉도) | 987m |

신라 장군 이사부는 해안을 따라 높게 두른 절벽을 보는 순간 당황하지 않을 수 없었다. 도대체 저 험한 바위벽을 어떻게 올라가서 우산국을 정벌한단 말인가. 게다가 무려 200km 넘게 배를 타고 왔기에 병사들은 지쳐 있지 않은가. 지증왕에게 호언장담했던 자신이 후회스러울 정도였다. 과연 염려대로 첫 번째 싸움은 힘 한번 못 써보고 패퇴하였다. 꾀주머니 이사부는 결국 사자 모양의 뱃머리를 무시무시한 사자라고 속여 무지한 섬사람들의 항복을 받아내긴 했지만 처음 본 해벽과 높은 산들은 다시 생각해도 아찔하였다.

울릉도는 화산암으로, 중앙의 성인봉을 중심으로 동서 거리는 10km, 남북 거리는 9.5km이며, 해안선 길이도 56.5km에 불과하다. 그럼에도 화산의 성질은 백두산과 같이 종상화산鐘狀火山이어서 성인봉의 높이는 1,000m에 육박한다.

이러한 특성은 해안절벽을 높이 솟게 했으며, 해안에서 떨어져 나온 바위들은 수직의 암벽을 만들고 있다. 안으로 발길을 돌리면 2차 화산 폭발로 생긴 알봉(538m)이, 동쪽에는 나리령(798m)·말잔등(968m), 서쪽으로는 송곳산(403m)·미륵산(901m)·형제봉(951m)이 성인봉과 한데 어울려 깊은 산중을 연출하고 있다. 암벽 등반가들에게는 해안가를 따라 장군바위·송곳봉·용바위골·태하 황토굴 오버행 코스가 일품이고, 바닷물을 적시며 시작하는 해벽으로는 관음도해벽·삼선암해벽이 있다. 내지에는 송곳봉 코스와 태하리 대풍감 코스가 있다. 어디를 걷든, 어디를 오르든 시원한 바람이 뺨을 어루만지고 파란 물결이 코를 스치니 육지에서 맛보지 못하는 즐거움이 이 조그만 섬에 있다.

최희찬(1968년생) 님은 이곳 태생으로 이 많은 바위를 다 오르고 싶었다. 한국등산학교 암벽반을 수료하고 해안의 바위들을 오르기 시작하였다. 2009년 갈매기들의 응원을 받으며 통구미마을 가두봉등대 맞은편의 해벽(필자는 '가재벽'으로 명명함)을 오르자 뜻밖에도 하켄 하나가 떠억 박혀 있는 것이 아닌가. 8mm 두께의 대장간에서 만든 수제품으로, 나중에 우연히 계명대산악회 OB 손칠규 님과 술자리를 같이하다 그가 바로 그 하켄의 장본인임을 알게 되었다. 손칠규 님은 당시 계명대산악회 에베레스트 원정을 앞두고 울릉도에서 대원들과 훈련차 해벽을 두루 올랐던 것이다. 산악인들의 개척정신은 우리가 생각하는 것보다 시대를 앞선다. 삼선암의 하나인 일선암을 오르는 장면을 찍은 사진이 박기성 글, 심병우 사진의 『울릉도』(대원사. 1995년 간행)에 보인다.

울릉도 산악회 구조대원인 최희찬 님이 해벽등반과 더불어 또 하나 이 섬의 자랑으로 생각하는 것은 겨울스키이다. 울릉도는 적설량이 많아 산악스키의 천국이다. 눈에 파묻혀 '성' 자만 보이는 성인봉 정상석을 뒤로하고 급경사를 내려가는 파우더 트리 런powder tree run은 어디서 느낄 수 없는 스릴 만점이었다.

우리나라 최초로 전국 스키선수권대회가 열린 곳은 1947년 지리산 노고단이었지만 눈이 만족스럽지 않자 제3회 대회를 울릉도 나리분지에서 열었다. 그러나 저지대인 나리분지는 해양성 기후 특유의 높은 기온 때문에 눈이 무거운 것이 단점이었다. 또다시 대관령으로 옮기게 되었지만 여전히 스키마니아들은 산악스키로 성인봉이나 말잔등에 올라 짜릿한 활강을 즐기고 있다. 적설량이 줄어드는 요즘 국내 유일의 스키등반이 가능한 곳이 울릉도이다. 일반인들은 2009년부터 시작한 울릉도 눈꽃축제의 산악스키대회에 참가하여 스키등반을 즐길 수 있다.

울릉도는 적설량뿐 아니라 강수량도 많다. 고추냉이와 너도밤나무가 자생하는 것은 이 덕분이다. 남쪽으로 살짝 굽어 뻗은 너도밤나무는 온몸으로 빗물을 받아들인다. 이파리에 잘게 파인 골을 따라, 나무줄기에 난 물길을 따라 내려와 고스란히 나무 밑에 저장된다. 성인봉의 울릉도가 최희찬 님을 뭍으로 나가지 못하게 하는 것과 같이 너도밤나무는 물을 바다로 빠져나가지 못하게 한다. 밤톨은커녕 잣보다 작은 이 알맹이가, '나도밤나무'라는 주장의 근거가 되는 열매다. 이 밖에도 고온다습한 해양성 기후를 지닌 울릉도에는 희귀식물이 많다. '울릉'이 붙는 울릉국화, 울릉양지꽃, 울릉강활, 울릉대나물, '섬' 자가 붙는 섬자리공, 섬노루귀, 섬현호색, 섬야광나무, 섬잣나무 등이다.

성인봉에 올라 나리분지를 내려다보면 천하를 호령하는 듯하다. 나리령, 말잔등, 성인봉, 형제봉, 미륵산, 알봉이 분지를 감싸고 있다. 그중에서도 북서 방면의 송곳봉은 울목(울타리 안으로 들어가는 가느다란 목)의 파수꾼이 되어 아무나 들여보내지 않을 태세다.

울릉도의 평면도는 두 귀를 쫑긋이 세우고 수염이 달린 넓적한 턱을 아래로 늘어뜨린 여우의 얼굴이다. 나리분지는 여우의 정수리 부분에 해당한다. 여기서 산줄기를 강조하면 더 많은 의미를 부여할 수 있다. 성인봉을 중심으로 하여 두툼한 산줄기가 뻗어나가 Y 자 형상을 이루고 있다. 한 갈래는 남쪽 두리봉으로 내려오고, 한 갈래는 서쪽 형제봉 미륵산으로, 또 한 갈래는 동쪽 말잔등·나리봉으로 뻗어나간다. 나리분지는 Y의 윗부분에 아늑하게 들어가 있어 마치 두 손으로 감싼 형국이다. 옛사람들도 이런 형상에 전적인 의미를 부여하였다. 울릉도의 원래 이름 우산국은 '울뫼'에서 온 것이고, '울뫼'란 나리분지를 울타리처럼 두른 산들을 가리킨다.

  성인봉 등산에서 빼놓을 수 없는 것이 나리분지에서의 캠핑이다. 김선미 님이 『바람과 별의 집』에서 말한 '자연을 향해 무한하게 열려 있는, 그래서 사실은 세상에서 가장 큰 집! 바람과 별의 집'이 바로 여기에 있다. 성인봉에서 내려다보면 주위의 봉우리들이 둥그렇게 감싼 광활한 세상이다. 하룻밤 온 세상을 차지하고 주인이 되는 것이다. 별들이 자꾸만 텐트를 두드린다.

| 小白山 | 소백산 | 1,440m |

백白은 '희다'가 아니라 '밝다'의 한자 표기이다. 밝뫼는 태백과 소백으로 나눈다. 태백은 큰 밝이고 소백은 작은 밝이다. 크다 작다는 대승불교 소승불교와 같이 의미의 차이일 뿐 우열을 가르는 것이 아니다. 태백은 세상의 밝기, 소백은 내 개인의 밝기이다. 태백에서는 환웅이 강림할 적에 밝은 빛이 모여드는 장면을 연상했듯이, 소백에서는 내 가슴과 머리가 밝아오는 것을 느껴야 한다.

소백산맥은 한쪽은 강원도와 충청도 전라도를 그 반대편은 경상도를 가르고 있다. 단양丹陽 쪽은 햇빛이 쨍쨍한데 영주 쪽에서는 비가 온다. 기후가 다르고 사람 사는 세상이 다르다. 그런 양쪽을 동시에 볼 수 있다는 것은 소백산맥을 대표하고 있는 소백산 능선 길의 묘미이다. 경상도의 북방인 소백산은 연화봉, 비로봉, 국망봉으로 이루어지는 능선이 대 장벽이어서 그 너머의 세상을 더욱 궁금하게 만든다. 둥실둥실한 봉우리들이 하얀 정수리를 드러낼 때에는 신령스럽기 그지없고, 산 아래서 충분히 근력을 키운 파릇파릇 새싹들이 왕성하게 산 위를 향해 치달을 때는 나도 동무가 되고 싶다.

내가 처음 소백산을 찾은 것은 1970년대 초 5월로 철쭉이 만개하던 때였다. 청량리역에서 밤새 달려온 기차는 단양을 지나서 경상도로 들어가는 장벽인 죽령을 그대로 넘지 못하고 스위치백으로 왔다 갔다 하며 고도를 높이더니 아예 그것도 포기하고 터널 속으로 들어갔다. 어두운 터널은 마치 다른 세상으로 가는 통로였다.

터널을 빠져나오자 새로운 해가 우리를 마중하였다. 희방사역에서 고개를 들어 올려다보자 소백의 능선이 꿈결처럼 펼쳐졌다. 희방폭포 앞에서 식사를 하고 희방사를 지나 가파른 언덕길을 올라 능선에 다다랐을 때는 벌써 해가 기울고 있었다. 텐트를 치고 별들을 바라보니 청년 하나가 슬쩍 다가와 곁에 앉았다. 소백산 천체관측소 건물을 짓고 이를 혼자서 지키고 있던 청년이었다. 우리들은 그날 밤 그의 도움으로 공중부양하여 연화봉에서 둥실 떠올라 은하계 끝까지 날아가는 여행을 하였다.

압권은 다음 날 펼쳐진 능선 길이었다. 푹신푹신한 초원의 길은 굽이굽이 물결쳤다. 사람들 발자국으로 이루어진 오솔길이 봉우리를 오르락내리락하였다. 아직 설악산도 지리산도 한라산도 가보지 못하던 때, 나의 젊은 꿈은 그 길을 따라 한없이 이어졌다. 연화봉 위에서 빛나던 별빛보다도, 비로봉 근처의 주목군락보다도, 석륜암터에서 열심히 두 손을 비비며 빌던 어느 아낙네보다도, 소백산을 생각하면 언제나 먼저 떠오르는 광경이 그 능선 길이다.

소백산은 우리나라의 대표적인 육산이다. 그 연약한 산은 몰려드는 등산객의 발길로부터 방어책을 찾지 않을 수 없어 능선 길은 나무 계단 길로 바뀌었다. 하지만 국망봉부터 북쪽으로는 사람들의 발길이 끊어져 길은 덤불로 덮여 있었다. 나의 소백산 첫 산행 때 우리 일행이 하루 종일 능선 길을 걷다가 국망봉을 지나 계곡에서 야영하고 다음 날 숲길을 걸어 부석사에 당도했던 길이었다.

지금 와서 생각해 보니 '태백산부석사'라고 내세운 일주문은 이해하기 어렵다. 소백에 와서도 태백을 아우른다는 포부가 있는지 모르지만 '무소의 뿔처럼 혼자서 가라'는 초기 불교의 가르침을 외면하고 있다.

일망무제로 펼쳐지는 비로봉의 조망은 무엇을 말하려는 것일까. 발밑 세상이 아득하다. 크게 숨을 들이키니 온 세상 대기가 내 가슴속으로 들어오고 숨을 내쉬니 내 가슴속의 공기가 온 세상을 덮는다. 비로자나불은 보통 사람의 육안으로 볼 수 없는 광명光明의 부처이다. 그 빛은 세상 밖을 향하기도 하지만 내 몸 깊숙이 들어와 자신의 내면을 밝히기도 한다. 이 산 남쪽 골짜기 순흥에 자리 잡고 소수서원을 설립해 후학을 가르치던 유학자儒學者 주세붕은 그 빛을 본 것이 틀림없다.

타고난 성품을 거느리고 호연지기를 기르라
아아, 그러면서 지성으로 쉼 없어야 하느니
그것이 인간의 본디 도리니라

하늘과 땅 사이에 가득 찬 넓고 큰 정기라는 뜻의 호연지기浩然之氣를 짊었을 때 이곳에 서서 느꼈던 감정을 살려 호연지기呼然之氣로 바꾸어본다.

너의 가슴속에 있는 공기를 전 세상에 맘껏 내뿜어라.
이 세상의 모든 공기를 너의 가슴속으로 가득 들이쉬어라.

소요산

逍遙山　　　　588m

'소요하다'라는 말은 참으로 매혹적이다. '소逍'는 '노닐다' 또는 '거닐다', '요遙'는 '멀다' 또는 '노닐다'이다. 비교적 멀리 노닐 듯 걷는 것을 말한 것이며 사색한다는 의미가 곁들여진다. 이렇게 걸으면 생각이 맑아지고 깊어져서 마침내는 침잠沈潛의 상태에 이르게 된다. 영혼의 불안함과 끊임없는 생각들이 계곡에서 모락모락 피어올라 태양의 빛으로 녹아내린다. 솟구치는 욕망과 부질없는 생각들이 산을 넘어 흘러 들어와서 강의 물결 속으로 가라앉는다.

신라의 스님 원효가 경주를 떠나 소요하며 이곳까지 와서 거처를 정하고 수행하였다. 그 후 소요산은 작은 금강산이라고 알려지고, 양사현·이율곡·성혼·허묵 등 당대의 문인·학자·시인들이 이 산을 찾으며 그 절경을 노래하였다.

이 산에 머물며 수행하던 김시습의 노래는 소요산의 모습을 표현하고 있다.

길 따라 계곡에 드니 봉우리마다 노을이 곱다
험준한 산봉우리 둘러섰는데
한줄기 계곡물이 맑고 시리다

한줄기 계곡이란 선녀탕·청량폭포로 이어지며 동막골로 흐르는 소요계곡을 말하고, 둘러선 험준한 산봉우리란 백운대·칼바위·나한대·의상대·공주봉을 말한다.

하나의 계곡을 여러 봉우리들이 감싸고 있는 이런 산세는 부채꼴 모양이라고도 하고 말발굽 모양이라고도 한다. 등산 코스는 어디에서 올라가서 능선을 따라가다가 어디에서 내려오던 원점 회귀하게 되어 있다. 마치 원효 스님의 일심사상—心思想을 연상시킨다.

진실로 살아 있는 조화로운 전체가 일심이요, 그 속의 어느 하나 속에 전체가 살아 있고 그 전체 속에 하나가 살아 있다. 일심의 원천으로 돌아가는 것이 우리들 궁극의 목표다.

다시 찾은 소요산은 땅속의 개구리가 깨어난다는 경칩이 지날 무렵이었다.

전철 안에서 보는 바깥 풍경은 나지막한 야산들뿐이다. 이 길을 옛 선비들은 유유자적 걸었을 것이다. 최소한 이틀은 걸렸을 거리를 전철은 한 시간 반 만에 들머리에 데려다주었다.

단풍나무 가로수 길을 빠져나가자 여기저기 시설물에 요석공주 이름이 보인다. 이는 『조선지지』에 근거를 두고 있는데, 공주가 여기까지 원효를 뒤쫓아와서 아기 설총을 길렀다는 이야기가 쓰여 있다. 또 공주가 기거한 장소에 대하여도 '바위 골짜기가 그윽하고 짙게 흘러내린 평평한 터에 옛 궁터가 있으니, 하나는 넓고 또 하나는 궁벽하여 작다'고 구체적으로 적고 있다.

누가 자루 없는 도끼를 내게 주겠느냐

내 하늘을 받칠 기둥을 깎으리로다

원효는 어느 날 거리에 나가 이렇게 노래하였다. 그 결과는 요석공주와의 하룻밤 사랑으로 이어지고, 스스로 파계하여 길을 나섰다. 박춤(박을 들고 추는 춤)을 추고 노래하며 중생들과 어울렸던 그가 이곳에 이르렀다.

원효는 이곳 바위굴에서 용맹정진 수도하였다. 원효대, 원효정 등 바위 전망대와 자재암 우물에 그의 흔적이 남아 있다.

비가 내리는 어느 날, 심야에 약초를 캐다가 길을 잃은 아녀자가 원효에게 하룻밤 쉬어가기를 청하였다. 그녀는 화현化現한 관세음보살로서 중생구제의 구실을 붙여 원효의 수행심을 시험했던 것이다. 그러나 원효의 자재무애自在無碍란 법문에 그 여인은 미소를 지으며 유유히 사라졌다. 자재무애란 거리낄 것이 없는 자유로운 정신세계를 말한다. 자재암의 내력이 되는 말이다.

자재암까지는 산보하기 좋은 길이어서 동네 어른들의 모습도 자주 보인다. 그러나 산보는 나한전 앞의 석간수까지이다. 사람들은 여기서 약수를 마시고 다시 마을로 내려간다. 원래 이곳에는 물이 없어 사람이 살 수 없었는데 원효스님이 이곳에 오자 단물이 바위 굴에서 솟았다고 한다. 나는 한 어르신이 건네주는 표주박 물을 마시고 계단 길로 발걸음을 옮긴다.

길은 급격한 오르막이었다. 건너편 서쪽으로 정삼각형 모양의 마차산(588m)이 시원하게 드러났다. 하지만 소요계곡을 둘러싸고 있는 봉우리들은 여간 정체를 드러내지 않았다. 백운대에 오르자 흰 눈이 나방같이 훨훨 날았다. 칼바위 능선의 칼바위들이 매서운 눈바람에 그 끝을 더욱 날카롭게 갈고 있었다. 그 바위틈 사이로 소나무 한 그루가 자태를 뽐냈다.

소나무의 하얀 껍질은 백호를 보는 듯하였다. 봉우리를 하나하나 넘어서 나타난 마지막 봉우리 공주봉의 정상은 넓었다. 계곡으로 향하는 길은 여태까지와 다르게 호젓하였다. 옛 절터의 주춧돌에 앉아 늦은 점심을 하였다.

요석공주가 이곳에 머물렀다고 하는데, 원효와는 다시 사랑을 나눌 수 없었을까. 아녀자로 변장한 관세음보살은 미소를 지으며 유유히 사라졌지만, 사랑의 일념뿐인 요석공주는 이곳에 머물며 먼발치에서나마 소요하는 원효를 보고 싶어 했다.

유혹이란 무엇인가. 원효는 딱 한 번 요석공주를 유혹했으나 그의 삶은 일관되게 소요하는 자세였다. 예쁜 여자로 화신한 관세음보살에게도 굳건한 의지를 보여주었다. 유혹을 받아들이는 풍요로운 삶, 유혹을 물리치는 강건한 삶, 어떤 것을 선택할 것인가. 소요란 내면에서 매혹의 원천을 뿌리 뽑는 것이 아닐 터, 참으로 어려운 일이다.

모든 것에 거리낌이 없는 사람이라야 생사의 편안함을 얻느니라.
비록 머무는 곳은 없을지라도 머무르지 않는 곳 또한 없느니라.

속리산

俗離山　　　1,058m

　산에 들어가는 일은 속세를 떠나는 일이다. 우리들 가슴속에는 태곳적 삶에 대한 그리움이 있다. 나무 하러 가서는 계곡의 복숭아탕에서 선녀들이 옷을 벗어놓고 목욕하는 모습을 보게 되고, 방문을 열었을 때 너구리 한 마리가 어슬렁거리다가 인기척에 놀라 달아나고, 집으로 돌아오는 길의 숲속에는 눈에 빨간 불을 켠 호랑이가 나를 주시하며 천천히 일어서고, 뒤에서는 머리를 풀어헤친 처녀 귀신이 자꾸만 따라오는 것들은 수만 년 동안 우리와 함께했던 것들이다.

　무섭거나 싫거나를 떠나서 오랫동안 함께해 온 것들은 부정할 수 없는 우리네 삶 자체이다. 이제 모든 과학 기술을 동원하여 현대화된 세상에서 길은 아스팔트 포장으로 바뀌고, 들판도 반듯하게 재단되어 규격화된 공장의 상품과 다를 바 없고, 사방을 둘러봐도 온통 인공 조형물뿐이다. 산은 이런 것들에 포위되어 섬처럼 남았지만, 그럴수록 우리 국토가 평야보다는 산이 많다는 것이 얼마나 다행인지 모른다. 우리들에게 남아 있는 유일한 태곳적 기억이기 때문이다.

　속리산은 산줄기에서 보자면 남서로 달리는 백두대간의 중간에서 북동쪽 산으로 한남금북정맥을 뻗쳐놓고 있고, 그 줄기들 사이의 계곡으로 흐르는 물은 각각 한강·금강·낙동강으로 이르게 한다. 남한 산줄기의 근간이고 세 개의 큰 강을 흘러 나가게 하는 근본이다. 이보다 속세일 수는 없다.

속리산이란 이름은 신라 때 속리악俗離岳으로 불려진 데서 유래한다. 신라시대라면 온 세상이 전부 산이어서 특별히 속세를 떠나야 할 이유도 없었을 터인데, 그 시대에 속리산이란 이름을 지은 것을 보면 속세를 떠나고 싶은 마음은 현대를 사는 사람들만의 전유물은 아니었던 모양이다. 더구나 이 산은 오래전부터 광명산光明山, 지명산智明山, 미지산彌智山, 구봉산九峯山, 형제산兄弟山, 소금강산小金剛山, 자하산紫霞山이라고 다양하게 불리어 오다가 결국 속리산이란 이름으로 정착된 것을 보면 속세를 떠나고 싶은 마음은 같은 바람이었던 것 같다.

속리산에서 속리를 느끼려면 터널 길을 사양하고 말티고개를 넘어야 한다. 속리산이 속리산인 진짜 이유는 정이품송 일대에 넓은 벌판이 있기 때문이다. 구불구불 끝나지 않을 것 같은 고개를 넘어서면 깊은 산중으로 들어설 것이라는 기대를 보기 좋게 배반하고 많은 사람들이 터전을 일굴 만한 넉넉한 벌판이 시야에 들어오는데, 유토피아를 꿈꾸던 사람이라면 먼저 환희의 탄성을 지르고 순식간에 그의 머릿속에는 새로운 세상에 대한 설계도를 그릴 그런 명당이다.

600년간 품위를 지키던 지체 높은 정이품송이 새벽안개 속에서 쇠잔한 모습을 보이고 있다. 속리산에 들어가는 길에 쌓여간 세월의 허무감을 먼저 느낀다.

나는 속리산에서 속리를 느끼고자 한다. 사내리 야영장에서 야영을 하거나 민박을 하고 새벽에 문장대를 오르는 것으로 시작한다. 속리를 하고자 한 사람들을 일찍이 따라 들어온 가게들도 아직 잠들어 있는 시간이다.

문장대에서 여명을 맞이한다. 어둠을 덮고 새롭게 시작하는 세상은 분홍빛이고, 그 속에서 겹겹의 능선들이 차례 지어 존재를 드러낸다. 이윽고 광명이 오고 새로운 세상은 결국 우리가 지금 살고 있는 세상 속에서 찾을 수밖에 없다는 것을 계시하는 듯 초록의 세상으로 돌아온다. 그리하여 천왕봉에 오르면, 산들이 그리는 파란 물결이 엷은 안개 속에서 출렁거린다.

하산 길에 은폭포 앞에서 옛 전설을 생각하는 것도 속리산 산행의 묘미이다. 모습을 감춘 물길, 바위 동굴 깊은 곳에서 물줄기가 흘러 내려와 얼핏 지나치면 물소리만 늘릴 뿐인데, 어떤 기인은 거기서 걸어 나와 홀연히 사라졌고, 또 어떤 기인은 그 속으로 흔적 없이 스며들었다.

법주사에 회귀하였으나 그대로 떠날 수 없다. 다시 수정봉을 오른다(지금은 폐쇄되었다). 수정봉 조그만 봉우리가 진정 속리산을 움직이는 지휘자였는지 문장대, 신선대, 입석대, 비로봉, 천왕봉이 둥그렇게 서서 수정봉을 향해 쳐다보고 있다.

산행 마무리로 수정암 앞마당에 널브러져 있는 집채만 한 바위 추래암墜來岩을 보는 것은 감회가 새롭다. 애당초 수정봉 꼭대기에 살았던 바위였는데 떠나온 속세에 미련이 남아서였는지 멋대로 싸돌아다니다가 산신의 노여움을 사 이 아래로 걷어차여 떨어진 것이다.

| 神佛山 | # 신불산 | 1,159m |

   '배내'란 '밝뫼'를 끼고 있는 조그만 마을이다. 우리나라에 가끔씩 보이는 지명 '발래'와 같고, 삼존불로 유명한 경주의 '배리'와 같다. 산 위로 밝은 별이 반짝여서 '별내'이고 어두운 골짜기에 빛이 빛나니 '배내'이다.
   간월산肝月山은 당초 '가리'와 '돌'을 합친 갈월산이 세월이 지나면서 발음이 쉬운 이름으로 바뀐 것이다. 산 모양이 가리산도 아니요, 월출산도 아닌 우리 신체기관인 간肝처럼 미끈하다.
   배내고개에서 시작한 발걸음이 간월산을 지나 '왕봉'에 다다른다. 원래 '왕뱅' 또는 '왕방'으로 절대 신성시해야 하는 산이었다. 감히 누군가 제멋대로 산꼭대기에 묘를 썼다가는 역적으로 몰린다. 그 죄는 모두 묘를 쓴 사람에게 있으니 필시 관청에 불려가 모진 고문을 받아야 할 것이다.
   이제 신불산이 되어 태곳적부터 우리를 보살펴준 신령님과 바다를 건너온 부처님이 합심하여 왕봉의 가치를 이어오고 있다. 배내천은 반야용선 선실이고, 배내고개는 탑승구이며, 배내봉은 돛대이다. 왕봉은 배내천 사람들을 피안彼岸으로 건네줄 인도자이다. 인도자가 어둠 속에서 함부로 발을 헛짚지 않도록 불을 밝히고 있는 신하가 있으니 단조봉丹鳥峰이다. 왼쪽은 천 길 낭떠러지이니 조심해야 한다. 불그스름한 빛으로 조심스럽게 비쳐야 한다.
   길잡이가 조아리며 비추는 홍등의 빛을 받은 왕봉의 눈으로 본 때문일까. 신불평원 억새가 뱃전의 물결처럼 흔들리고 있다. 용궁 속 풍경도 이

보다 더 환상적이지는 않을 것 같다. 장엄한 오케스트라의 선율을 받으며 펼쳐지는 세상은 어쩌면 우리가 꿈꾸던 극락에 이미 도착했는지도 모른다. 그렇지 않다면 신불산에 반야용선을 만든 것은 부처님의 큰 실수이다. 우리의 당초 목적은 저 건너 세상이었는데 호화선이라 내리고 싶지 않으니 말이다.

  한바탕 회오리바람으로 놀고 가세
  신불산 도깨비 깡아지 바람도 놀고 가소
  우당탕 돌개바람
  덜컹덜컹 회오리바람
  들었다 놓았다 신바람
  밀었다 당겼다 솔개바람

  - 울주군 『삼남면지(三南面紙)』에 나오는 시 〈신불산 바람〉,
  배성동의 『영남알프스오디세이』에서 재인용

  드넓은 신불평원에 큰 바람이 한번 지나가면서 1,000m의 산은 3,000m의 알프스로, 바람에 물결치는 억새는 흰머리 풀어헤치며 만년설로 변모한다. 팔을 벌리고 깡아지바람, 도깨비바람, 신바람, 솔개바람, 돌개바람을 가슴으로 받아들인다. 바람에 몸을 맡기면 나도 어느덧 회오리가 되어 하늘로 올라가 온 세상이 내 발밑으로 펼쳐진다.
  부산 산악인 곽수웅(1944년생) 님은 일찍이 산에 다니면서 언젠가는 유럽 알프스에 가는 것이 꿈이었다. 그러던 중 1971년 11월 대륙산악회 원정대 부대장으로 일본 북알프스를 20일간 등반하게 되는데, 3,000m급 설산을 오르면서 유럽의 몽블랑, 마터호른, 융프라우 못지않은 감동을 느꼈다. 귀국 후 대원들과 천황산을 올랐고 거기서 본 신불산을 비롯 일대의 산들이 알프스를 연상시켰다. 당시 대륙산악회 성산회장에게 '영남알프스'라고 명명할 것을 제안하였고 당시 참석자들의 전폭적인 지지를 받아 구전으로 알려지기 시작하였다.

본격적으로 일반인들이 사용하기 시작한 것은 1988년 등억리의 온천 개발 이후로 추정된다. 울주군은 이를 소중히 여겨 등억리를 등억알프스리로 개명했다. 신불산 간월재로 통하며 멀리 가지산의 설경이 보이는 울주군 상북면 등억알프스리는 스위스의 샤모니 같은 도시로 변모해 가고 있다. 여기서 2016년 가을에 제1회 울주세계산악영화제가 열렸다. 산악계는 산악영화제가 이탈리아 트렌토산악영화제, 캐나다 밴프산악영화제와 함께 세계 3대 산악영화제로 성장을, 등억알프스리는 영남알프스의 베이스캠프를 넘어서 우리나라 산악문화의 거점이 될 것으로 기대하고 있다.

영축산靈鷲山의 늠름한 자세는 마치 위엄이 가득한 독수리 한 마리가 통도사通度寺를 가슴에 품고 당당히 서 있는 것처럼 보인다.

영축산은 '솔뫼'를 거듭 강조하여 이름 지은 '술쇄뫼'이다. 독수리(鷲)를 앞세워 취서산鷲棲山·'축서산'·'취서산' 등으로 표기되고 있으나, 2001년 양산시 지명위원회는 영축산으로 확정하였다. 불교사전에서는 고대 인도의 부처님이 설법하던 마가다국magadha國의 기사굴(gijja-kūta)산을 영축산으로 표기하고 있다.

단조산성 능선의 남쪽을 마무리하고 있는 영축산은 반야용선의 뱃머리 격이다. 하산길은 급격한 내리막으로 조타실인 통도사通度寺를 향해 달리고 있다.

2006년 늦은 가을, 신불산상의 억새밭은 축축한 가스에 젖어 있었다. 내려오는 길, 궂은 날씨에도 등산객들은 누구나 할 것 없이 인사를 한다.

"안녕하세요."
"안녕하세요. 수고하십니다."
이것이 진정한 알프스였다.
반야용선에 승선하려는 즐거운 마음이었다.

연화산 蓮花山 524m

"하이쿠 이노무 차 질러뿌따."
"그랑께, 할매, 너, 진주로 시집 한번 더 온나케도."
"할배가 죽어야 오제, 아작도 쌩쌩하다."

평생을 타고 다니던 버스일 텐데 할머니는 여전히 차 시간을 제대로 알지 못하였다. 금곡에 사신다는 84세의 할머니가 버스에 오르면서 백발의 기사와 나눈 대화였다.

창밖으로 내비치는 풍경은 이제 옛날이 아니었다. 비닐하우스가 있고 현대식 주택이 줄지어 지나가고 있었다. 그러나 버스는 의자가 한 줄밖에 없는, 현대식 시내버스가 아닌 옆 사람과 도란도란 대화를 나눌 수 있는 옛날의 버스였다.

시즌이 지나 쓸쓸한 시간을 나는 옥천사玉泉寺 경내를 거닐며 보냈다. 대웅전 뒤편에서 옥천의 물을 마셔보았지만 그 밖의 특별한 것은 없었다. 정적이 흐르는 뜰에는 나처럼 무심한 사람들이 무심한 발자국을 내며 서성였다.

흙탕물 속에서 자라지만 그 속에서 피어오르는 연꽃은 한 점 얼룩도 허용하지 않는다. 널따란 이파리와 그 가운데로 솟아오른 꽃봉오리는 청초하고 화려하다. 겹겹이 쌓인 꽃잎 속에는 태양이 잉태되어 있다. 창조와 생명, 모태의 상징이다. 사바세계의 번뇌와 집착을 벗고 극락정토에 왕생하기를 바라는 것은 불자들의 공통된 소망이다. 다시 태어나기 위해서는 모태母胎가 필요하다. 연꽃은 불멸의 내세를 바라는 우리에게 주는 희망이다. 흙 속의 꽃씨는 천년이 흘러서도 발아해 내는 모진 생명력이 있다.

연화산은 그런 바람을 담은 이름이다. 연화1봉, 연화2봉, 탄금봉(장군봉), 옥녀봉, 선유봉, 남산, 시루봉, 혼돈산, 어산, 금태산, 모두가 그만그만한 산이 모여서 연화산을 이루고 있다. 또 많은 고개들 즉 느재고개, 싸리재, 운암고개, 황새고개가 길을 연결해 주고 봉우리를 구분 짓고 있다. 계곡에는 청련암, 백련암, 적멸보궁, 연대암, 은혜사가 옥천사와 함께 여기저기 자리 잡고 있다.

진흙길을 밟으며 올라가 정상에서 보는 주변의 산은 모두 조그만 봉우리이다. 뽀글뽀글 머리를 내밀고 있는 연꽃의 이파리이다. 어쩌면 나는 저 잎들에 둘러싸인 한 송이 꽃봉오리인지 모른다. 아니 연꽃에서 태어난 부처님이다. 이제 동서남북 열 걸음씩 걸어 "천상천하 유아독존"을 외칠 순간이다. 이제 내딛는 발걸음마다 한 송이 연꽃이 피어날 것이다.

이억 년 전 공룡이 내디딘 발자국에
한 송이 한 송이 예쁜 연꽃이 피어난다.
천삼백 년 동안 잠자던 작은 씨가 기지개를 펴고 일어난다.
옥녀와 선녀가 맞잡고 춤을 춘다.
무골 장군도 감복하여 거문고를 탄다.

멀리 남쪽으로 거류산이 보인다. 삼각형 모양으로 서 있는 산은 마치 공룡이 그 큰 발걸음을 내딛는 모습이다. '걸어가는 산', '걸어산', 즉 거류산으로 불리게 되었다는 산이다. 세계적 산악인 엄홍길이 그 기슭에서 태어났다. 그는 태어나 세 살 때 도봉산 자락으로 이주하였지만 걸어가는 산의 정기를 받아 한 발 한 발 내디딘 결과 히말라야 8,000m 14좌를 세계에서 9번째로 완등하였다. 그 산기슭에 고향사람들이 세운 엄홍길전시관이 있다.

산을 내려와 다시 진주행 버스를 탔다. 공교롭게 올 때의 그 기사였다. 중간에 한 할머니가 타자 백발의 기사는 대뜸 한마디 또 올려붙였다.

"쪼매 걸어갈 끼지, 모할라꼬 타나? 나 돈 버리라고 타나?"

할머니도 만만하지 않았다.

"너무 그라지 마라. 연화산 연꽃이 너그들이 여자한테 '이년, 저년' 할 때 그 연에서 나온 거, 니, 모르나? 여자는 알라를 낳은 연꽃인기라. 사나들은 맨날 놀기만 한다캐서 '놈'이라 칸다 카더라."

오대산

五臺山　　　1,565m

　동쪽으로 향하는 영동고속도로는 서서히 오르막이다가 대관령에 올라서면 갑자기 발 아래로 까마득한 낭떠러지이고 그 끝에 동해 바다가 펼쳐진다. 대관령의 표고는 832m이다. 거기서 몇 걸음 걸어 양떼목장에서 노니는 양들을 구경하다가 삼양목장을 통과하여 올라가다 보면 해발 1,157m의 선자령이다. 두 시간 남짓의 거리에 표고차 325m라면 평지에서보다 약간 경사진 정도라고 볼 수 있다.

　나는 등산 초보자를 선자령에 데려가 놀래 주길 좋아한다. '애걔, 이게 무슨 산이야' 할 정도로 오르기 쉬운 산이다. 일대는 나무가 없고, 정상은 평지에 솟아 있는 둔덕에 불과하다. 산이라는 이름도 못 붙이고 고개를 뜻하는 영嶺이다.

　그러나 초보자의 입에서 '애걔걔' 소리는 나오지 않는다. 오르기 쉽다는 것뿐이지 해발 1,000m 이상의 고지대에서 탁 트인 경치는 당연히 장관일 수밖에 없기 때문이다.

　동으로 1,577m의 계방산, 북으로 1,407m의 황병산까지 보이는 일대는 봉우리들이 나 보란 듯이 솟아 있지 않아서 그야말로 여인네 목선처럼 느릿하고, 서로를 방해하지 않아서 위아래 없이 동등하다. 산악지대라기보다는 고원이라고 불러도 좋을 만하다. 그래서 나는 북쪽의 개마고원과 빗대어서 이곳 일대를 '선자령고원'이라고 부르기도 한다.

　이 선자령고원 중앙에 지혜의 상징 문수보살이 거주하는 오대산이 자리 잡고 있다.

불교 경전 『화엄경』에 문수보살은 청량산에 거주한다고 기록되어 있다. 불교를 먼저 받아들인 중국에서는 지리적으로 북동쪽에 있고 공기가 청랭하다는 청량산이 여러 정황으로 우타이산(오대산, 3,058m)일 것이라고 믿게 된다. 이를 들은 신라의 스님 자장이 유학하여 그곳까지 가서 홀연히 현신現身한 문수보살을 뵙게 된다. 그리고 귀국하여 청량산이 중국에만 있을 수 없다는 생각으로 우리나라 북동쪽을 수소문한 끝에 강원도에서 오대산을 찾아낸다.

중국의 우타이산은 3,000m의 고원지대로 나무가 없는 초지이다. 우타이산의 타이(臺)란 정확히 말하면 산림이 없이 평평한 누대樓臺처럼 생겼다하여 붙여진 이름이다. 고지대의 산들은 뾰족하지 않고 마치 구릉지의 연속이듯 둥글둥글하다.

무엇보다 오대산이 청량산을 대신한 것은 다섯이라는 숫자 때문으로 보인다. 동서남북과 중앙의 오방五方은 완벽한 상태를 나타낸다. 오백나한, 오색사 등에서도 이런 느낌을 받는다. 오대산은 전체적인 분위기가 둥실한 것은 비슷하지만 동대산을 제외한 나머지 두로봉, 상왕봉, 비로봉, 효령봉 네 개의 봉우리는 능선 상에 치우쳐 있어 방위 면에서는 작위적인 냄새가 짙다. 그래서인지 별도로 동대(관음사), 북대(미륵암), 서대(수정암), 남대(지장암), 중대(사자암)의 오대를 두고 있다.

어느 사찰이든 일주문으로 향하는 길은 엄숙함보다는 마음을 설레게 한다. 부처님을 만나러 가는 길에 먼저 마음을 정화시키도록 일부러 길을 구부려놓기도 하고 다리를 건너게도 하지만 월정사 가는 길은 쭉쭉 뻗은 전나무 숲만으로 충분하다. 천천히 걸어 일주문을 통과하고 사천문을 통과한다. 마당으로 들어서면 팔각구층석탑이 눈에 들어온다. 주위의 겸

손한 산들을 보완하기 위해서인지 날렵하고 화려하기 이를 데 없다. 아홉 개 탑마다 여덟 개의 귀걸이로 장식하고 상투를 정수리 위로 감아올려 탑의 모양은 화려한 면류관과 흡사하다. 위의 두 개 둥근 공 모양은 해와 달로 상징하는 우주를 나타낸 것이라고 해석해 본다. 무릎 꿇은 자세로 석탑을 응시하는 구도자를 발견한다. 살짝 감은 두 눈은 문수보살을 이미 뵈었다는 흡족함으로 보이기도 하고, 한없는 기다림에 지쳐버렸는지 피곤해 보이기도 한다.

다시 상원사로 올라가는 길, 아담한 모양의 석조 관대걸이가 잠시 걸음을 멈추게 한다. 세조가 종창이 생기는 괴질에 걸려 월정사에서 참배를 올린 뒤 상원사를 가던 중 이 계곡에서 좌우를 물리치고 혼자서 목욕을 하고 있는데 숲 사이로 동자승이 지나가자 세조는 그를 불러 자신의 몸을 씻게 하였다. 목욕을 마친 세조는 임금의 벌거벗은 모습을 보았다고 발설하지 말라고 일렀다. 그러자 동자승의 답변은 세조를 놀라게 하였다. "너는 문수보살을 친견했다는 말을 다른 사람에게 하지 말라." 그는 홀연히 사라졌고 세조의 피부병도 말끔히 사라졌다. 세조가 친견했다는 어린 문수보살상이 상원사에 모셔져 있다.

대부분 등산객들은 오대에 관하여는 관심이 없고 적멸보궁을 목표로 한다. 자장스님이 중국에서 가져온 부처님의 정골 사리가 모셔진 곳이다. 하지만 나는 적멸보궁의 내부보다 그 건너편 동대산의 펑퍼짐한 모습에 눈을 돌리게 된다. 문수보살은 왜 이런 곳에 계시는 것일까. 자칫 토라질 것 같은 설악산도 아니요, 한없는 무게감으로 다가오는 지리산도 아니다. 투박한 이 산에서 중생 곁에 있고 싶은 것이다.

산행을 마친 후 바우길 구간지기로 봉사하는 최종서 님을 만났다.

"이 동네는요. 산우에 보면요, 서울에서 큰 병에 걸려서 온 사람들이 많아요. 산우에요, 별장은 그 사람들 거래요. 회복하여 다시 서울로 돌아간 사람들도 많아요. 여기 산은요, 사람들 병을 고쳐준대요."

　세조의 사례에서 보듯이 지혜의 문수보살이 민간에서는 약사여래를 제치고 치유의 신이 된 듯한 말이다. 아무래도 둥실한 오대산의 영향일 것이다.

오봉산

五峯山　　　　　778m

별들이 아래로 비추니 산은 모양을 이룬다. 하늘에는 오성五星이 있고 땅에는 오행五行이 있다. 목木은 새싹이 올라 나뭇가지가 자라는 것과 같은 곧은 모양이고, 화火는 불타오르는 뾰족뾰족한 모양이다. 토土는 온후하고 진중한 네모 모양이고, 금金은 두루 견고한 둥근 모양이다. 수水는 흘러 움직이는 굴곡하는 형상이다. 그러므로 산의 모양이 굴곡하면서 흐르는 것은 수성水星이고, 둥근 것은 금성金星이고, 네모난 것은 토성土星이고, 날카로운 것은 화성火星이며, 곧게 솟은 것은 목성木星이다(최원석, 한길사, 『사람의 산 우리 산의 인문학』).

여기에 맞추어 보면 가야산은 화성이고, 용화산은 수성이고, 백두산은 목성이고, 한라산은 금성이고, 추월산은 토성이다.

용상 뒤편에서 임금님의 권위를 세워주고 있는 병풍 그림이 일월오봉도이다. 동일한 모양의 다섯 개의 봉우리는 눈을 감고 가슴으로 보면 밤하늘에 빛나는 화성, 수성, 목성, 금성, 토성처럼 보인다. 다섯 개의 봉우리에는 빨간 해가 있고, 하얀 달이 있고, 폭포수가 흐르고, 소나무가 고귀하게 가지를 늘어뜨린다. 이리하여 우주가 완성된다. 나랏일을 주관하시는 임금님은 항상 이런 산을 대하면서 이 땅의 모습이 다양하다는 것을 알고 나라의 온갖 어려움을 알아야 한다. 그런 마음으로 저 파란 하늘과 늘어선 산봉우리와 그 밑으로 흐르는 물 앞에 서야 비로소 진정한 왕王이 되는 것이다.

오봉산 다섯 개 봉우리는 하나하나 우뚝 솟은 목성이면서 날카로움도 있어 화성이기도 하고 연이어 흘러가는 전체적인 모습은 수성이다. 서쪽의 경운산慶雲山(794m) 능선은 부드럽게 달려 토성이고, 동쪽의 부용산芙蓉山(882m)은 풍성한 한 송이 꽃으로 금성이다. 따라서 날카로운 능선에 올라 명품 소나무를 전경으로 경운산과 부용산을 바라보는 것은 오감을 동원하는 맛이다. 변화무쌍한 풍광이 눈을 어지럽히고 바람 소리가 귓가를 간지럽히고 그 소리를 따라온 소나무 향이 코끝을 스치는 가운데, 저 앞의 잘 뻗은 허리를 손으로 더듬고 부용꽃잎 하나 떼어 입 속에 넣는다.

오봉산 두 곳의 들머리는 그 이름만큼이나 극단적이다. 하나는 능선에서 다짜고짜 시작하여 잠시 능선을 걷다가 계곡을 내려오는 것이고, 하나는 소양댐에서 배를 타는 일로 시작한다. 버스 산악회는 주로 전자를 이용하지만 요즘은 교통이 편리한 소양댐을 들머리로 하게 된다.

청평사는 경운산, 오봉산, 그리고 부용산이 부채꼴처럼 둘러싼 중앙에 위치하고 있다. 절 안으로 들어가는 회전문부터가 심상치 않다. 문을 들어갔다 나오기를 몇 번 반복해 보아도 회전문 같은 것은 없다. 회전문의 본래 뜻은 경전을 그 안에 두고 윤장대輪藏臺를 돌린다는 의미에서 비롯된 것으로 그 상징성만으로 보아야 한다. 마치 오봉산에 와서 이 땅의 모든 유형의 산을 섭렵한 것과 같다.

가장 먼저 이 산의 가치를 깨달은 사람은 당나라 공주이다. 공주를 사모한 목수가 상사병으로 죽은 후 뱀으로 환생하여 공주의 몸을 칭칭 감고 밤이나 낮이나 놓아주질 않았다. 공주는 결국 청평사에 와서 치유가 되는데, 공주굴 공주탕과 더불어 뱀의 원혼을 위로한 구성폭포 위의 공주탑(삼층석탑), 상사뱀이 윤회를 벗어난 곳인 회전문이 그 증거로 남아 있다.

고려 때 이자현李資玄(1061~1125)은 유복한 가문 출신으로 고위직에 올랐던 인물이다. 그러나 그것은 자신의 길이 아님을 알고, 오봉산에 들어와 평생을 수도생활로 일관하였다. 세상에 실망하여 산으로 들어온 최치원과는 다르다는 의미로 강호가도江湖歌道의 원류로 꼽힌다. 그가 만든 청평사 계곡의 영지影池는 인공 연못의 시조이다.

영지라는 이름에는 한 석공石工의 사랑과 예술이 담겨 있다. 멀리 부여에서 건너와 석가탑을 쌓고 있던 아사달에게는 고향에 두고 온 부인 아사녀가 있었다. 아사녀는 낭군이 보고 싶어 서라벌에 왔으나 탑의 축조에 전념하고 있던 남편을 만나지 못하고, 탑이 완성되면 연못에 비칠 것이라는 사람들의 말을 믿고 연못 주변에서 기다리다 빠져 죽었다. 모든 것이 완성된 후 달려온 아사달이 연못을 들여다보자 아사녀의 그림자가 거기 있었다.

오봉산은 공민왕 때 고승 나옹화상이 머물렀다. 조선 세조 때는 김시습이 청평사에 서향원瑞香院을 짓고 은둔하였고, 이곳을 지나던 많은 선비들이 오봉산을 들러 이자현의 뜻을 되새겼다.

조그만 봉우리들이 날카롭게 솟아 있는 산, 이것이 춘천 산의 특징이다. 특히 오봉산을 비롯하여 구봉산, 구절산, 팔봉산, 삼악산과 같이 숫자가 들어간 산은 예외가 없다. 밑에서 올려다보면 기암괴석이 하늘을 향하고 있고, 위에서 내려다보면 봉우리들이 평화롭게 흘러간다. 날카로움과 부드러움이 교차하는 산이다. 이것을 하나로 받아들였기에 이자현은 가문의 굴레에서 벗어나 자신만의 길을 끝까지 갈 수 있었고, 또한 있는 그대로 받아들였기에 신분의 굴레에 허덕이던 목수는 비로소 칭칭 감은 몸을 풀어 훨훨 하늘로 날아갔다.

산을 내려와 다시 배를 탄다. 그사이 따갑던 햇볕이 사그라지고 있었다. 소양댐은 짙푸르고 강변의 산들도 푸르름을 더하였다. 오른편부터 경운산, 배후령, 오봉산, 배치고개, 그리고 부용산이 무엇을 말하려는 듯 바짝 다가왔다. 뭐라고 대답해야 할까. 아, 그렇다. 이 산들은 청평사의 또 하나의 회전문이었다. 모든 것을 섭렵해야 비로소 장애를 모르는 그림자가 될 수 있다는.

용문산

龍門山　　　1,157m

　용문산 정상에는 군사 시설이 있어 출입을 통제하기 때문에 문례봉에서 능선을 타고 용문산 정상을 거쳐 건너편 백운봉으로 직접 건너갈 수 없다. 그래서 등산객들은 우선 용문사에 와서 오른편으로 문례봉을 오르거나, 왼편으로 장군봉을 거쳐 백운봉을 오르는 것으로 만족한다. 두 코스 모두 일곱 시간 넘게 걸리는 거리여서 당일 산행으로 두 곳을 이어서 종주하기는 어렵다.

　1980년대에 한 번 용문산을 다녀왔는데 어느 코스를 갔는지 잘 생각나지 않고 정상을 밟지 못했다는 아쉬움과 1,200년 수령의 아름드리 은행나무만 기억날 뿐이었다.

　그러던 어느 날 일본인 가수 텐도 요시미가 부르는 '진도 이야기'를 듣게 되었다. 진도 앞바다가 1년에 한 번씩 기적처럼 갈라져서 그 앞의 섬까지 길이 생긴다는 것을 가사로 한 노래였다. 느릿느릿 처절한 가락은 길을 이어준 바다의 신에게 감사하고, 남과 북에 떨어져 사랑하는 사람이 서로 만나지 못함을 안타까워하는 내용이었다.

　　바다가 갈라져요. 길이 생겨요. 섬과 섬이 이어지네요.
　　이쪽 진도에서 서쪽 모도리까지. 바다의 신이시여! 감사합니다.
　　영등사리의 소원은 단 하나, 뿔뿔이 헤어진 가족이 만나는 것.
　　네~ 저도 여기서 빌고 있어요. 당신과의 사랑이 다시 이루어지기를.

그 후부터는 용문산 지도를 보면 정상을 벗어난 코스들이 '진도 이야기'와 겹쳐져 가슴을 찡하게 내리찍었다. 등산로가 이어지지 못하는 정상 일대는 휴전선 비무장 지대처럼 보이고, 영락없는 우리 조국 분단의 상징이었다. 진도 앞바다도 1년에 한 번은 영등사리가 생겨 길이 나고, 아무리 심한 바람을 불어대는 영동할매도 굿을 하면 얌전히 길을 터주거늘 용문산의 현실은 답답할 뿐이었다.

그러던 중 2016년 이른 봄, 입구의 등산 안내 표지판을 보고 정상이 개방된 것을 알았다. 오른편의 장군봉으로 우회하지 않고도 직접 정상인 가섭봉으로 향하는 길이 빨간색으로 선명히 표시되어 있었다.

그러나 나의 정상에 대한 관심을 없애버린다면 놀라운 것은 안내판 그림의 단순함이었다. 산세는 엷은 파란색과 파란색 기운의 회색으로 명암을 내어 처리하고 그 위에 등산로 표시를 짙은 빨간색으로 일필휘지로 그어 나갔다. 붓글씨의 선은 일정한 굵기로 용문사에서 시작하여 용각바위를 거쳐 정상을 찍고 오른편 능선으로 장군봉, 함왕봉, 백운봉으로 이어지다가 세수골에서 뚝 떨어져 끝이 났다. 얼핏 안내판을 그린 사람의 지나친 독선이 느껴질 수 있었다. 자세히 보니 상원사로 건너가는 길이 엷은 노란색으로, 또 정상으로 가는 길옆에는 능선 길이 산세를 나타낸 색깔과 같은 파란색으로 살짝 표시되어 있었지만 별 의미가 없고, 누가 봐도 길은 오로지 하나였다. 더구나 주변 봉우리의 이름도 대부분 생략해버리고 중요한 봉우리만 몇 개 표시되어 있을 뿐이었다.

그것은 독선도 아니고 오만도 아니었다. 정상은 3년 전 군 당국의 양해를 받아 개방하였다고 하는데, 그 쟁취의 감격을 표현한 것이었다. 거미줄처럼 얽힌 여러 등산로가 아닌 단 하나의 등산로에서 오히려 획일화가 아닌 개성 존중과 다양함을 볼 수 있었다. 일치단결이 아닌, 나 혼자만의 안내판을 그려낼 수 있다는 것은 용기이고 자유이며 진정한 통일이었다.

한 발 한 발 급격한 경사를 올라 도달한 정상은 철조망으로 둘러쳐져 있어 고립된 섬이었다. 정상만 좁게 개방되었을 뿐 여전히 능선 길을 전부 터놓지는 않고 있었다. 철조망에는 산악회 시그널이 수북이 매달려 있는데, 단순히 자신들을 홍보하기 위한 것이 아니었다. 바람에 팔랑이는 오색 물결은 판문점 근처의 임진각 벽에 매달린 소원 깃발과 다르지 않았다. 하나하나 모여 집단을 이루고, 그것은 통일을 바라는 염원이었다.

숙연한 마음으로 깃발들을 보다가 산악회 시그널이 아닌 것을 하나 발견하였다. 하얀 손수건이었는데, 그 안의 까만 글씨가 재미있었다.

'SW. + DK. 하나 되게 하소서!'

아마도 젊은 남녀가 부모의 결혼 반대로 자신들의 뜻이 이루어지지 않는 것을 적어놓았으리라 상상하니 싱끗 웃음이 나왔다.

'나의 최초 먼 등산은 용문산이었다.'

손경석 선생은 『등산일기』에서 그렇게 쓰고 있다. 또 『속 회상의 산들』에서는 용문산 정상에서 백운봉으로 가는 능선을 적극 추천하고 있다. 용문산 정상이 용의 머리라면 삼각형으로 솟아 있는 백운봉은 꼬리에 해당될 것이다.

당시 북한산과 도봉산을 벗어나 큰 산은 용문산이었던 모양이다. 우리나라 최초의 히말라야 원정자인 박철암 선생도 1949년 봄 멤버들과 용문산을 등산하고 경희대산악부를 창설하였다.

등산을 마치고 돌아오는 길, 전철이 양수리 한강의 철길을 지날 때 용문산의 의미를 다시 돌이켜보았다.

용문산은 지금 흐르고 있는 강물에 그 어원을 두고 있다. 원래 '미르뫼'였다. 우리나라 말로 '미리' 또는 '미르'는 물이다. 물을 형상화한 것이 용이다. 굽이굽이 강을 흐르는 물은 그대로 용이 기어가는 모습이다. 폭포에서 떨어지면 '용추', 수증기가 되어 하늘로 올라가면 용천龍天, 하늘에서 흘러가는 은하수는 단순히 별이 아니라 '미리내' 즉 용천龍川이다. 어느 하나에 집착하지 않는 자유자재의 모습이 물이고 용이다. 용문龍門에 들어서는 자 순리에 따르는 삶을 살라는 교훈이 담겨 있다.

용문산은 북한강과 남한강을 가르고 있다. 여주에서 유유히 흘러오던 강물은 용문산에 막히어 그 앞으로 퇴적물을 쌓아놓아 여주 들판과 양평 들판을 만들어냈고, 물줄기는 용문산 서쪽 기슭을 깎아서 양평이라는 마을을 탄생시켰다. 산이란 우리를 가로막고 있는 장벽 같지만 알고 보면 우리들 삶의 터전을 제공해 주기 위한 없어서는 안 될 필수적인 요소이다. 양평과 여주 사람들의 터전은 모두 용문산 덕분이다.

그렇다 하더라도 어떠한 산이든 도도히 흐르는 물길을 영구히 가로막을 수는 없다. 용문산을 만나 주춤하다가 남북에서 비켜 흐르던 북한강과 남한강은 결국 두물머리에서 각각 '북'과 '남'이라는 머리글자를 떼어버리고 '한강'이라는 하나의 새로운 강물로 탄생한다.

용화산

龍華山　　878m

　　1886년 에드워드 윔퍼 일행에 의해 마터호른(4,478m)이 정복되면서 알프스의 미답봉은 없어졌다. 앨버트 프레드릭 머메리Albert frederick Mummery는 의지가 있는 곳에 길이 있다며 보다 변형된 루트를 찾아 나섰다. 이른바 머메리즘Mummerism이 탄생한다. 수단과 방법을 가리지 않고 정상에 집착하는 등반을 꼬집어 등정주의라 부르고, 결과보다 오르는 과정을 중시하는 사조를 우리는 등로주의라고 부른다.

　　용화산 정상을 가장 빨리 오르는 들머리는 큰고개이다. 춘천에서 승용차로 화천행 407번 도로를 타고 가다 부다리터널을 지나 우측 지방도로 들어서면 큰고개에 이른다. 거기서부터 용화산 정상은 600m에 불과하여 40분이면 다다를 수 있다. 이 길은 용화산 등산의 엑기스로 만장봉 코스에 이르면 새남바위와 촛대바위, 칼새봉과 입석대 등의 기암괴석을 조망할 수 있다. 더구나 바위에 뿌리를 박은 노송이 기품 있는 가지를 늘어뜨리고 있는 새남바위와 멀리 칠부능선쯤에 우뚝 솟은 득남바위(불알바위)의 형상을 보고 있노라면 이 코스를 오르는 사람들을 향해 당초 등정주의라 비판하려던 생각은 쏙 들어가게 된다.

　　불알바위는 득남바위를 장난기 섞어 부르는 이름이 아니다. 오히려 '불알'이 부르기 민망하여 점잖게 바꾼 이름이 득남바위이다. 불알은 태양의 알, 즉 신의 알, 더 나아가 생명을 잉태시키는 씨앗이다. 용화산은 그런 산이었다. 이 어마어마한 이름이 지금은 바위 하나에 남아 그 위대함을 전하고 있다.

용화산이라는 이름은 '미르뫼'가 그 원조이다. '미르', '미리'는 물이다. 또한 용이다. 미르뫼는 한자어로 용산龍山이 되고 불교의 색채를 입혀 미륵산이 된다. 한 발 더 나아가 미륵의 용화삼회법설龍華三會法設과 결부되어 용화산이 된다.

용화수龍華樹란 뽕나무과의 나무로 용화라고도 한다. 가지 끝마다 아름다운 열매를 매달고 있는 모습이 마치 용이 백 가지 보석을 뿜어내는 것과 흡사하다고 하여 멋진 이름을 얻었다. 석가모니 부처님이 입멸한 뒤로 56억 7천만 년일 때 다시 이 땅에 하생하여 용화수 아래에서 세 번에 걸쳐 법을 설하시어 석존의 설법 시에 누락된 중생들을 제도한다고 한다. 이렇게 미륵불이 이 세상에 내려와 중생을 구원해 주기를 바라는 내세신앙의 발로가 용화산이다.

용화산에서 변화무쌍한 용의 특성을 발견한다. 알려진 바로는 지네와 뱀이 싸우다 이긴 쪽이 하늘로 올라가 용이 되어서 그렇다는데, 지네는 용의 활약을 돋보이기 위한 조연에 불과하다. 지느러미를 꾸불텅꾸불텅하며 흘러가는 산등성이, 지네를 앞에 두고 온갖 무도 자세를 취하는 만장봉, 꼿꼿이 서서 하늘로 향하는 득남바위는 변화신의 용틀임이다.

만장봉의 새남바위는 너무도 거대하여 북한산 인수봉과 도봉산 선인봉을 연상케 한다. 산악인들이 암벽 등반을 위해 즐겨 찾는 이 바위로 말미암아 배후령 고개를 두고 반대편에 있는 오봉산이 잘게 울려대는 꽹과리라면 용화산은 크게 울리며 여운을 남기는 징이다.

굵은 음의 징소리를 듣기 위해서는 많은 시간의 준비가 필요하다. 용화산 들머리로 용화산 휴양림으로 가는 길의 하얀집에서 안부에 이르는 양통계곡을 권장한다.

들머리를 몰라 헤매다 양통계곡 길에 들어선 것은 행운이었다. 거기에 이르기 직전 산신제단을 발견한 것부터가 예사롭지 않았다. 마을 사람들이 용화산 자락에서 능이와 송이 수확을 끝내고 매년 음력 11월 3일 감사의 제사를 지내는 곳이었다. 남자의 성기를 연상시키는 바위를 눕혀놓고 그것을 제단으로 놋쇠 촛대에 초가 꽂혀 있는 것으로 보아 지금도 가끔 불을 밝히는 것을 알 수 있었다. 머리를 들어 산 위를 바라보니 거대한 득남바위가 확연하였다.

계곡 길은 사람들의 자연스런 발자국만으로 생긴 듯, 과거 내가 처음 산을 다니던 1970년대의 모습을 간직하고 있었다. 초입부터 불안정한 징검다리를 건너다가 발을 헛디뎌 신발을 적셔야 했다. 안내판이나 시그널 하나 찾아볼 수 없었다. 물을 건널 때마다 건너편의 길을 유심히 살펴야 했고, 무심코 들어선 폭포 앞에서는 다시 발길을 돌려 우회로를 찾아야 했다. 어두운 계곡에서 발자국이 희미해지는 것은 문제가 발생했다는 것이다. 주변의 지형을 살펴보고 길이 있을 것이라는 직감이 맞았을 때의 희열도 대단하였다. 본능만으로 생존의 길을 찾았던 까마득한 옛날로 내가 돌아온 것이다.

용화산은 대중교통을 이용하여 찾아가기는 힘들다. 자연휴양림이 생기고 산림청의 백명산에 선정된 이후 등산객이 많아지고 있다. 그 때문인지 양통계곡 초입에서 등산로를 개선하기 위한 공사 현장도 목격하였다. 등산로가 점점 편해지는 것은 등산객들의 발길을 감당해 내지 못하는 자연을 보호하기 위한 것이며, 결코 케케묵은 등정주의의 부활이 아니다.

성상으로 향하는 길은 다 나름의 의미가 있다. 큰고개 코스이든 양통계곡 코스이든 누구에게나 자신만의 길이 될 수 있다. 다만 요즘 백명산 붐이 불면서 사람들이 허겁지겁 많은 산을 오르는 것을 본다. 정상 표지판 앞에서 인증사진을 찍고, 그 숫자가 많아지는 것에 희열을 느끼는 것은 소유욕에 다름 아니다. 용화산은 소유가 아닌 존재를 일깨워주는 산이다. 묵묵히 어두운 양통계곡을 헤매며 걸어보는 일, 만장봉에 앉아서 하염없이 건너편의 굴곡 없는 능선을 바라보거나 고개를 아래로 돌려 지네와 뱀이 싸우는 것을 지켜보는 일, 이것이 바로 일반 등산객의 등로주의다.

雲門山　　　　　운문산　　　　1,195m

　미상의 작가가 그린 민화 '호작도虎鵲圖'를 보노라면 마음이 따뜻해지고 난데없는 해학이 떠오르고 무궁한 상상의 세계로 빨려 들어간다.
　소나무에 앉은 까치 한 마리가 꼬리를 감고 있는 호랑이에게 뭔가를 재잘거린다. 호랑이는 두 귀를 쫑긋 세우고 눈동자는 위로 향하여 까치의 존재를 의식하고 있다. 무슨 얘기를 들었는지 옥수수 같은 이빨을 드러내고 그 틈으로 빨간 혀를 내밀고 있는 것이 무섭기는커녕 장난기가 서린 표정이다.
　옛날에 운문산은 가지산의 한 봉우리로 존재했던 것 같다. 560년(진흥왕 21년) 까치의 이름을 가진 작갑사鵲岬寺(鵲/까치)가 운문산의 한 줄기가 끝나는 곳에 창건된다. 운문산에서 가지산으로 이어진 연봉들은 운문사를 감싸고 있는 형국이다. 작갑사의 위치로 미루어 당시 가지산은 현재의 운문산까지를 아우른 것으로 보인다.
　그러나 이를 받아들이지 못하는 한 나무꾼이 있었다. 운문산 정상에 오르는 동안 바위가 험난했고, 바위 뒤에서 무서운 범이 자신을 덮칠까 걱정도 한 참이었다. 그렇게 올라 운문산 정상에 서서 바라보는 가지산은 아랫재에서 점점이 올라가다가 정상에 이르러 봉우리를 봉긋 세운 모습이 마치 이름 그대로 한 마리의 까치였다.
　그때 나무꾼이 생각한 것은 어느 이름 없는 화가가 그린 호작도였다. 까치 한 마리가 이쪽을 향하여 재잘대고 있으니 이 육중한 운문산은 한 마리 호랑이여야 하였다. 그가 그림에서 본 호랑이처럼 입을 헤 벌리고 가지산을 향하여 소리쳤다.

"너는 까치, 나는 호랑이."

호랑이산은 점잖게 호거산虎踞山이라는 이름으로 정착한다.

우리는 호랑이를 산신으로 여겨 산신령 또는 산왕대신山王大神으로 부른다. 그리하여 사찰 산신각에 부처님과 나란히 모셔져 있다. 호랑이는 산이며 우리의 삶을 주관하므로 받들어 모셔야 하는 신이다. 그러나 현실적으로는 속수무책으로 화를 당하는 것이 문제이다. 호거산 일대에는 범이 새끼를 키우기에 안성맞춤인 바위굴이 많다. 함화산 범굴, 팔풍재 범굴, 얼음골 범굴, 정구지 범굴, 대비골 범굴, 군함바위 범굴 등 참으로 대비책이 막막하다.

당나라에서 유학하고 돌아온 보양寶壤은 호환虎患을 다스릴 궁리를 했다. 폐허가 된 작갑사 터에 사찰을 중창한다. 그리고 호랑이와 대적하여 민간을 보호하기 위해서 모든 건물이 산을 바라보도록 한다. 이는 도선의 비보 신앙을 따른 것이기도 하다. 후에 서울 시흥동의 호암산에 호압사虎壓寺를 세워 그 꼬리를 누르고, 김해 임호산에는 아가리에 흥부암興府庵을 세워 방비한 것과 동일하다.

더욱 중요한 것은 그 많은 범굴을 원천봉쇄하는 것이다. 호랑이가 드나드는 굴문은 구름문(雲門)으로 바꾸어 하늘로 날려버린다. 고려 건국 초인 937년 완성된 사찰 이름은 운문사雲門寺, 산 이름도 운문산으로 바꾼다.

운문산 들머리는 북면 천문지골의 운문사와 남면의 상운암 계곡의 석골사이다.

석골폭포 물소리가 우렁차다. 계곡은 깊고 상운암으로 오르는 길은 적막하기 그지없다. 2016년 늦가을, 2박 3일 영남알프스 종주를 위해 찾아갔을 때는 만추의 빨강 단풍이 하단의 노랑 단풍과 어울리며 신비한 빛을 발하고 있었다. 터널 같은 길을 빠져나가 도착한 허름한 상운암은 한없이 평화로웠다. 마침 하얀 구름이 몰려들어 암자의 정원을 감쌌다. 나는 푹신한 침대 위를 걷듯 둥실둥실 거닐었다.

상운암을 뒤로하고 구름 속을 빠져나오자 호랑이 머리 같은 둥근 정상이 나타났다. 정상석에는 운문산이라는 글자 옆에 나무꾼이 외쳤던 호랑이산을 대변하는 호거산 이름이 아직도 남아 있었다.

남쪽으로 보는 경치는 일망무제였다. 좌측으로 능선이 점점이 올라가며 가지산이 우뚝 솟아 있고, 그 너머의 능선은 천황산과 재약산이, 또 그 너머의 능선에는 신불산과 영축산이 이어져 있었다. 태극선을 그린 영남 알프스 종주 능선 길도 한눈에 보였다.

창문에 습기가 서린 것처럼 흐릿한 산
마음의 문을 열면 단번에 들어오는 산

아랫재로 내려오며 뒤돌아보자 정상 부분의 거대한 바위 봉우리가 구름을 뚫고 모습을 드러냈다. 운문산을 떠돌던 호랑이 넋이 바위가 되어 사라지지 않을 영원한 육체를 얻었다. 호랑이가 문을 열고 육중한 머리를 내밀고 있었다.

아랫재에서 배낭을 벗어놓고 환경감시초소에 기대어 휴식을 취하는데, 내 앞으로 까치 한 마리가 날아와 톡톡 튀어 다니더니 푸드득 가지산 쏙으로 날아갔다.

운악산

雲岳山　　935m

　무릇 움직이지 않는 정靜은 움직이는 동動을 만나야 이치가 통한다. 기암괴석이 백낙장송과 어울려 엷은 구름 속에서 보일 듯 안 보일 듯할 때 비로소 생명을 얻고 새롭게 탄생한다. 소나무가 바람을 만나서 씨앗을 널리 퍼트리듯이, 바위는 구름이 유유히 다가와 감싸주어야 그 신출귀몰한 신통력이 발휘된다.

　달逢로 표기되는 '산'의 옛말은 돌과 무관하지 않다. 돌 더 나아가 바위는 절대 불변하는 영원한 것으로 우리의 믿음이고 신앙이다. 아무런 말도 없이 늘 그 자리에서 우리를 지켜주고 있다. 그런 점에서 바위산인 운악산만큼 좋은 기도 장소는 없을 것이다.

　신라 법흥왕(재위 514~540)은 포교를 위해 찾아온 인도의 마라하미摩羅訶彌 스님을 위해 산 중턱에 절을 짓게 했다고 한다. 이 절은 우여곡절을 겪다가 폐허가 되었는데 고려시대 보조국사普照國師 지눌이 망일산 원통암에서 운악산 쪽을 바라보는데 사흘 밤 불빛이 비치는 것을 보고 찾아가 재건하였으니, 등불이 걸렸다 하여 현등사懸燈寺로 이름 지었다고 전한다. 또한 1411년 함허대사涵虛大師는 삼각산에서 오신산五神山으로 가는 중에 길을 잃었는데 흰 사슴 한 마리가 앞서가는 것을 보고 쫓아갔더니 옛 절터가 있었다. 저녁 때마다 여인의 웃음소리가 들리는데 밤 기도 중에 산신령이 나타나 "경내에 물 흐르는 소리가 나면 웃음소리가 사라질 것이다"는 말을 듣고 절을 중수할 때 수각水閣을 지었다.

우리나라 사찰은 대부분 산악숭배사상으로 구현되는 토속신앙의 기도처를 접수한 것이다. 현등사는 운악산 바위를 향하여 물을 떠놓고 기도드리던 장소였다. 절이 없어지면 그 자리에서 예전처럼 촛불을 켜놓고 기도를 드렸다. 보조국사가 폐허를 찾아갔을 때는 주춧돌만 남은 절터의 석등에 무속인이 촛불을 밝혔던 것이다. 또 함허대사가 들었다는 여인의 웃음소리는 무속인의 경건한 기도소리의 의도적 왜곡이었다. 그리고 절이 자꾸만 폐사廢寺되는 이유를 물 부족으로 보았다. 함허대사는 무속인의 기도터를 접수할 명분으로 그들이 신봉하는 산신령을 끌어들여 해결하고, 수각을 세워 물이 끊기지 않도록 했다.

우리나라 사찰이 산에 있게 된 연유는 자장慈藏(590~658)의 불국토사상과 관련이 있다. 초기 포교 단계에서 외래 종교인 불교는 심한 배척을 받았다. 여러 가지 원인이 있지만 토속의 산악숭배신앙이 강한 것이 주요인이었다. 당면한 과제는 외래 종교가 아니라 우리의 고유신앙과 밀접한 관련이 있다는 신념의 제시였다. 명산의 봉우리마다 불보살佛菩薩의 명호名號를 붙이고, 무속인의 기도대상인 바위 속에는 부처님이 계시다는 암시로 마애불을 조각하였으며, 사찰에는 산신각山神閣 또는 삼신각三神閣을 지어 산신령을 부처님과 나반존자와 같은 반열로 올렸으며, 'OO산 OOO사' 하며 명산마다 사찰이 들어선 것은 산악숭배가 불교적인 모습으로 탈바꿈한 현상이다.

포천 47번 도로에서 동쪽으로 바라보는 운악산의 위압감은 이루 말할 수 없다. 거대한 장벽이 국도를 따라 늘어서 있는 것 같다. 또한 거의 직벽이어서 등산로가 제대로 정비되지 않은 옛날에는 오르기 힘든 길이었을 텐데, 절고개라는 이름에서 바위산에 대한 믿음이 얼마나 강렬했는지 생각하게 한다.

봉우리 사이에 앉아 있노라니 흰 구름이 산을 덮고
깊은 계곡 꾀꼬리 우는 소리에 봄이 오는 줄도 모르는구나
바위 앞에 꽃비만 어지럽게 떨어져
꿈에서 깨어보니 옛사람이 되어 있구나

현등사 극락전 기둥에 쓰인 글귀이다. 현등사에서는 극락전에서 그 지붕 위로 바라보는 운악산이 일품이다. 극락은 구름과 바위로 상징되는 운악산의 풍경이다.

'운악산 현등사'

일주문에 쓰인 현판이다. 다른 사찰과 달리 한글의 두 줄 세로 글이다. 세로 글은 운악산의 높은 기상을 연상시킨다. 정감 넘치는 한글은 무속인의 산을 부처님의 도량인 현등사의 소속임을 천명하는 말이기도 하고 부처님은 당초 이 산에 계셨다는 뜻으로 들린다.

어느덧 운악산의 수많은 바위에는 멀리 인도에서 코끼리가 찾아와 우리를 지켜보고 있고 미륵불이 정좌해 있다. 안개가 많은 인도의 평원에 익숙한 코끼리가 험난한 산속에 와서 아침 안개 속에서 자신을 드러내고 있다. 코를 길게 늘이며 코끼리는 말한다.

'네가 어디에 있든 항상 거기에 있을 것이다.'

미륵바위는 불쑥 솟아서 구름을 뚫고 있다. 위의 연화세계와 아래의 사바세계를 연결해 주기 위해서 미륵은 구름을 넘나들고 있는 것이다. 구름은 두 세계를 통하게 해주는 문이다. 눈썹바위 또한 부처님과 무관해 보이지 않는다. 지그시 감은 눈이 나를 내려다보고 있다.

그 밖의 많은 바위들이 구름옷을 입고 자유자재로 변신하며 신비감을 자아내고 있다. 그 근원은 무엇일까? 적어도 운악산에서만큼은 무우舞

專폭포일 것이다. 춤추는 제단. 폭포 앞에서 무당이 춤을 추고 폭포의 물줄기가 그 춤사위에 흥겨워하며 꿈틀거린다. 춤추는 무우폭포의 한 가닥 소맷자락이 현등사 부처님의 은총을 듬뿍 받고 올라와서 만경대 바위들을 포근히 감싸고 있다.

운장산

雲長山　　　　1,126m

　진안읍 가막리에 있는 죽도는 남쪽 장수 방면에서 흘러오는 금강과 동쪽 덕유산에서 발원한 대양천이 만나 휘감고 돌아 만들어진 육지 속 섬으로, 운장산 봉우리에 서면 동남쪽으로 눈에 보일 정도로 가깝다. 거기서 정여립鄭汝立은 "천하에 어찌 일정한 주인이 따로 있는가"라는 기치를 내걸고 대동계大同契를 조직하였다.

　기축년己丑年인 1589년(선조 22) 정여립이 반란을 꾀한다는 고변告變에서 시작해 그 뒤 1591년까지 연루된 천여 명이 희생된 사건이 기축옥사己丑獄事이다. 정여립이 실제로 모반했다는 확실한 물증은 없다. 이 사건을 기획하고 조종한 송익필宋翼弼이란 인물이 있다. 정권이 바뀌고, 동인으로부터 기축옥사의 핵심인물로 주목받자 은신처를 찾아 피해 다녔다. 그 은신처가 한때 운장산이었다. 당시의 운장산雲藏山은 그의 자字를 따라 운장산雲長山으로 바뀐다.

　당초 이름은 주줄산珠崒山이었다. '구슬 주'에 '산 높은 줄' 자이니 구슬처럼 봉우리가 이어진 산이라는 뜻으로 우리말로 읽어도 뜻은 같다. 정상의 서봉(칠성대, 1,122m), 주봉(운장대, 1,126m), 동봉(삼장봉, 1,133m)이 모두 그만한 크기이고 둥글둥글한 봉우리가 줄줄이 이어져 있으니 영락없이 구슬을 꿰어놓은 모습이다.

　진안의 향토 사학자 최규영 님은 송익필의 자와 운장산은 우연의 일치일 뿐 그가 이곳에 왔다는 근거는 없다고 일축한다. 그가 은신했다고 알려진 오성대는 옛 무속신앙의 기도터로 사람이 살 만한 곳도 아니며, 운장산雲藏山이든 운장산雲長山이든 문자 그대로 구름이 많은 산이라는 것이다. 운장산 북쪽 사면이 인삼과 버섯 명산지인 것도 이런 특성을 지닌 덕분이라고 덧붙인다.

그 말에 전적으로 동감할 만한 사진을 『한국100명산』(사람과 산 발행) 등산지도집에서 발견했다. 운장산 정상에서 포착한 브로이켄 현상이다. 브로이켄 현상은 비가 온 다음 날 아침 가스 구름이 채 가시지 않은 상태에서 태양이 떠오를 때 생기는 둥그런 무지개다. 신기한 것은 자신의 그림자가 동그란 무지개 중간에 박힌다는 것이다. 자신의 등으로 통과한 빛이 바로 그 브로이켄으로, 자신이 보고 있는 영상은 다른 누구도 볼 수 없다. 태양은 영사기이고 이것을 보는 자신은 주인공이고 가스 구름은 스크린이다. 이 중 구름이 길게 늘어져 있어야 하는 스크린이 중요하니 그게 바로 운장雲長이라는 장막이다.

등산로 초입에서 명산의 입구를 알려주는 푯말을 찾기가 힘들다. 내처 사동 주차장으로 들어가는 길에 기품 있게 가지를 늘어뜨린 소나무 한 그루가 서 있건만 이를 내세우는 안내 표지석보다는 커다란 펜션 안내판이 그 앞을 막아서고 있다. 시멘트 길을 벗어나 개울을 건너자, 독자동 계곡은 햇빛이 들지 않아 어둡고 으스스할 정도이다. 이끼가 잔뜩 낀 바위 길을 벗어나자 길은 흙길로 바뀌고 산죽들이 장벽을 이룬다.

원추리가 핀 정상 일대는 평화롭기 그지없다. '운자앙산' 하고 둔중한 발음이 입 밖으로 나온다. 평온한 산세와 산 이름이 그렇게 궁합이 맞을 수 없다.

구름은 아침 일찍 올라오지 못한 나를 탓하는 듯 저 멀리서 뱅뱅 돌 뿐 브로이켄 현상을 볼려면 아직 멀었다고 놀리고 있다. 우리나라 산에서 한

번도 보지 못한 광경을 언제나 보게 될는지….

　동봉에서 곰직이산으로 향한다. 이곳 사람들은 산죽山竹을 아름답게 본 모양이다. 가지런하고 얇은 대나무 줄기는 바구니나 조리 등에 필수적 재료이니, 산죽을 자르면서 "너 참 고맙다. 참으로 곱다"를 연발했을 것이다. 곰직이 전설이 있는 천안시 풍세면 미죽리美竹里는 대나무가 곱게 자라던 마을이듯이 곰직이는 고운 죽竹을 뜻한다.

　복두봉을 지나고 나타나는 구봉산九峰山(1,002m) 산세는 운장산과는 완전 딴판이다. 구봉산은 너무도 역력한 아홉 개 봉우리를 말하는 것으로 송익필의 호 '구봉龜峰'과는 무관하다. 하늘로 향하여 층층이 솟은 아홉 개 암봉들은 살기가 느껴질 정도여서, 왜 이 산이 운장산의 한 봉우리로 존재하지 않고 별도의 이름을 유지하고 있는지 알 수 있게 해준다. 대비되는 산세가 정여립과 송익필 관계처럼 극단적이다. 사람들은 구봉산을 더 선호하는 모양이다. 운장산 입구의 초라함과는 다르게 구봉산 등산로 초입의 넓은 주차장에는 대형 버스가 즐비하다. 차에서 내린 등산객들은 앞다투어 뾰족이 솟아 있는 봉우리들을 바라보며 손가락 아홉 개를 꼽고 봉우리 사이의 구름다리에 환호를 지른다.

　아직도 운장산 동쪽의 정천면 인구는 1,000명 수준이며 진안군 전체를 통틀어도 2만 6천여 명에 불과하다. 무주·진안·장수는 인구가 적어서 예부터 하나의 선거구로 묶였으며, 이를 무진장으로 불러 그 이름이 산간오지를 나타내는 보통명사가 된 지 오래다. 바로 이런 곳이 휴가철이면 사람들이 몰려오고, 죽도는 음식점이 즐비하다. 깊은 계곡이라 햇빛을 반나절밖에 볼 수 없다는 운일암반일암雲日巖半日巖은 여름이면 인산암인해 암人山巖人海巖으로 변한다.

月岳山　　**월악산**　　1,095m

　산의 옛말은 '달' 또는 '돌'이다. 대개 한자로는 달達로 쓴다. 대구분지 달구벌은 '산의 벌'이고 주왕산의 달구약수는 '산의 약수'이다. 이 '돌'에 악산岳山을 붙여서 돌악산이 되고 도락산道樂山이 된다. 더 나아가 도봉산道峯山이란 이름을 얻고 '달'은 월月이니 월악산, 월출산이 되어 떠오른다. 아마도 도락산과 월악산은 한 몸이었지 싶다. 그리고 악岳도 산이니 '산·산·산'이 되는 셈이다.

　월악산은 충주호를 접하고 있는 보덕암에서 시작하여 하봉·중봉·영봉을 거쳐 만수봉 암릉으로 연결되는 만수봉·포암산·북바위산을 한 덩어리로 본다면 3일 정도는 걸려야 다 돌 수 있을 정도니 큰 산이요, 신령스러운 영봉을 불끈 세우고 있으니 산 중의 산이다. 그러므로 '산'을 세 개씩이나 가지고 있어도 전혀 이상할 것이 없다.

　그중에서 용하계곡과 송계계곡은 어느 하나 놓치기 아까운 분위기를 가지고 있다. 대미산(1,115m)으로 이어지는 용하계곡은 고즈넉하여 국립공원 측에서 세워놓은 출입금지 표지판이 원망스러울 정도이다. 발길을 돌려 신륵사에서 올려다보는 만수봉 암릉은 용의 등처럼 보이고 북으로 능선 위에 빼꼼히 솟은 영봉은 형兄의 모양을 하고 있다. 월악산의 옛 이름 월형산月兄山의 의미를 충분히 이해하게 되는 지점이다. 송계계곡에서 중봉과 만수봉 암릉까지 이어지는 능선 전체와 함께 영봉을 보게 되면 그 실루엣은 늘씬한 여인의 모습으로 바뀐다. 중봉이 머리이고 영봉은 가슴이며 그 아래 굴곡진 하체가 충주호를 하늘로 하여 만수봉을 딛고 서 있다.

매번 나의 월악산 산행은 덕주골로 시작한다. 동문과 이어지는 덕주산성은 시기를 달리하여 네 차례에 걸쳐 축성된 4중 성벽이다. 월악산의 크기와 위용이 천혜의 요새로 작용했던 것이다. 일찍이 마의태자와 덕주공주가 이곳을 찾았고, 몽고군을 물리친 곳이다. 명성황후는 만일의 사태에 대비해 지금의 송계초등학교 자리에 별궁을 짓기도 하였다.

덕주사 당우 축대 밑에 있는 세 개의 남근석은 월악산이 여인의 산임을 생각하면 그 이유를 알 수 있다. 여인의 음기가 너무 세서 이를 상쇄시키기 위한 것이다. 50분 정도 더 올라가니 상덕주사의 거대한 마애불이 길을 가로막는다. 여기에는 덕주공주의 이야기가 서려 있다. 아버지 경순왕이 고려에 투항하자 하늘재를 넘어온 신라 비운의 왕자 마의태자는 재건의 꿈을 안고 북으로 올라가고, 여기까지 동행한 덕주공주는 이곳에 남는다.

멀리 남쪽 미륵리에서 또 하나의 미륵불이 이곳을 바라보고 있다. 고려가 창건된 후에 이 지역의 토후 세력이 왕건을 위해 세웠을 것이라고 하는데, 마의태자가 상덕주사 마애불과 짝을 이루기 위해 세웠다는 설도 수그러들지 않는다.

김장호 님은 『한국백명산기』에서 덕주공주 이야기는 역사를 뒤져도 밝혀지지 않으며, 순전히 그 이름 때문에 생긴 오해라고 한다. 덕주골의 이름 '덕'은 본디 만주말에서 온 '크다'는 뜻이요, '주周'는 두루 → 돌 의 뜻으로 환원되어 '달기達己'·'달구達句'와 한가지로 '산'에 대응되므로 '덕주'란 한자와는 관계없이 '큰 돌', 즉 '큰 산'이라고 한다.

참으로 맞는 말이다. 덕은 고유의 우리말이다. 덕유산의 유裕는 고유의 우리말 '덕'의 한자어 풀이이다. 단순히 크다가 아니라 '넉넉하다', '너그럽다', '관대하다', '느긋하다'는 의미가 있다. 덕다(굳은살이 박이다), 덕석(두툼한 짚방석), 덕지(딱지), 덕지다(더께지다), 둔덕 등의 단어들이 이의 증거이다.

하지만 마의태자를 따라온 많은 일행 중에 덕주공주가 없었다고 단정할 수 없다. 미륵리 미륵불은 마의태자도 아니요, 지역 토후도 아닌, 덕주공주가 마의태자의 성공을 기원하며 세우지 않았을까 생각해 본다. 공주는 8년간 이곳에 머물며 마애불을 조성했다고 전해지고 있다.

그때의 덕주공주 심정을 헤아려본다.

"신라의 옛 땅을 벗어나려는데 커다란 주흘산이 가로막고, 이를 우회하자 거대한 울타리 같은 하늘재가 버티고 있었지. 천신만고 끝에 하늘재에 오르자 형묘 자 모양의 바위산이 우리들 앞에 나타났다. 기가 막힌 봉우리이다. 달리 표현할 말이 없는 우뚝 영봉을 세우고 있는 산. 산이고, 산이고, 또 산이다. 산산산. 산 중의 산이고, 희망을 품은 산이며, 모든 산 중 진정한 산이다. 이보다 오빠를 위해 기도드리기 좋은 곳은 없다. 나는 이제 여기 미륵리에 남아 영봉을 향하여 성심을 다해 기도를 드리겠다."

상덕주사에서 능선에 올라 바라본 영봉과 중봉의 모습이 머리에서 떠나지 않는다. 영봉과 그 오른쪽으로 그 뒤편의 중봉이 나란히 나타났다. 영봉은 크고 두툼하고 중봉은 그보다 작고 날렵한 삼각형이었다. 마의태자와 덕주공주의 이야기에 흠뻑 빠져서인지 영락없는 오누이였다.

월출산

月出山　　811m

하늘에서 천 개의 별들이
전라도 땅 신령스러운
구름산에 내려와 돌이 되었다.
어느덧 돌들은 고운 달로 변하고
하늘로 올라간 달은
천 개의 돌에 자신을 새겨 넣었다.

월출산은 선달(샌달)산의 또 다른 이름이다. 구림鳩林마을 사람들은 매일 밤 월출(샌달)을 보았고, 아침에는 구름 속에 솟은 영험한 바위를 보았다. 구림마을은 부족국가의 도읍지였을 것이다. 일본 고대문화의 시조 왕인 박사와 풍수도참설의 시조 도선이 태어났다.

도선이 창건한 도갑사 대웅전에는 '관음32응신도觀音三十二應身圖'가 있다. 월출산 바위산 앞에 달덩이 같은 얼굴을 한 관세음보살이 좌정하고 그 머리 뒤로 둥근 녹색 달이 떠오르고 있으며, 험난한 바위 계곡마다 어렵게 살아가는 마을 사람들을 비추는 빛이 화사하다. 화가는 당신이 평생 찾아 헤매던 이상향은 바로 월출산에 있다고 항변하고 있다.

월출산의 바위들은 조화를 부려서 여러 모양으로 현신한다. 주릉의 등산로에 불끈 솟아 있는 남근석이 있는가 하면, 여성의 상징인 금수굴이 짝을 이루고 있다. 구정봉 북쪽 지릉과 큰골을 둘러싸고 여기저기 흩어져 있는 바위들은 손오공이 마술을 부려 자신의 분신을 뿌려놓은 것이고, 향로봉에서 본 동남 지릉의 바위들은 공룡 등에 돋아난 등뼈이다. 무엇보다 해 질 무렵 천황봉의 위용은 대단하다. 주위의 봉우리들이 그늘이 되어 검게 감싸는 가운데 수직으로 솟은 봉우리가 은빛을 띠고 서 있다. 이때 향로봉에서 새 생명이 태어나듯 하얀 달이 떠오른다.

미왕재에서 보는 바위들은 곱기만 하다. 바람이 불어 하늘거리는 억새밭이 평화로움을 연출한다. 그 위에서 떠오르는 천 개의 바위들은 천 개의 별이다. 저마다 아름다움을 뽐내며 반짝인다.

미왕재란 이름에서 월출산이 고운 돌로 불렸음을 알 수 있다. 산의 옛말은 돌이다. '돌'은 달月이 되어 산 위로 떠올라 '고운 돌'이 되어 다시 미암美岩마을로 내려오고, 산 중턱의 가장 아름다운 바위에 미왕美王이란 이름을 남겼다.

미암마을과 달리 구림마을 사람들은 월출산을 구름산으로 보았다. 경기도 광명시에 있는 구름산, 황해도 연안군의 구림산과 그 기슭에 구림마을이 있다. 전국의 구름산은 대부분 운악산, 백운산 등이 되지만 월출산은 워낙 돌이 많아서 일찌감치 스스로의 이름을 포기할 수밖에 없었다.

도선은 구름산 밑에서 태어나 구름 위에 솟은 바위들을 쳐다보며 어린 시절을 보냈다. 구정봉九井峯에 올라 아홉 개 바위 구멍을 내려다보고 천황봉을 바라보며 상상의 세계로 빠져들었을 것이다. 15세에 출가하여 깨달음을 얻은 후, 월출산을 뒤로하고 천리길 여정에 올랐다. 운봉산雲峯山에 굴을 파고 수도를 하였으며, 태백산에 움막을 치고 여름을 보내기도 하였다. 삼각산의 도선사를 창건하고, 운악산 현등사를 중창했다.

"사람이 병이 들면 곧 혈맥을 찾아 침을 놓거나 뜸을 뜨면 병이 낫는다. 산천의 병도 역시 그러하다. 이제 내가 지적한 곳에 불상을 세우고 부도를 세우는 일도 이와 같다."

이러한 그의 비보裨補사상은 바로 월출산의 구현이다.

그가 창건한 화순 운주사의 불사佛事는 낮은 산자락을 구름이 사는 신비한 골짜기로 만든 최고의 설치예술이다. 천 명의 부처님과 천 개의 탑은 월출산의 그 많은 바위이다. 그의 자연을 대하는 마음에는 구름이 걸린 월출산이 있고 월출산 바위들은 그가 섬기는 절대자의 모습이다.

그는 주술적인 언어를 사용하여 신비한 사람으로 남아 있다. 남해 금산의 도선바위, 구례 사성암 도선굴의 바위는 그가 아직도 살아 있다는 증거이다.

"이 바위가 희면 내가 살아 있는 줄 알고, 검어지면 죽은 줄 알라."

영암의 정기를 받고 태어나서 바위산을 매일 바라보고 자란 사람다운 마지막 말이다.

천황봉은 나라에서 하늘에 제사를 지냈던 소사터(小祀址)였다. 소사는 말에게 해를 끼치는 귀신 마보馬步, 말 타는 재주를 처음 시작한 마사馬社, 말을 수호하는 별 마조馬祖, 말을 처음 기른 선목先牧에게 지내는 제사를 포함한다. 말이 우리나라에 전래된 것은 청동기시대로 유추하지만, 전투용으로 사육한 것은 그리 오랜 옛날이 아닐 것이다. 아마도 중국에서 배를 타고 건너와 이곳에서 적응기를 보냈을 것이다. 토기나 철을 생산하면 그 첫 작품으로 말 모형을 만들어 제물로 바쳤다. 최근 천황봉에서 말 모형의 철제와 토기가 발굴되었다.

구정봉에서 바라보는 천황봉은 거대한 봉우리가 창의 끝처럼 서 있다. 발길을 돌려 마애여래좌상으로 향한다. 계곡 건너편 삼층석탑에서 바라보면 석양에 곱게 물든 부처님이 지그시 눈을 감고 앉아 계신다. 월출산, 그 많은 바위의 집약이며 종결점이다.

유명산

有名山　　　　　864m

유명산은 그 주변에서 크게 눈에 띄는 산이 아니다. 대부산, 어비산, 소구니산, 중미산 등 비슷한 높이의 산들에 묻혀서 존재 자체를 알기 어렵고 가까이 가서도 정상은 보이지 않는다. 실제로 주변 사람들도 별 관심이 없었던 곳이었는지 명산이라면 당연히 있어야 할 사찰 하나 없다.

다만 양평 쪽, 지금의 한화리조트 뒤편에서 정상 부근의 패러글라이딩 활공장이 보일 뿐이다. 활공장 일대는 억새밭으로 숲이 없어 탁 트여 있다. 옛날에 말들을 사육하던 곳이었다. 동네 사람에 의하면 고려 말 원나라가 말의 조공을 요구하자 그때부터 말 사육장으로 쓰였다는 것이다. 양평군 옥천면 신복리에서 보는 그 일대는 눈에 확 들어와서 말들이 놀고 있다면 그 모습이 생생히 그려질 정도이다. 그때까지 이름이 없었을 무명산은 마유산馬遊山이라는 이름을 얻게 되었다. 그러나 세월이 흘러서 말들이 노닐던 곳이라는 기억은 사라지고 다시 잊힌 산이 되었다.

1973년 3월, 그곳을 지나가던 네 명의 일행이 있었다. 그들은 국립건설연구소 간행 5만 분의 1 지도를 들고 가평 설악면에서 벽계천을 따라 올라갔다. 개천은 점점 좁아지고 계곡이 가로막고 나서는데 그 안으로 발을 들여놓는 순간 일행은 너 나 할 것 없이 입을 쩍 벌리고 말았다. 가파른 벼랑과 힘차게 떨어지는 폭포들, 곳곳에 여울지며 만들어놓은 용추龍湫를 만나리라고는 상상도 못 했던 일이었다. 설악산 울산바위가 저 남쪽 경상도에서 이주해 옴에 따라 거기서 밀린 계곡 하나가 아무도 넘보지 못할 이곳을 찾은 것이 틀림없었다. 난데없이 '설악'이라는 동네 이름에 의아해 했는데 다 그런 연유가 있었던 것이다. 그들은 지도를 펼쳐보았다. 경도 127.5도, 위도 37도 34분, 그러나 산 이름은 없었다. 어찌된 일인가? 산을 내려와서 마을 어른들에게 물었으나 그저 앞산이나 뒷산이라고 대답할 뿐 아는 사람이 없었다.

그들은 엠포르 산악회 회원들로 국토중앙자오선 종주 중이었다. 우리나라 국토의 중앙에 해당하는 동경 127.5도 따라서 남쪽의 순천에서 대전을 거쳐 가평까지 일직선으로 걷는 것이 계획이었다. 통일 후에는 함흥을 통과하고 우리나라 북단 후주고읍厚州古邑까지의 계획도 이미 세워놓고 있었다. 이들의 종주기는 당시 일간스포츠에 매주 연재되었는데 이때 이름을 알 수 없었던 이 산은 홍일점 대원이던 진유명晉有明(당시 27세) 님의 이름을 따서 '유명산'이라는 이름으로 재탄생하게 되었다.

일반인들이 등산에 관심을 갖기 시작한 시기는 1978년부터이고 올림픽이 있던 1988년에 또다시 급격히 불어나게 된다. 사람들은 유명산이란 산뜻한 이름에 반하여 즐겨 찾는 곳이 되었다.

유명산은 어감만큼이나 단순하다. 하나의 계곡과 하나의 능선 길로 이루어져 있다. 계곡은 유명계곡으로 박쥐소, 용소, 마당소 등 이어지는 소沼마다 검푸른 물빛이 일렁인다. 능선에 올라서면 시골 마을 길의 한적한 분위기로 바뀐다.

정상의 느릿한 황톳길에서 남쪽으로 눈을 돌리니 용문산 장벽이 시야를 막고 있다. 두툼한 가섭봉 일대와 그 오른쪽으로 이어지는 능선의 끝에서 백운봉이 히말라야 푸모리 봉인 듯 대담하게 서 있고, 또 그 왼쪽으로 삿갓봉이 살짝 세운 콧등인 듯 산세를 마무리하고 있다. 용문산으로 건너가고 싶은 마음이 들면 배너미고개로 들어서면 된다. 요즘 유행하는 한강기맥 종주 길이기도 하다.

　정상에서 임도를 따라 배너미고개를 향하다가 우측 능선 길로 들어서면 대부산 푯말이 나오고 그 옆으로 삼각점이 표시되어 있다. 삼각점은 전국에 2~3km 간격으로 설치되는 것으로 경도·위도·표고 등을 표시한 국가기준점이며, 측량의 기초자료를 제공해 주고 있는 좌표이다. 대부산 삼각점은 석조시설로 고유기호가 각인되어 있는데 그 옆의 안내판에는 위도 37도 40.78초, 경도 127도 29분 11.05초라고 설명하고 있다. 이곳의 삼각점은 1988년 설치된 것으로 진유명 일행이 걷던 때는 없던 시설이다.

　유명산의 옛 이름 마유산馬遊山을 다시 생각해 본다. '마'는 머리에서 온 말이다. 백마마을, 마두마을, 말죽거리, 길마재, 마재, 마산 등의 지명 이외에는 말(馬) 관련된 산 이름은 찾을 수 없다. 아마도 소(牛)와 관련한 산 이름이 손상되지 않기를 바라서가 아닐까 추측해 볼 따름이다.

　내려와서 버스를 타니 벌써 계곡과 정상의 풍경이 눈에 어른거린다. 설악면 소재지를 지나다 산 이름에나 어울릴 법한 생소했던 지명, '설악'의 의문을 풀었다. 답은 유명산을 비롯한 일대의 산에 있었다. 설악산의 일부가 이곳에 온 것이 아니라 유명산을 '설다'에서 나온 '선뫼'로 본 것이다. 이 마을 사람들에게는 태초에 이 땅이 태어나던 순간의 깨끗이 정화된 그곳이 유명산이었던 것이다. 하얀 눈(雪)은 이를 가장 잘 대변해 주는 말이다. 마을로 내려온 선뫼, 즉 선달, 생달, 입석, 입암, 삽교를 여기서는 설악으로 표현하였다. '설멧골'이 당초의 이름이었을 것이다.

응봉산 應峯山 1,000m

오로지 '뫼'다. 그것이 응봉산이다. 수식어가 필요 없다. 당연히 뫼라면 저기 육중하게 서 있는 산이다. 온갖 산새와 짐승이 깃들어 있는 곳, 산등성이로 떨어진 빗물은 골짜기로 모여 생명수가 되고, 우리에게 없어서는 안 될 땔감과 재목을 제공하며, 굽이굽이 골짜기에 기댄 땅뙈기는 그대로 삶의 터전이 된다. 산의 우리말 '둘'이 멀리서 경외해야 할 정신적 지주로 표현한 말이라면, '뫼'는 우리들 삶 속에 깊숙이 들어와 있는 고마운 존재의 표현이다.

가곡면 사람들은 내지로 가기 위해서 가곡천을 거슬러 들어가 지금의 910번 도로를 따라 태백으로 갔다. 그중에는 과거 보러 가는 선비가 있고 봇짐을 잔뜩 진 보부상이 있고, 춘양으로 가서 뗏목꾼이 되기 위해 가족과 헤어진 일꾼도 있었다. 그들은 자기 고향의 뫼 말고도 타지에도 많은 뫼가 있다는 것을 알았다.

그들은 고향으로 돌아오는 마지막 고개 '석개재'를 넘어서 잠시 걸음을 멈추고 왼쪽으로 멀리 산을 바라본다. 보고 싶었던 고향의 산 '뫼'다. '뫼'는 가장 멀리 펼쳐진 능선 상에서 뾰족 머리를 내밀고 있다. 마치 매가 저 하늘 높은 곳에서 날개를 활짝 펴고 나를 응시하는 것 같다. 큰돈을 벌어 기분이 좋은 뗏목꾼이 외친다.

그렇다. '뫼가 아니라 매'다.

뒤따라 과거에 합격하여 금의환향하는 선비는 점잖게 거든다.

응봉!(응鷹은 매라는 뜻)

이렇게 하여 '뫼'는 응봉산이 되었다.

'석개재'는 도계읍道溪邑과 더불어 현재 사용하고 있는 '고개'의 어원을 밝혀 주는 고마운 이름이다. 돌(山)개 → 도개 → 석(石)개 → 고개로 변하여 오늘에 이르고 있다. 일본어 '도우개'에서 이를 확인할 수 있다(일본어에서 '돌'은 장음으로 변하여 '도우'가 된다). '개'는 이쑤시개, 코흘리개, 날개, 배개 등에서 볼 수 있듯이 어간에 붙어서 명사를 만드는 접미사이며, 도개가 고개가 되는 이유는 고사리 마을과 같은 이유이다(재악산 편 참고).

석개재를 넘어 가곡면의 가곡이란 '갓골'로 이 마을 사람들은 응봉산을 갓산으로 봤다는 뜻이다. 하늘 아래 첫 산에서 흘러나온 가곡천이 응봉산 북면을 감싸고 흐른다.

응봉산을 오르는 코스는 크게 온정골 코스와 용소골 코스로 나뉜다. 온정골 코스는 동해 바다에서 쑥 들어와 덕구온천에서 시작하며, 용소골 코스는 가곡리에서도 더 들어가 덕풍리 덕풍마을에서 시작한다. 한때 '가곡산'으로 불린 것에서도 알 수 있지만 응봉산은 가곡면의 용소골로 올라야 제맛이다.

응봉산 용소골은 설악산 천불동계곡과 함께 우리나라 2대 계곡으로 불리어야 마땅할 만큼 훌륭하다. 산은 설악산과 지리산이 서로 1등을 다투듯이 이 두 계곡도 그만한 가치가 있다. 둘은 서로 다른 성격으로 우리를 즐겁게 한다. 설악산 천불동계곡은 엄격하고 멀리서 경원해야 하는 대상이다. 환호성이 나오지만 가까이 갈 수는 없다. 초입의 비선대가 예외일 뿐이다. 응봉산 용소골은 그 이름이 주는 느낌대로 친근하다. 골짜기를 흐르는 물소리부터가 쾅쾅거리는 천불동계곡과 달리 재잘거린다. 모든 바위는 쓰다듬을 수가 있고, 골짜기의 물은 발 담그기를 허용한다. 등산로는 계곡의 물줄기를 벗어나지 못한다.

덕풍산장을 뒤로하고 걷는 계곡은 이상향의 땅 유토피아다. 넓은 들에는 작약이 만발해 있다. 밭에서는 노부부가 교대로 소가 되어 밀고 댕기며 쟁기질한다. 청학동이라 불려도 충분한 곳이다. 신선들이 농사를 짓고 산다고 했으니 참으로 딱 들어맞는 풍경이다.

어쩌면 이 골짜기는 청학靑鶴과 용이 싸우던 곳이 아니었나 싶다. 청학은 중국의 문헌에 나오는 '태평시절과 태평한 땅에서만 나타나고 또 운다'는 전설의 새이다. 그래서 옛사람들은 태평성대의 이상향을 청학동이라 했다. 매는 몸통의 윗면이 짙은 청회색이어서 우리 조상들은 청학靑鶴으로 불렀다. 이에 매골 사람들은 자기들 마을을 청학동으로 부르며 만족하며 살았다. 현재도 '매계리'라는 지명을 갖고 있는 지리산 매골은 우리나라 대표적인 청학동으로 남아 있다. 반면 응봉산 매는 용소를 세 개씩이나 가지고 있는 용에게 당할 재주가 없어 스스로 산봉우리로 올라가고 계곡은 일찌감치 용에게 비켜주었다.

폭포수가 떨어지며 바위를 뚫어 만들어놓은 웅덩이를 용소龍沼 또는 용추龍湫라고 부른다. 용이 승천하면서 낸 발자국이라고도 하고 용이 거기서 살았다고도 한다. 우리 고유의 '미르'는 물이며 동시에 용이다. 물은 용이다. 물에서 태어난 용은 자신을 마음대로 변화시키는 조화능력을 가지고 있다. 작아지고자 하면 번데기처럼 작아질 수 있고, 커지고자 하면 천하를 덮을 만큼 커질 수도 있다. 용이 높이 오르고자 하면 구름 위를 치솟을 수도 있고, 아래로 들어가고자 하면 깊은 샘 속으로 잠길 수도 있다. 중력의 법칙이 적용되지 않는다.

물이 힘차게 떨어지는 것은 용이 발을 밟는 것이고 포말은 용의 승천이다. 그래서 옛날에 이곳에서 기우제를 지냈다. 승천한 용이 고향을 생각해 다시 내려와 주기를, 아니면 눈물이라도 흘려주기를 바라면서.

제1용소를 지나고, 제2용소의 넓은 모래톱에 배낭을 내려놓고 발을 담그니 기다렸다는 듯이 버들치들이 모여들어 발바닥을 간지럽힌다. 제3용소로 가는 길은 더욱 깊어진다. 이내 평탄한 길인가 싶은데 매바위 협곡이 나타난다. 계곡 위를 올려다보니 하얀 용 한 마리가 손을 뻗어 손짓을 하더니 긴 꼬리를 남기고 사라져 간다. 벼랑에 핀 하얀 함박꽃이 활짝 웃음을 터트린다.

오늘의 야영지 제3용소에 다다른다. 이리 꿈틀 저리 꿈틀 바위를 자유자재로 타고 넘던 용이다. 제1, 제2용소에서는 그 밑으로 사정없이 자맥질하다가 올라와서는 자기를 미끄러트린 용소의 절벽을 보고는 이빨을 드러내어 한참을 으르렁거리며 분풀이하고서야 돌아서던 용이다. 제3용소의 용은 내 밤잠을 방해하지 않으려는지 꾸르륵꾸르륵 소리를 삼키고 있다.

그런가 싶더니 꽈당 큰 소리를 내어 텐트를 흔든다. 밖으로 나와 용을 들여다보니 얌전해진 몸짓으로 헉헉 숨을 가다듬는다. 하늘을 올려보니 계곡 사이로 별들이 반짝인다. 어렴풋이 은하수도 보인다. 하늘로 올라간 용들이 모여 사는 곳, 바로 용천龍川이다. 아직 용천에 합류하지 못한 별 하나가 유난히 반짝이고 있다.

| 長安山 | 장안산 | 1,237m |

'길다'라는 것은 내세울 만한 일이다. 중국의 만리장성萬里長城이 길고 장강長江이 길다. 긴 계곡의 장계長溪와 길고 편안한 산 장안산을 품고 있는 장수長水는 물길이 길다.

산간오지에서 물길이 길면 얼마나 길까? 산간오지이기 때문에 길다. 물의 여정이 여기서 시작하니 길고, 물줄기가 함부로 빠져나가지 못하니 길다.

차를 몰아 19번 도로를 타고 남으로 내려가다가 수분령水分嶺 휴게소에서 장수의 의미를 생각한다. 이 고개를 경계로 북으로 떨어진 비는 용계리로 흘러 금강이 되어 서해 바다로 흐르고, 남으로 떨어진 비는 요천이 되었다가 남원에서 섬진강 물줄기에 합류한다. 실로 물들의 장대한 여정이 시작되는 곳이다.

여기서 가로질러 방화동 자연휴양림으로 직접 갈 수도 있지만 장수를 더 느껴 보기 위해 국포삼거리와 죽산삼거리로 우회한다. 물줄기가 구불구불, 이와 동행하는 도로도 구불구불하다.

덕산계곡은 시원하면서 으스스하다. 물줄기가 우지끈 두 번 비틀어 도니 아래용소와 윗용소이다. 용소의 암벽에는 굵직하게 새겨진 글자들이 보인다. 90세까지 장수한 황희(1363~1452) 정승은 이곳에 와서 목욕하고 정승이 되었다고 한다. 윗용소 바위에 바둑판이 그려져 있다. 바둑판 앞에 앉으니 맞은편에 하얀 수염을 길게 늘어뜨린 신선이 지그시 나의 착수

한국백명산 **251**

를 기다리고, 용소龍沼에서 놀던 용도 동작을 멈춘다.

이런 기분은 공원사무소에 이르러 끊기고 만다. 포장도로가 나타나고 밀목재를 넘어온 차들이 쌩쌩 달리고 있다. 승용차를 이용한 등산객들은 여기서 잠시 주차한 후 덕산계곡을 둘러보고 장안산 등산로 입구인 연주로 가는 것이 편할 것이다. 등산을 와서 찻길을 걸어야 하는 것은 고역이니 이들을 나무랄 수는 없다.

전국의 많은 밀목재는 민목치民木峙, 밀목치密木峙, 밀항密項 등 다양한 한자로 표현하고 있지만 민항岷項이 가장 가까운 표기이다. 민주지산이 민두름한 산이듯이 경사가 크지 않은 고개이다. 그래서 장안산 밀목재는 포장도로로 바뀔 수 있었다.

밀목재를 품고 있는 장안산은 크지만 날카롭지 않은 산이다. 그래서 덕스럽다고 덕산德山이라 불렀다. 덕은 '크다'의 우리 고유말이다. 덕산계곡에 들어서자 언제 그랬냐는 듯이 음침한 기운이 감돈다. 물줄기를 따라 올라가는 임도는 좀처럼 오르막 없이 평지가 이어진다. 길에는 자동차 바퀴자국이 깊게 패어 있다. 이정표는 저 너머에 '도깨비동굴'이 있다고 알리고 있다. 앞쪽으로 양철지붕이 보이는데, 지실가지智實加地마을을 알리는 간판이 서 있고 그 옆에 서 있는 참나무 한 그루의 모양이 심상치 않다. 기둥줄기를 한 바퀴 동그랗게 감아올리고 나서 태연하게 하늘로 가지를 뿌려놓고 있다. 마치 도깨비가 장난을 친 것 같다.

삼라만상에는 정령이 깃들어 있다. 산에는 산신山神, 물에는 용신龍神, 땅에는 지신地神이 있으며, 나무에는 목신木神이 있다. 물론 나무는 수령이 최소한 100년 이상 되어야 신령이 깃든다. 장구한 세월 동네 어귀에서 사람들의 사는 모습을 지켜본 회화槐花나무, 은행나무, 느티나무, 소나무, 주목 같은 거목들에게는 저절로 고개가 숙여진다. 그중에서도 회화나무는 괴목槐木으로 불리며 대표적인 목신으로 추앙받아 왔다. 반대편 기슭의 괴목동槐木洞에는 분명 우람한 회화나무가 마을을 지켜주고 있을 것이다.

마을 입구 참나무는 스스로 넋이 깃들어 재미있는 모습으로 변신하였다고 하기에는 아직 몸매가 가느다란 어린 나무이다.

도깨비는 민가가 있는 깊은 산중에 잘 나타난다. 오랫동안 써서 몽당 부지깽이가 되었다고, 또 지게 작대기가 부러졌다고 함부로 버린 것들이 어두운 밤에 사람의 탈을 쓰고 나타난다. 오랫동안 사람과 함께하면서 넋이 생겨서, 갑작스레 생을 마감하고 싶지 않아 구천을 떠도는 것이다. 다 쓴 후에는 화장을 시켜주는 것이 그동안 함께했던 정情이다. 아무렇게나 버려졌을 때 그 화풀이로 솥뚜껑을 솥 안에 넣고 우그러뜨리거나 외발로 나타나 지나가는 청년에게 씨름을 청하여 괴롭히기도 한다. 아마 이 마을에서 버려진 부지깽이 하나가 심술을 부린다고 하는 것이 참나무 몸통을 둥그렇게 말아놓았는지 모른다. 아니다. 마음이 여린 도깨비였을 것이다. 마지막 하직 길에 마을을 지켜줄 참나무 하나를 선사했는지도 모른다.

합수곡에서 발길을 돌려 덕천암으로 향한다. 승용차 한 대가 깊게 패인 자동차 발자국을 조심스럽게 타고 넘으며 내려오고 있다. 창문을 여니 고개를 내민다.

"아직 찻길까지 멀었나요?"

"…"

"큰일이네요. 올라올 때는 몰랐는데 길이 험해서 얼마나 어떻게 내려가야 할지."

그와 헤어진 후 산에 들어갈 때는 몰랐는데 갑자기 어두워져 밤새도록 헤매다가 집으로 되돌아왔다는 이야기가 생각났다. 그때 그 나무꾼은 도깨비에 홀렸다고 말했는데….

덕천암에서 드디어 오르막이 시작된다. 이 깊은 곳에도 민가가 몇 채 보인다. 비닐하우스 옆에 놓인 화덕에 불 땐 흔적이 보인다. 재가 되지 않은 나무들이 아궁이를 향하여 부채꼴로 놓여 있다. 나도 모르게 유심히 부지깽이를 찾아본다.

장안산 정상에 오르자 무릎을 굽히고 넓적한 정상석을 쓰다듬는 사람이 있었다. 올라오는 동안 만난 사람은 아무도 없었는데 뜻밖이었나.

정상에서 동쪽으로 백운산이 육중한 모습을 드러내고 있고, 남쪽은 지리산, 북쪽은 속리산으로 가는 백두대간 줄기가 한눈에 들어오고, 백두대간이 북으로 가던 중 영취산에서 한줄기 갈래를 뿌려놓은 금남호남정맥이 아스라하게 멀어지고 있다. 또 내 눈은 서쪽으로 밀목재를 지나 수분령으로 빠져나간다.

이렇게 주위를 한 바퀴 둘러보고 돌아오니 좀 전의 그 사람은 간 곳 없고 정상석 앞에 덩그러니 플라스크 술병이 한 개 놓여 있었다.

| 載藥山 | # 재약산 | 1,119m |

　재약산이냐? 천황산天皇山이냐? 아니면 재악산載嶽山이냐? 논란이 많았다. 재약산과 천황산은 밀양시와 울산시의 경계에 있는 산으로, 두 봉우리 사이가 1.8km에 불과하여 하나의 산군이라 해도 무방하다.

　밀양시는 당초 천왕산이 천황산으로 바뀐 것은 일제의 잔재라 보고 재약산과 천황산을 한데 묶어 재약산으로 하되 기존의 재약산은 수미봉(1,108m), 천황산은 사자봉(1,189m)으로 고쳐 부를 것을 제안하였다. 이에 울산시는 반대의견을 냈고, 국가지명위원회도 2015년 충분한 사료 검토와 위치 확인이 필요한 사항이어서 성급하게 결정을 내릴 수 없다며 현재의 지명을 유지하기로 결정하였다.

　천황봉이란 이름은 계룡산, 속리산, 월출산 등에서도 보인다. 일제강점기와 관계없이 그 이전부터 불린 이름이다. 전라남도 구례군과 순천시 사이에 있는 천황봉(652m)은 조선시대에 발행한 『여지도서』(구례지도)와 『해동지도』에 보인다. 천황은 도가道家에서 옥황상제를 가리키는 말로 인간을 비롯한 모든 생명체의 운명을 주재하는 최고의 신으로, 우리나라에서 전통적으로 하느님과 동일시하여 왔다. 천왕봉, 천황봉, 천황산은 그러한 하느님이 높은 산에 계시다는 의식의 발로이다.

　나는 산 이름이 '약산'에서 출발했다는 점을 들어 재약산을 절대적으로 지지한다.

영변寧邊에 약산藥山

진달래꽃

아름 따다 가실 길에 뿌리오리다.

— 김소월의 '진달래꽃' 중에서

영변 말고도 약산이 몇 개 더 있다. 약산藥山 또는 약산若山 등으로 불리는 그 어원은 전라남도 완도군 약산면에서 찾을 수 있다. 약산면은 하나의 섬으로 이름은 조약도이다. '조약돌'은 작고 둥글둥글한 돌이다. 여기서 돌은 약이라는 단어가 잘 안 쓰여 의미가 생소해짐에 따라 '역전앞'처럼 보완하기 위해서 붙은 말이다. 더 파고들면 조약돌의 '돌'은 산이니 조약산이며 '약'은 그 자체로 '산'이라는 뜻이다. 이것이 악嶽으로 바뀌고 산 이름은 작약산芍藥山으로, 불교가 들어와 약사봉으로, 또 그런 산에는 약사암藥師庵이 들어선다. 또 중국 쓰촨성에 있는 러산(樂山)의 영향을 받아 낙산이 되기도 한다.

산림청이 재약산이라는 이름으로 백명산에 선정하면서 최고봉의 높이를 현재 천황산의 높이인 1,189m로 한 것은 전적으로 밀양시의 입장이 반영된 것이라고 볼 수 있다. 현지의 이정표도 '재약산(수미봉)'과 '사자봉(천황산)'으로 표기함으로써 이를 따르고 있다.

천황산 사자봉은 육중하나 밋밋한 능선상에 봉긋 솟아 있는 정도이니 별 감흥을 주지 못한다. 반면 사자평에서 바라보는 재약산 수미봉은 군더더기 하나 없는 이등변삼각형이다. 비교하자면 사자봉은 몽블랑이고 수미봉은 마터호른이다.

피라미드가 광활한 이집트 사막에 서 있듯이 거대한 고원지대인 사자평이 수미봉을 받들고 있다. 억새가 바람에 무심히 날리는 사자평에는 많은 이야기가 묻어 있다.

　임진왜란 때 일본으로 끌려간 일류 기술자가 살던 도자기 마을이었다. 본래 숲이 군데군데 우거져 있었던 고원은 일제강점기에 일본인들이 스키장을 만든다고 마구잡이로 나무를 베어버리는 바람에 온통 억새밭으로 변하고 말았다. 해방 전에는 대여섯 집이 고작이었는데 한국 전쟁 이후 가난한 피난민들이 몰려들어 한창 때는 80가구가 넘었고, 아이들을 위한 '고사리분교'가 있었다.

　전국에는 고사리마을, 고사리의 지명이 많다. 단순히 나물로 먹는 식물이 아니라는 뜻이다. 경상남도 창원시 마산합포구 지전면의 고사리姑寺里에 대한 유래를『창원군지』에서는 큰 산 아래 있는 마을이라고 전하고 있다. 황해북도 평산면 예성리 소재 고사리마을은 고살래 또는 미산동薇山洞이라고도 한다. 강원도 삼척시 도계읍에 위치한 고사리는 원래 고사리가 많이 나는 궐리蕨里로 하다가 후에 고사리라 하였다 한다. 유추하면 고살래가 고사리로 변한 것이다. '살'은 미산동이 힌트로 미는 고사리를 뜻하지만 쌀이 변한 말이다. 즉 '밝뫼'에서 파생한 '배리'에 대응하는 '솔뫼'를 기원하는 말이다. '고'는 접두어로 남원, 포천 등의 고남산에서 그 뜻을 생각해 볼 수 있다. 이는 전주, 밀양, 포항의 종남산終南山과 같은 의미로 '갓' 또는 '가'를 말한다. 결론적으로 고사리는 높은 산속에 있는 외딴 마을이다.

　고창 방장산의 양고살陽古殺재도 여기서 유래를 찾아야 하며, 화천군 사내면을 비롯 전국의 많은 산내면山內面과 산내마을도 마찬가지. 산내를 '살래'로 발음하는 것은 음운현상 때문만이 아니다.

　고사리마을은 산속 깊은 곳에 있는 마을이니 당연히 고사리가 많이 난다. 지명이 그대로 식물 이름이 안 된다는 보장이 없다. 고사리는 고살래이다. 고사리는 고사리마을에서 지난해 떨어져 쌓인 낙엽을 헤치고 수줍게 고개를 내민다. 1966년에 개교한 '고사리분교'는 모두 서른여섯 명의 졸업생을 배출하고 1996년 3월 1일 문을 닫았다. 이제 그 예쁜 이름은 사자평 팻말로 남아 있다.

　　샘물을 품어라. 샘물을 품어라.
　　샘불이 솟아나고. 샘물이 솟아나고.

　재약산 등산을 앞두고 '고사리분교'와 함께 호기심이 일었던 것은 '샘물상회'였다. '샘물'이라는 이름이 신선했고, 1,000m의 산에서 저잣거리의 상호인 '상회'라는 말도 그랬다. 수미봉과 사자봉이 뒷동산처럼 봉긋 솟아 있고 길은 한적한 들녘을 지나가듯 굽이굽이 이어지는데 샘물상회 입간판이 그렇게 반가울 수 없었다. 허름한 건물 안으로 들어가자 얼음골에서 케이블카를 타고 온 등산객과 관광객이 동동주를 마시며 창밖의 풍경을 즐기고 있었다. 거기서 바라보는 재약산 수미봉은 사자평 쪽으로 미끄러지듯 능선을 늘어뜨렸고, 그 뒤로는 요철이 심한 암벽지대임을 알 수 있었다.

　아하! 작약산芍藥山이다. 사자평을 바라보고 있는 한 송이 말쑥한 꽃봉오리이다. 한 송이 풍성한 꽃을 피우기 위하여 무수히 많은 초록 이파리가 받치고 있다. 밝게 웃는 한 송이 작약이 바로 재약산이다.

| 赤裳山 | 적상산 | 1,031m |

 빛은 형광등을 켜듯 갑자기 오는 것이 아니다. 붉은 여명이 있고서야 태양이 떠올라 광명이 오듯, 화롯불·호롱불도 마찬가지다. 심지어 백열전구 시대에도 필라멘트를 벌겋게 달군 후에 흰빛이 들어왔다. '붉음'이 있어야 '밝음'이 있다.
 붉은색이 자아내는 광경은 황홀하다 못해 강하다. 적상산의 단풍은 우리를 가을의 향연으로 초대한다. 가을의 마침표로 적상산만 한 산도 없다. 나란히 한 덕유산이 덕스럽고 듬직한 신랑이라면 붉은 치마(赤裳)를 입은 적상산은 화려하면서 아담한 신부이다.
 적상면 들판에서 바라보는 적상산은 북에서 남으로 길게 뻗은 독립산이다. 8부 능선쯤에 길게 두른 바위 띠는 치마의 위 하얀 끝단을 연상시킨다. 산의 윗단은 거의 수평이고 깊은 골들은 활짝 펼쳐서 흘러내리는 것이 마치 초례를 치르는 신부가 신랑에게 절을 하기 위해 주저앉으면서 부풀려진 치마이다. 그 위 파란 하늘에는 곤지를 찍은 이마에 두 손을 공손히 올린 신부의 예쁜 상체가 있다.
 폐비가 되어 민가로 쫓겨난 단경왕후(1487~1557)는 인왕산 바위에 붉은 치마를 걸쳐놓았다. 중종은 경복궁 경회루에 올라 이를 보며 뜨거운 눈물을 삼켰다. 정약용(1762~1836)의 부인 홍씨는 자신이 시집올 때 입었던 붉은 치마를 유배지의 남편에게 보냈다. 정약용은 여기에 두 아들에게 편지를 써서 부부애를 담아 보냈다.

붉은 치마는 홍조 띤 나의 예쁜 신부다.
영원히 함께한다는 맹세의 붉은 피다.

단풍나무가 유난히 붉은 것은 햇빛이 화창한 봄부터 열심히 물을 빨아들였기 때문이다. 어쩌다 상처 난 부위를 보면 수액이 줄줄 흐르는 것을 볼 수 있다. 이른 봄부터 수액을 채취하는 고로쇠나무가 단풍나무의 한 종류이다. 한 송이의 국화꽃을 피우기 위해 봄부터 소쩍새가 울어야 하듯이 한 줌의 붉은 색소를 얻기 위해서는 유난히 많은 물이 필요했던 것이다.

적상산은 산꼭대기까지 물이 풍부한 산이다. 바로 이 점이 붉은 치마의 이름을 얻게 되었고, 더불어 많은 시설물이 들어서게 되었다. 깎아지른 띠 절벽 그리고 정상 부분이 분지라는 점을 간파한 최영 장군의 건의가 발단이 되어 산성이 축조되고, 후에 서고를 만들어 묘향산 사고 실록을 옮겨 보관하였다. 현재는 산 위 적상호와 산 밑 무주호에 두 개의 댐을 조성해 양수발전소를 만들어 전기를 생산하고 있다. 와인동굴은 적상호의 둑을 만든 흙을 파낸 자리로 덤으로 얻은 시설이다.

서창탐방센터에서 시작한 등산로는 올라갈수록 가파르다. 띠 바위가 떠억 버티고 가로막고 있다. 최영 장군은 탐라를 토벌한 후 귀경길에 이곳을 지나다가 산의 형세가 요새로서 적임지임을 알았다. 그때 허리에 차고 있던 장도를 뽑아 힘껏 내려쳐서 만들었다는 장도바위이다. 정상 능선길은 평탄한 길이다.

향로봉(1,024m)에서 정상인 기봉으로 향한다. 산의 명성과 달리 정상으로 가는 이정표가 없다. 정상은 통신사 중계기지 시설 뒤편에 있고 향로봉에 비해 별 차이가 없으니 향로봉을 주봉으로 삼으라는 뜻으로 보인다. 지도를 보고 좌표를 찾으니 통신사 철조망 담벼락이다. 당연히 정상석도 없고, 대신 누군가 종이에 적상산이라고 써서 참나무 기둥에 붙여놓았으니 그 나무가 정상석을 대신하고 있는 셈이다.

안렴대 바위는 고려 말 거란이 침입하였을 때 난을 피해 올라온 삼도 안렴사三道 按廉使가 이곳에서 사방을 경계하며 지냈다는 데서 이름을 얻은 바위이다. 시원한 풍경이 사방으로 펼쳐진다. 세상이 다 보이는 곳에 서니 정상은 꼭 가장 높은 곳이어야 할 필요가 없다고 깨닫는다. 기봉도 아니고 향로봉도 아닌 안렴대야말로 적상산의 정상이다.

몇 걸음 걸어 안국사에 도착한다. 과거 최영 장군은 단도를 꺼내 바위를 갈라 길을 냈지만 이제 사람들은 구불구불 찻길을 산 위까지 뚫었다. 절 마당에 승용차를 세우고 산성을 걸으며 적상산 사고史庫를 들여다본다. 산 정상에서 찻길을 본다는 것은 그만큼 산이 주저앉아버린 것은 아닐까 하는 실망감을 안겨준다. 이파리에 빨간 색소를 열심히 날라다 주는 풍부한 물 때문에 정상까지 도로가 나고 통신사 건물이 산꼭대기를 차지하고 있다. 그런 중에도 별도의 등산로가 여전히 보존되어 있다는 것과 밑에서 올려다보는 풍경에는 별 상처가 없다는 것이 얼마나 다행인지 모른다.

다시 서창탐방센터 주차장에서 되돌아본 적상산은 바로 코앞에서 활활 불타고 있다. 부인 홍씨의 은은하고 오래된 정을 나타내는 하피霞帔(노을빛깔의 치마)라기보다는 단경왕후가 가례嘉禮 때 입었을 활옷이다.

붉은 골짜기에서 불로초가 피어나고, 흘러내리는 물결 속에는 거북이가 헤엄친다. 금빛 잔디 위를 봉황의 새끼들이 아장아장 걸으며 어미를 따라간다. 청·홍·황의 넓은 소맷자락에는 노리개가 역시 청실·홍실·황실을 늘어뜨리고 있다. 눈을 하늘로 돌리니 머리에는 용잠龍簪을 꽂고 댕기를 드리운 신부의 얼굴이 뽀얗고, 잘 빗어 넘긴 머리 위에는 금으로 장식한 칠보화관이 눈부시다.

화관에 장식한 청강석靑剛石을 하르르하르르 떨게 하며 천천히 자세를 낮추고 치마를 부풀리는 신부 앞에서 주인공으로 서는 것보다 좋은 것은 없다. 사계절 좋은 산이지만 이왕이면 다홍치마라고 꾹 참았다가 활옷으로 반짝일 때 들여다보자. 차를 타고 단숨에 꼭대기까지 갈 수 있지만 역시 꾹 참고 밑에서부터 한 발 한 발 올라 치마의 잔주름까지 느껴보자.

점봉산 點鳳山 1,426m

　소동라령所冬羅嶺 또는 오색령 등으로 불리던 한계령은 1970년대 초에 당시 제3군단장이었던 김재규의 주도로 도로 확장 공사를 하면서 현재의 이름이 붙게 되었다. 하지만 여전히 한계령 44번 도로는 군용 차량만이 먼지를 풀풀 날리고 통행하였을 뿐 속초로 가는 차량은 진부령으로 우회해야 하였다. 1981년 12월에 한계령 도로 확장 포장공사가 완공되어 비로소 내륙지방과 동해안을 잇는 도로로 각광받게 되었다.

　　저 산은 내게 오지 마라 오지 마라 하고
　　발 아래 젖은 계곡 첩첩산중
　　저 산은 내게 잊으라 잊어버리라 하고
　　내 가슴을 쓸어 내리네

　1980년대부터 불기 시작한 버스관광의 시초는 한계령을 넘어 동해안 해안도로를 따라 설악동으로 들어가는 일이었다. 한계령 휴게소는 산악인이 아니라도 누구에게나 고산에서 느낄 수 있는 기쁨과 감상을 선사해 주는 곳이었다. 버스가 포장도로를 굽이굽이 안개를 뚫고 올라와 휴게소에서 숨을 돌릴 때, 내려서 보는 경치는 과히 장관이었다. 힘 있게 솟구치는 칠형제봉과 그 너머의 변화무쌍한 만물상은 방금 떠나온 도시의 고단했던 삶을 잊게 하기에 충분했다. 멀지만 아름다운 도시 『원미동 사람들』

(양귀자 연작소설, 1986년 작)도 모처럼 시간을 내 이곳에 와서 '한계령'(양희은 또는 신영옥 노래, 1985년)을 부르며 마음을 달랬다.

포장도로 완성은 오색마을에도 많은 변화를 가져왔다. 손쉽게 한계령을 넘어와서 온천을 즐기게 되었고, 등산객들에게는 설악산 대청봉을 오르는 최단거리 들머리가 되었다.

온천의 발원지는 흘림골 용수폭포 위 50m 부분이다. 조선시대에는 미인온천으로 소문나 있었으며 일제강점기 때는 고려온천으로 불렸다. 알칼리성 나트륨 온천으로 물기둥이 10m씩 솟구쳐서 멧돼지를 익게 할 정도로 뜨거웠다. 심마니들이나 약초를 캐던 주민들이 이용하였고, 1983년 현재와 같은 형태로 운영되기 이전에는 움막 형태의 휴양시설이 있었고 시멘트로 만든 노천탕에는 설국을 즐기는 방문객이 많았다.

오색온천이라는 이름은 고래골 초입의 성국사의 본래 이름에서 찾을 수 있다. 성국사는 300년 전 소실되어 6·25 이후 재건된 절로 그전의 이름은 오색석사五色石寺였다. 유교의 음양오행론에서 뿐 아니라 불교에서도 청·황·적·백·흑의 오색을 정색正色으로 삼고 있다. 전설에 의하면 이 절의 후원에 있던 한 그루 나무에서 다섯 가지 색의 꽃이 피었으므로, 또는 인근의 돌들이 그러한 색깔을 띠어서 그랬다고 하는데 나는 가을의 단풍을 염두에 두고 지은 이름일 것으로 해석한다. 1500년경 이곳의 한 승려가 시냇가의 반석 위에서 솟아나는 약수를 발견하고 절 이름을 따서 오색약수라고 명명하였다.

점봉산의 이름의 유래는 주전골 설화에서 찾을 수 있다. 주전골은 계곡의 바위 모습이 주진鑄錢을 겹쳐 쌓은 것처럼 생겨 그렇게 이름 붙은 것으로 보이는데, 인근의 사람들에게는 몰래 사주전私鑄錢을 만들던 곳으로 알려져 있었다. 소문은 퍼져 나가기 마련이고, 나중에는 아예 "덤붕산 돈 닷

돈, 덤붕산 돈 닷돈" 하는 노랫말까지 생겨나게 되었다. 지금도 이 노랫가락이 그대로 전해져 사람들이 꽹과리를 배울 때 "덤붕산 돈 닷돈, 덤붕산 돈 닷돈" 하는 장단을 사용하고 있다(김하돈의 『백두대간 설화를 찾아서 그 산맥은 호랑이 등허리를 닮았다』).

    점봉산은 한계령을 중심으로 설악산 대청봉과 마주 보고 서 있다. 날카롭고 험한 설악산의 모습이 남성미를 나타낸다면 점봉산은 어머니의 품처럼 곱다. 노랫말에서 나오는 덤붕은 '주전처럼 둥글다'라는 뜻도 내포되어 있다. 또한 '덤붕'은 이 고장에서 '덤붕덤붕 풀무질한다' 할 때 사용한다. 이때 덤붕덤붕은 '둥글게 둥글게'의 의태어이다. 점봉은 둥근 봉우리라는 뜻의 '덤붕'이 변한 말이다.

    점봉산 산행은 양양군 오색리에서 올라가는 길과 인제군 강선리에서 곰배령과 작은점봉산을 거쳐 올라가는 두 가지 길이 있다. 오색리 방향은 가을의 단풍철에 좋고 곰배령은 꽃피는 초여름이 피크이다.

    '곰배'는 '굠(神)'과 '밝'의 합성어이다. 하늘의 신들이 내려와 꽃이 된 정원이다. 우리나라 고유의 야생화를 관찰할 수 있는 그림 같은 화원에는 동자꽃, 곰취, 노루오줌, 달맞이꽃들이 야생의 잔치를 벌이고 있다. 사람들의 발걸음으로 원시의 모습을 잃어가는 유명산들과 달리 잘 보존된 자연의 모습이 아름답다.

    덕분에 점봉산은 1993년 유네스코에 의해 생물보전핵심지역으로 지정되어 일반적인 산행은 2026년까지 제한되고 있다. 오색리 방면은 흘림골과 주전골만 개방하고 있으며, 곰배령 일대는 강선리와 곰배령 사이만 제한적으로 개방하고 있다.

    2016년 10월 1일부터 45일간 만경대가 일시 개방되었다. 평일인데도 7~8천 명이 방문하는 놀라운 인파였다. 줄을 두 시간 가까이 서서 오른

보람이 있었다. 만경대에 서자 서쪽으로 만물상이 정면으로 보였다. 수직으로 뻗은 주름계곡과 그 틈에 돋아난 무수한 바위들이 불교 탱화의 만명의 부처님을 연상케 했다.

  돌아오는 길에 한계령을 조금 못미처 은비령에서 자동차가 멈칫한다. 인제군 필례 약수 쪽으로 빠지는 고갯길은 필례령 또는 작은한계령으로 불리다가 강릉 출신 작가 이순원의 소설『은비령』으로 아름다운 이름을 얻게 된다. 1996년에 발표된 작품이다. 고난의 '한계령 시대'를 넘어서 진정한 사랑을 찾는 '은비령 시대'가 도래한 것이다. 주인공은 2천 5백만 년의 재회를 위해 벌써 20년 동안 여행 중이다.

| 曹溪山 | 조계산 | 887m |

동쪽 기슭에는 선암사, 서쪽 기슭에는 송광사가 지켜 서 있다. 굳이 정상으로 올라 연산봉으로 이르는 능선 길을 걷지 않아도 좋다. 선암굴목이재와 송광굴목이재를 사이에 두고 두 절을 이어주는 길은 고즈넉하여 사색하기 좋다. 먼저 본 선암사 또는 송광사를 되짚어보고 앞에서 나타날 반대편의 절을 그려보며 걷는 길이다.

선암사는 결코 작은 절이 아니다. 그러나 전체적인 이미지는 소박하다. 흙담 때문이다. 담의 연붉은 황토가 남도의 따스한 느낌을 전하고 담 너머에서 꽃망울을 터트리는 황매화 백매화가 우리가 사는 세상이 바로 피안임을 알려온다. 빼곡한 당우들은 대처승으로 상징되는 태고종의 본산임을 일깨워준다. 『태백산맥』의 작가 조정래도 이곳에서 태어나 흙담 사이를 뛰놀며 작가로서의 감수성을 키웠다.

반면 송광사는 웅장하고 엄숙하다. 건물 기둥이며 기와가 굴곡 하나 없이 반듯하다. 대웅전 마당에는 돌탑이나 석등 하나 없다. 오직 하나의 마음으로 정진할 따름, 잡념은 수행의 적이다. 여인네 귀걸이처럼 처마 끝에서 아름다움을 장식해야 할 풍경風磬도 없다. 한국의 삼보三寶(통도사가 불, 해인사가 법, 송광사가 승) 사찰 가운데 승보사찰로, 스님들의 참선수행을 최우선으로 하는 사찰이다. 바람에 흔들리는 풍경소리도 수행에 방해가 된다.

선암사 승선교에는 치맛자락을 잡은 아이 하나를 걸리며 물동이를 이고 가는 여인네가 떠오르고, 송광사 삼청교에는 삭발하여 파르라니한 얼굴로 반듯한 걸음을 옮기는 젊은 학승의 모습이 그려진다. 송광사 승려들은 열심히 경전을 들여다보아 반야般若의 지혜를 체득하는 것이고, 선암사의 아낙네는 물동이를 이고 승선교를 건너고 아이들은 토담 길을 뛰놀면서 모르는 사이 부처의 마음을 보게 되는 것이다.

조계산은 산을 동서로 가르며 남쪽 조계골로 흐르는 장막골을 사이에 두고 동쪽에 솟은 산을 청량산(장군봉), 서쪽에 솟은 산을 송광산(연산봉)이라고 부르기도 하였다. 조계산으로 이름이 바뀐 것은 현재 불교의 수행방법으로 교종이 아닌 선종을 기반으로 하고 있고, 그동안 우여곡절을 겪으면서 조계종이 그 대표적인 자리매김을 해온 것과 맥을 같이 하고 있다. 우리나라에 선종이 도입된 계기는 당나라 선종의 제6조인 혜능선사의 영향이 컸고, 선사는 중국 조계산에서 수행하였다.

조계산은 육산이다. 바위가 없는 산은 단조롭다. 무엇보다 여기저기 이름을 붙일 수 없으니 이야기를 전하기도 어렵다.

육산의 조계산에서 유일한 바위가 배바위다. 불교의 반야용선을 뜻한다. 반야란 지혜를 가리키며 모든 미혹을 끊고 진정한 깨달음을 얻는 힘이니 모든 법을 통달하여 옳고 그름을 분별하는 마음을 뜻한다. 세차고 사나운 바다를 건너가려면 반드시 배를 타야 한다. 마찬가지로 생사고해의 험한 바다를 헤쳐가려면 반드시 반야의 지혜가 있어야 피안에 도달할 수 있다. 생사의 고해에서 허덕이는 중생을 피안으로 건네주는 배가 반야용선이다.

유일한 바위에 배바위라는 이름을 부여한 것은 세상에서 단 하나 희망이 있다면 반야용선에 승선하는 것이라고 본 것이다. 그래서 선암사 승선교昇仙橋를 건넜다면 바로 반야용선에 올라탄 것이다. 용선이므로 배의 모양은 용의 형상으로 되어 있다. 배바위의 모습이 타원형으로 매끈하지 아니 하고 용의 발과 몸통처럼 괴상한 모습을 하고 있는 이유이다. 그러고 보니 선암사 담벼락에 핀 매화의 무성한 꽃술은 용의 눈썹이고, 송광사 홍골로 내려가는 길의 너덜바위 지대는 용의 발이 힘차게 굴러서 낸 바닷물의 거품이다.

승선교昇仙橋는 승선교乘船橋를 연상시키는 교묘한 작명이다. 조계산에 드는 일, 무념무상의 신선이 되어 하늘로 올라가는 일이며, 반야용선에 탑승하는 일이다.

"여보, 여러 시주님네, 염불 말씀 다시 듣고 부디 전심하소오. 처자권속 어진 마음 황천 길을 열어 주어 극락으로 나가려니, 훌훌히 모은 배는 풀어져서어 못 가겄고, 돌로서 모은 배는 가라 앉아 못 가아겄고오, 갈잎으로 모은 배는 풍파 쳐서 못 가리요오. 석가여래 귀헌 말씀 반야용선 제일이라아. 어서 가소, 권하시니이 선심으로 극락 가소. 어찌 아니 가련헌가. 인도 환생 하옵소서."

— 최명희의 『혼불』 중에서

어찌 선암사 승선교를 건넌 사람에게만 반야용선의 혜택이 주어지겠는가. 조계산은 우리 한반도의 남쪽 중앙에서 남해안을 바라보고 있다. 한반도 자체가 남해 바다를 건너 저 멀리 피안으로 가는 용선이다. 조계산은 뱃머리이고 우리를 끌고 갈 동력이며, 좌우의 선암사와 송광사는 뱃길을 밝히는 불빛이다. 전국의 산에는 많은 배바위가 있지만 조계산만큼 확실하게 우리 모두를 피안으로 이끌 반야용선은 없을 것이다.

주왕산

周王山　　　722m

　주왕산을 직접 가보지 않은 사람도 그 산을 대표하는 사진 한 장은 접했을 것이다. 대진사大典寺를 전경으로 그 뒤편 산봉우리에 나란히 솟아 있는 기암괴석은 우리나라 어느 산에서도 볼 수 없는 진기한 풍경이다. 마치 날씬한 숫마이산이 암놈과 자식들을 옆에 두고 산꼭대기에 웅크리고 있는 모습이다.

　그보다 놀라운 것은 미로 같은 계곡이다. 이곳에 숨어들면 어느 누구도 찾아낼 수 없을 것 같다. 바로 이 때문에 반역자 주왕의 이야기가 등장한다.

　중국 동진東晉의 왕족 주도周鍍가 당나라에서 반정을 하다가 실패하여 이곳에 와서 은둔했다는 것이다. 고려 말 나옹화상懶翁和尙(1320~1376)이 이곳에서 수도하면서 산 이름을 주왕산이라고 하면 고장이 복될 것이라고 하며 고쳐 부르게 하였다고 한다.

　주왕이라는 이름은 단순히 산 이름으로 그치지 않고 계곡 곳곳에서 찾아볼 수 있다. 주왕이 숨어 지냈다는 주왕굴, 주왕의 군사가 무기를 숨겼다는 무장굴, 주왕의 군사가 훈련을 했다는 연화굴, 주왕의 시체를 화장했다는 범굴, 주왕의 아들이 기도했다는 촛대굴이 그것이다. 또한 대전사는 주왕의 아들 대전도군大典道君을 위해 세워진 것이고, 백련암은 주왕의 딸 백련공주의 이름을 딴 것이다. 이렇게 요소요소에 구체적인 주왕의 흔적을 알고 나면 중국의 주왕이 실제로 이곳까지 와서 은거했다는 것을 믿지 않을 수 없다.

그러나 동진의 왕족 주도를 운운한 '주왕'의 이름은 위장술에 불과하며, 실제는 신라 말 김주원金周元의 아들 김헌창이 그 주인공이라는 것이다. 청송의 향토사학자 김규봉 님이 낭공대사(832~916)가 썼다는 『주왕사적周王事蹟』의 연구를 통해 『주왕산』(대원사)에서 밝히고 있다. 사실史實과 어긋나고 연대순도 맞지 않지만 실패한 반란을 감추기 위한 의도적인 기록이라는 것이다.

정확히 말하면 주왕산은 반역자와 아무런 상관이 없다. '달達'은 산의 옛말이다. 이것이 '두리', '돌이'로 변화되면서 주류周留, 두류頭流의 한자 표기를 얻게 된다. 주왕산의 주周도 이 범주에서 벗어나지 않는다. 주왕산은 가리왕산과 같이 큰 산을 뜻하는 우리 고유의 단어이다.

승자는 정의라는 이름으로 남고, 패자는 역사에 오명을 남기고 뒤안길로 사라진다. 나는 주왕산이라는 이름에서 패자의 역사를 남기려는 많은 사람들의 노력이 얼마나 눈물겨웠던가를 실감하게 된다. 주왕산의 주周자와 험난한 계곡의 조합을 가지고 이룩해 낸『주왕사적周王事蹟』에 박수를 보낸다. 이 내용을 사실로 받아들이며 발걸음을 옮겨본다.

김헌창은 무열왕(김춘추)계 후손이다. 김춘추는 성골이 아닌 최초의 진골 출신 왕이며 삼국을 통일한 출중한 왕이었다. 김헌창은 아버지 김주원이 왕위 계승 다툼에서 밀려나자 난을 일으킨다. 그는 주왕산 북쪽의 진성 싸움에서 패하고 주왕산으로 피신했으나 생포되어 참수당한다. 그의 아들 김범문이 반란을 일으켜 패하여 또 주왕산으로 은거한다. 김범문은 불가에 입문 수도하며 94세까지 운수암에서 기거하였다.

그의 제자 낭공대사는 김헌창과 김범문에 관한 사실史實을 다룬『주왕사적』을 작성하였다. 사창동에 작은 암자를 짓고 마당의 가리비조개바위 밑에 묻어두고 100년이 지나기 전에는 열어보지 말도록 당부하였다. 그 후 다섯 명이나 되는 관리승이 인계인수하며 엄중히 관리하다 작성된 후 114년이 되던 해인 1034년에 출토되었다. 글은 사실을 숨기기 위해 중국 관련 이야기들로 꾸며 있으며 등장인물들은 가명을 사용하였다.

'범문이 아버지(김헌창)의 시체를 거두어 돌아와 주왕산의 북쪽에다가 장례를 치렀다. 그 후 머리를 깎고부터는 도사라고도 하며 혹은 법사라고도 하였다. 홀로 살기를 15년, 하루는 가야산 진철대사가 낭공대사에게 건의해 범문을 모셔가도록 하여 함께 살 수 있도록 하였다. 매년 아버지의 기일과 생일을 맞으면 항상 흰옷을 입고 다녔으므로 진철대사(859~936)는 백색녹건 대도인白色綠巾 大道人이라고 불렀다. 삭발하고 승려로 변장한 지 100여 년, 선도仙道를 배움은 몇 해쯤인지 알 수 없었다. 920년 3월 1일 낭공대사 씀.'

주왕산 정면에서 가장 먼저 보이는 바위가 기암旗岩이다. 주왕이 은거할 당시 싸움이 시작되면 이 바위 봉우리에 깃발을 꽂아놓고 신호를 보낸 데서 연유한 이름이다. 이 봉우리에 올라서면 상의리는 물론 주왕암 뒤 나한봉과 궁터, 그리고 석름봉(가메봉)의 왕거암까지 환히 보인다. 동암능선 위에 있는 장군암 밑에는 매우 넓은 평지가 있어 주왕이 전방 진지로 삼고 진을 쳐서 장대將臺 역할을 했던 곳이다. 석름봉은 내원동 앞에 있는 해발 882m의 산으로 정상의 왕거암은 김범문이 명상에 잠기던 곳이다. 주왕산의 중심에 위치하여 조망이 가장 좋고 맑은 날이면 영덕 강구 앞바다의 일출을 볼 수 있다. 깎아지른 바위 급수대는 물을 길어 올렸으며, 그 뒤에는 주왕이 피난했던 궁터가 있다.

시루봉을 지나고 길은 구곡양장 깊은 곳으로 안내한다. 제1폭포, 제2폭포, 제3폭포는 저마다 장관을 이룬다. 이어서 펼쳐지는 내원동은 고즈넉하기 이를 데 없다. 피신을 하고 전쟁을 준비하던 김헌창과 달리 그의 아들 김범문이 모든 것을 잊고 노년을 즐기던 곳이었을 것이라고 생각해 본다.

주왕산 운수암에서 이거해 온 김범문은 해인사 희랑대에서 109세까지 여생을 보냈다. 희랑대에 모셔진 조각상의 복식 몇 가지 증거로 미루어 낭공대사의 후계자 진철대사의 작품으로 김범문을 조각한 것이 틀림없다고 『주왕사적』은 말한다.

'눈물을 흘리며 말씀드렸네. 석남산사로 가시더라도 변함없이 자상하게 가르쳐주옵소서. 오랫동안 받아온 총애와 명령을 명심하면서 저희는 함께 비밀을 지키는 데 힘을 다하겠습니다. 은거하시는 동안 만세를 비옵니다.'

김범문의 무엇이 열렬한 제자들을 만들어냈을까? 조부와 부친의 원한, 그리고 자신의 젊은 날의 원한은 어디에도 보이지 않고 자비로운 미소만이 조각상에 남아 있다. 김범문은 다시 석남선사로 옮겨 가 113세에 생을 마쳤다.

주흘산 主屹山 1,108m

괴나리봇짐을 지고 바쁜 걸음으로 걸어온 선비는 드디어 영남을 벗어나는 관문에 다다르게 된다. 과거를 보러 가는 길이다. 부디 좋은 소식을 듣기를 원하여 문경새재를 택하였다. 일신의 희열이나 즐거움을 원하는 것이 아니다. 국가를 위하고 가족을 위함이다. 문경聞慶은 '경사스러움을 듣는다'라는 뜻이니 반드시 과거급제의 소리를 들을 것이다.

이 선비는 마성들판에 서자 입이 쩍 벌어진다. 주흘산이 난공불락의 성처럼 자신의 앞을 가로막고 있다. 주눅이 든다. 아직 한양까지는 반도 못 왔다. 그러나 잠시 후 벌어졌던 입에 미소가 번진다. '아니야, 아니야. 산봉우리를 자세히 보니 내가 봉직하게 될 대궐이 아닌가?' 좋은 징조이다. 성벽 양편에서 치솟아 있는 주봉과 영봉은 대궐 지붕 용마루 양편에 장식한 치미鴟尾처럼 보인다. 영락없는 경복궁 근정전 지붕이다.

주흘산의 한자 풀이는 우두머리에 우뚝 솟은 산이라는 뜻이다. 주主는 두루에서 온 우리말로 '달'과 한가지로 '산'에 해당하는 말이다. 흘屹은 신라에서는 '벌', 백제에서는 '부리'로 표현되는 당초 의미인 벌판으로부터 나온, 마을을 의미하는 것으로 고구려 계통의 언어이다.

기록에는 문경현은 신라시대 관문현冠文縣, 또는 관산冠山, 일명 고사갈이성高思葛伊城으로 나와 있다. 이는 주흘산이 고깔산이라고도 불렸기 때문이다. 주흘산으로 바꾸면서 주봉에서 하초리로 가는 능선상에 고깔봉이란 이름으로 남겨놓고 있다.

영남과 한양을 연결하는 관문은 신라가 일찍이 주흘산을 우회하여 하늘재를 뚫었고, 그 뒤 소백산 죽령을, 조선시대에 주흘산과 조령산 사이를 관통하는 문경새재(조령)를 열었다. 한강과 낙동강을 이어주는 조령은 왜구들의 노략질을 피하여 조세를 운반하는 통로로 이용되어 번창하기도 하였다. 당시 충주의 실미에는 세곡稅穀을 모아두는 가흥창可興倉이 있었다.

정취를 아는 선비라면 문경새재 제1관문을 통과한 후에 주막에 들렀을 것이다. 막걸리 한 잔 들이킨 김에 봇짐에서 벼루와 붓을 꺼내 일장휘지 자신의 마음을 표현했을 터이며, 늙은 주모가 흥얼거리는 '문경새재 아리랑'을 들으며 고개 너머 세계를 그렸을 것이다.

문경새재 물박달나무 홍두깨 방맹이로 다 나간다.
홍두깨 방맹이 팔자 좋아 큰 애기 손질에 놀아난다.
문경새재 넘어갈제 구비야 구비야 눈물이 난다.
문경새재 덕무푸리 말최쇠최로 다 나간다.
문경새재 박달나무 북바듸집으로 다 나간다.
황백나무 북바듸집은 큰 아기 손목이 다 녹아난다.

마성들판에서 주흘산을 우러러보던 그 감격을 어찌 잊었겠는가. 그들도 오르고 싶었을 것이다. 나는 그들의 간절한 마음을 담아 산을 오른다.
여궁폭포로 가려던 발길은 혜국사로 가는 시멘트 길을 걷게 되었다.
여명이 걷히면서 포장도로 소로 끝에서 고깔봉이 참나무의 투명해진 나뭇잎들 사이로 머리를 내밀고 있다. 일부러 이 풍경을 위해 길을 맞추어 냈을까 싶을 정도로 기가 막힌 배치이다. 길의 막다른 지점에서는 조형물 하나가 올라가는 내내 나의 시선을 고정시킨다. 히말라야 고산지대 티베트에서나 볼 수 있는 불탑이다. 돌을 정교하게 원통형으로 쌓고 세 단을 두었고, 연꽃 받침 위에 앉은 부처님이 동쪽을 바라보고 있다. 마침 주흘산 산허리를 넘어온 햇살이 부처님을 곱게 단장하고 있다.

대궐터의 샘물을 마시고 주봉을 오른다. 이 지역 사람들은 아직도 주봉을 관봉으로 부르는 사람이 있다. 고깔 모양의 바위 봉우리에 서니 발밑으로 간담이 서늘한 절벽이다. 그 밑으로 문경분지가 펼쳐지고 있다. 조령천 너머로 조령산이 역시 험악한 바위산을 하고 있다. 새鳥를 이름으로 하는 다른 산들은 꿩(치악산)이 되고 공작(공작산)이 되어 날아갔지만 새산(조령산)은 그 자리에서 변함이 없다.

'들꽃처럼 산들산들 아무것도 없었던 것처럼 영원한 자연의 품으로 떠난 지현옥 선배를 기리며'

조령산 정상 한켠에 서 있는 비목을 기억해 낸다. 충남 논산이 고향인 지현옥은 충북 서원대의 산악부원으로서 기량을 연마하기 위해 조령산 암장을 자주 찾곤 했다. 1993년 한국 여성 최초로 에베레스트 정상을 밟았고, 가셔브룸 I 봉과 II 봉 등정에 성공했다. 가셔브룸 II 봉은 여성 산악인으로서는 세계 최초 무산소 등정이라는 기록을 남겼다. 38세의 산처녀는 1999년 4월 풍요의 산 안나푸르나에서 새가 되어 하늘로 날아갔다.

하산은 제2관문으로 가는 꽃밭서덜길을 택하였다. 더없이 호젓하여 적막감마저 드는 길이다. 쓰러진 나무를 타고 넘어서 징검다리를 밟고 개울 넘기를 반복하자 꽃밭서덜이 햇빛에 빛나고 있다. 서덜이란 냇가나 강가의 돌이 많은 곳을 지칭한다(『우리 토박이말 사전』, 한글학회, 어문각, 2002). 홍명희의 소설 『임꺽정』에는 돌서덜길과 돌서덜밭이 나온다. 고난과 고역을 상징하는 낱말들이다. 괴나리봇짐 선비도 피하고 싶은 길이었겠지만 누군가가 꽃밭이란 이름을 붙여 낭만이 넘치게 했다. 돌이 꽃이 되어 은하수처럼 흐르고 있다.

제2관문에 도착하니 행락객들로 넓은 도로가 분주하였다. 한 일행이 목청을 높이는 소리가 들렸다. 조령의 지명유래를 두고 분분한 의견이었다.

"새도 날아서 넘기 힘든 고개라서 그렇다는군."

"억새가 우거진 고개라는 뜻이야."

"하늘재와 이우릿재(이화령)의 사이에 있다는 뜻이지."

"하늘재가 생기고 그 후 새로 생겨서 그런 거야, 새로운 고개."

달려가서 "새재는 싸리재, 소리재와 더불어 '높다'라는 뜻의 '솔'에 그 어원을 두고 있어요. 그리고 하늘재도 원래 '큰 울타리'라는 한울재에서 나온 말이에요"라고 설명하려다가 그만두기로 한다. 굳이 정확한 원류를 찾아야 할까? 그들이 말하는 것은 모두 정답이다.

조령은 일제강점기에 이우릿재에 도로가 개통되면서 옛길로 남게 되었다. 그리고 이제는 이우릿재도 터널이 뚫리면서 옛길에 향수를 느끼는 드라이버나 주흘산과 조령산을 찾는 등산객들만이 이용하는 고개가 되었다.

| 智異山 | 지리산 | 1,915m |

    지도를 펴놓고 우리 강산 뼈대를 볼 때마다 물음표 같다는 느낌이 든다. 물음표 기호는 처음 오른편으로 둥근 호를 그리다가 밑으로 뚝 떨어지고 서서히 힘이 빠지는가 하는 순간 확실한 한 점으로 끝을 맺는다. 백두산에서 시작하여 두류산, 금강산, 태백산, 속리산으로 이어지다 지리산에서 끝나는 소위 백두대간이 우리 땅에 표시한 물음표 기호이다. 이렇듯 지리산은 우리 민족 밑자락의 큰 점이다.

    점은 너무 커서 아직도 붓을 떼지 않은 상태인지도 모른다. 『토지』(박경리), 『지리산』(이병주), 『태백산맥』(조정래), 『남부군』(이태)의 이야기는 아직도 미완으로 남아 있다.

    그래서 지리산을 생각하면 슬프다.

철쭉이 피고 지던 반야봉 기슭엔
오늘도 옛 같이 안개만이 서렸구나
피아골 바람 속에 연하천 가슴속에
아직도 맺힌 한을 풀 길 없어 헤매누나

    빨치산 문화부장을 지냈던 최순희(1924~2015)의 '지리산맷'이다.

    그녀는 1952년 1월 국군의 대성골 공세에서 생포되었다. 복역 후 홀로 조용한 인생을 살면서 매년 음력 9월 9일이면 40년 넘게 지리산 법계사와 천왕봉 등지에서 홀로 위령제를 지내왔다.

그녀가 치르는 위령제를 본 피아골 대피소 소장 함태식 님은 그의 저서 『그곳에 가면 따뜻한 사람이 있다』에서 이렇게 말하고 있다.

"밤차를 타고 구례를 통하여 올라온 그녀는 새벽녘 섬진강이 보이기 시작하자 울면서 오르기 시작해 노고단에 올라와서는 혼이 나간 사람처럼 온 산에 대고 절을 하였다. 그녀는 노고단 정상에 뜨거운 커피를 뿌렸다. 인텔리 빨치산들이 커피를 즐겨 마셨는데, 죽어가면서도 커피 한잔 마시면 소원이 없겠다고 했다는 것이었다. 정말 혼이라도 있는지, 노고단의 붉은 땅에 뿌려진 커피가 금세 땅 밑으로 스며드는 듯하였다."

그녀는 철쭉은 꽃이 아니라, 대성골 전투의 함박눈 속에 점점이 박힌 빨치산의 선혈이라고 말한다. 그녀뿐만이 아니다. 피가 많아서 피밭(稷田)골이라고 부르던 골짜기는 피아彼我, 너무 많은 피를 흘렸다는 의미로 사람들은 피아골로 부르고 있다.

피밭골이라는 이름은 배암골에서 그 원류를 찾을 수 있다. 배암이란 배달민족 할 때의 '배달'과 같은 말이다. 붉과 둘의 합성어인 '밝은 산'으로, 우리 땅에서는 어디서든 쉽게 '밝음'을 발견할 수 있다. 동학혁명의 발단이 된 만석보유지가 있는 들판이 '배들'이고, 신불산 깊은 계곡은 밝은 빛이 흐르는 '배내'이고, 산에 솟아 있는 바위는 빛나서 길잡이가 되는 배바위다. 험하기로 이름난 대둔산 배티(배재)도, 저 하늘의 신들이 내려와 꽃이 된 곰배령도, 서울 동대문의 야트막한 배오개도 환하게 빛나는 고개이다. 이런 고개들은 무너진 고개를 뜻하는 무너미고개와 의미가 중복되어 배너미고개로 바뀌기도 하고, 불교가 들어와 반야용선이 넘어가는 고개로 격상이 되기도 한다. 산 이름으로는 배향산, 북배산, 배암산 등에서 찾을 수 있다. 지리산 배암골은 지리산을 백두산과 태백산처럼 하늘에서 서광이 비치는 산으로 보았다는 뜻이다. 이 밝음의 산은 너무도 넓어서 지리산 계곡을 타고 굽이굽이 흐르는 물줄기는 꼬리가 긴 배암(蛇)이다. 배암은 구렁이가 되고 결국 이무기가 되지만 승천하지 못할 운명을 지닌 애처로운 존재이다.

충남 천안 배암산(蛇山)은 조그만 산등성이가 뱀처럼 흘러 고려조 유학자들에 의해 직산稷山으로 바뀌어 불리었다. 직산은 공자 사당을 세워서 공부산公父山으로 불렸기에 유학자들에게 꿈의 산이며, 사蛇는 '구불구불 간다'이고 직稷은 '기울다'로 뜻이 다르지 않으니 적격이었다. 또한 아무데서나 잘 자라는 구황식물로 오곡의 신으로 추앙받고 있는 피(稷)라는 뜻도 있으니 더없이 좋은 이름이었다. 지리산 배암골은 이러한 연유로 뱀사골과 직곡稷谷으로 분화된다. 다만 직곡은 알아듣기 어렵고 직곡直谷과도 혼동되니 피밭골로 부르다가 피아골로 바꾼 이는 최순희일 것이라 추정해 본다. 서울 신내동의 구불구불 개천에 위치한 피고을은 지금도 직곡稷谷마을이라고 부르고 있다.

이제 세월이 흘러, 지리산 시인 이원규는 지리산 앞에서 애써 옛 상처를 건드리지 않는다. 그의 시 '행여, 지리산에 오시려거든'은 천왕봉 일출, 노고단 구름바다, 반야봉 저녁노을, 피아골의 단풍, 불일폭포 물 방망이, 칠선계곡, 섬진강, 연하천의 선경 등 예로부터 내려오는 열 가지 경관을 열거하며 이를 보러 오기 위해서는 순순한 어린아이의 마음이 될 것을 당부한다. 그러나 벽소령의 달빛과 세석평전의 철쭉에 이르러서는 우리 민족의 회한을 감추지 못한다.

벽소령의 눈 시린 달빛을 받으려면
뼈마저 부스러지는 회한으로 오시라

그래도 지리산에 오려거든
세석평전의 철쭉꽃 길을 따라
온몸 불사르는 혁명의 이름으로 오고

  지리산 산행은 단 하루에 끝낼 수 없다. 중산리에서 급하게 천왕봉을 찍고 내려가는 당일 산행으로는 지리산에 왔다고 말해서는 안 된다. 2박 정도는 하면서 능선 길에서 왔던 길을 뒤돌아보는 시간을 가져본 사람만이 비로소 지리산에 온 것이다. 우리나라 어디에 지리산 말고 또 하나의 능선 길을 며칠씩 걸을 수 있는 산이 있는가? 버스를 타고 성삼재에 올라 차에서 내리면서 갑자기 눈앞에 펼쳐진 파노라마에 감탄하지 말고, 이왕이면 화엄사에서부터 오르자. 그렇다고 혁명을 불사르는 마음을 가질 필요는 없다. 요소요소에 옛 빨치산 비트가 있고 전투의 흔적도 남아 있지만, 노고단에 오르는 순간 그런 생각들은 넓디넓은 산자락에 묻혀버리고 만다.
  나의 발걸음을 기다리는 돼지령, 임걸령, 노루목, 날라리봉, 토끼봉, 벽소령, 세석평전, 연화봉, 장터목, 써리봉, 치밭목의 이름들에 벌써 마음이 가볍다. 노고단의 선도샘, 임걸령샘, 뱀사골산장샘, 총각샘, 벽소령 뱀실샘, 선비샘, 세석샘, 장터목샘, 천왕샘, 중봉샘, 치밭목샘이 늘어서 있어 가슴이 시원하다. 노고단에 올라서면 내가 갈 길이 아스라이 한눈에 보인다.
  언제 삼도봉에 조형물이 생겼을까. 전라북도, 전라남도, 경상남도 세 개의 도를 가르는 삼각형의 날카로운 화살촉을 보는 순간 가벼웠던 발걸음이 무거워진다. 날라리봉의 이름이 삼도봉으로 바뀌었다. '낫날봉', '날라리봉', '닐리리봉'으로 바뀌는 과정은 민중의 보이지 않는 합의에 의한 것이지만 세 개 도의 경계지란 의미의 '삼도봉'에서는 일방적인 폭압이 느껴진다. '날라리봉'은 누군가 호기롭게 이름을 만들어냈고 많은 사람들이 호응하여 지금까지 불러왔던 이름이 아닌가. 김종직(1431~1492)이 지리산에 올랐을 때 훌륭한 봉우리에 이름이 없는 것을 안타깝게 생각했으면서도 이름 짓기를 주저하던 그의 마음을 알 것 같다.

첩첩이 멀어져 가는 산들이 소잔등처럼 사랑스럽다. 지리산의 경관은 설악산과 대비된다. 설악산은 솟은 봉우리들의 화려함과 빼어남으로 인하여 남성적 이미지로, 지리산은 산세가 부드러운 곡선이어서 여성적 이미지로 보였다. 이제는 반대로 설악산은 변화무쌍한 것이 강조되어 여성적 이미지로, 지리산은 중후함과 한결같음이 남성적 이미지로 보인다.

설악산은 자칫하면 화를 낼 것 같아 조심해야 한다. 지리산의 능선 길은 어디를 걸어도 평온하다. 그런 지리산을 돌아나간 섬진강은 예부터 볍씨 한 말로 자그마치 일백마흔 말을 거둬들인다고 할 정도로 구례 땅을 기름지게 하였다. 우리나라 최장수 마을도 구례의 지리산 산자락에 있다.

김종직은 『유두류록遊頭流錄』에서 당시 천왕봉에 있던 성모묘聖母廟의 구조와 성모에 대한 묘사와 함께 성모는 누구를 지칭하는지 의문을 품지만 결론을 내리지 못한다. 안내하는 스님이 석가의 어머니인 마야부인摩耶夫人이라고 답하자, 고려 태조 어머니인 위숙왕후威肅王后를 가리킨다는 이승휴李承休의 『제왕운기帝王韻記』를 떠올린다.

지리산 천왕성모는 가야산 정견모주, 선도산 선도성모와 함께 우리나라 3대 성모산신이다. 『동국여지승람』에는 가야산신 정견모주가 천신에 감응되어 대가야왕과 금관가야왕을 낳았다고 했다. 경주 선도산 선도성모는 신라를 건국한 박혁거세를 낳았다(최원석의 『산천독법』). 지리산 천왕성모에 대하여는 구체적인 기록을 찾을 수 없으나 이렇듯 우리 시조의 어머니이다.

　안내를 맡은 스님은 불법을 믿으면서도 세속의 예를 따라 성모묘에 들어가 기도를 올렸고, 합리적 성격의 유학자 김종직도 성모 앞에 술과 과일을 차려놓고 제사를 지냈다. 유학자들의 토속신앙에 대한 태도는 관용적이었던 초기에 비해 점차 배타적이 되어갔다. 후에 지리산을 오른 김일손(1464~1498)은 하인이 천왕봉을 앞에 두고 말에서 내려 천왕에게 절을 올려야 한다고 하자 들은 척도 하지 않고 말을 채찍질해서 그냥 지나가 버렸다. 종내 성모묘는 방치되어 지금은 어디에 있었는지 흔적도 찾아볼 수 없게 되었다.

　'모든 것을 품에 안는 두루두루하다'고 해서 두류산이었고, '어리석은 사람이 머물면 지혜로운 사람으로 달라진다' 하여 지리산이다. 지리산 정상은 결코 권위를 나타내는 천황봉이 아닌 천왕봉이다. '왕'은 '온달'에서 온 것으로 이 세상 모두를 아우르는 오직 하나라는 뜻이다.

　능선 길의 마지막 지점의 천왕봉을 통과한다. 천왕봉은 자칫 지리산을 밋밋하지 않게 하려는 듯 불쑥 솟아 있다. 뒤돌아보니 능선 길이 굽이굽이 까마득하다. 저 건너 바위 위에서 섬진강을 바라보며 부르는 명창의 한 맺힌 판소리가 들려오는 듯하다.

智異望山　지이망산(사량도)　399m

　설악산 용아장성을 방불케 하는 기암절벽, 진한 초록빛의 호수 같은 바다, 산기슭마다 옹기종기 모여 있는 해변의 마을, 봉우리를 건너갈 때마다 섬마을 풍경이 눈앞에 펼쳐진다. 고개를 들어 멀리 북서쪽을 바라보면 지리산이 한눈에 들어온다.

　지이망산이 산자락을 두루 펼치니 사량도이다. 원래 이름은 지리산이었다. 의존적인 산 이름은 있을 수 없다. 크든 작든 저마다 특성을 가진 지리산이었다. 다만 같은 이름의 산이 있음을 알고 스스로의 이름을 지이망산으로 살짝 바꾸어 겸손의 미덕을 발휘한 것뿐이다.

　지리산은 한반도 남쪽 가운데서 덩치가 가장 큰 산이다. 그 이남에서는 어디서든 보이고 그 북쪽으로는 민주지산과 더 멀리 소백산에서도 조망되는데 지이망산에서는 보이는 범위가 넓을 뿐만 아니라 눈앞에 있듯이 구체적으로 다가온다. 구례 화엄사에서 올라가는 능선은 노고단에 안착하고 반야봉, 토끼봉, 삼각봉, 촛대봉, 연하봉으로 흐르다가 장터목에서 한 번 발을 구른 다음 힘차게 천왕봉을 올라 대원사를 향하여 내리막으로 치닫는다. 구례의 피아골을 비롯 하동과 산청 사이의 계곡 길도 훤히 상상할 수 있다.

　시리산은 백두산과 더불어 우리 민족의 혼이 깃든 산이다. 이름부터가 순수한 우리말로, '지리'는 산을 뜻하는 '두래(달)'에서 나온 이름이다. 이는 두리·두류 등으로 변음하여 頭流·豆流·頭留·斗流 등의 지명이 된다. 이 중 두류산頭流山은 지리산의 애칭이며 백두산을 말하기도 한다.

사량도의 사량蛇梁은 뱀 다리라는 뜻인데, 남해의 노량露梁과 마찬가지로 해협을 이어주는 다리가 있기를 소망하여 만들어진 말이다. 이슬이 남해와 육지를 이어주는 다리였으면 하는 바람이 '노량'이고, 옴짝달싹 못하는 조그만 섬에서 뱀이라도 모여들어 상도와 하도를 이어줬으면 하는 바람이 '사량'이다.

그런 상상의 바탕은 바로 지이망산에 있다. 사량은 지리산 뱀사골과 맥을 같이하고 있다. 지이망산이 밝게 빛나는 산, 즉 붉돌 나아가 배암으로 불리었던 산이었음을 알게 해주는 이름이다. 지리산 배암은 구불구불 긴 골짜기에서 그 뜻이 더욱 확실해지고 지이망산 배암은 바다에서 헤엄쳐 빛나는 다리를 놓고 있다.

밝은 산이지만 이야기는 옥녀봉(304m)의 비극적인 설화로 시작한다. 일찍이 아내를 잃고 홀로된 아버지, 섬은 너무도 좁았다. 딸에게 향하는 욕정을 이기지 못하고, 아버지는 딸의 제안대로 소의 탈을 쓰고 '음메' 소울음을 내면서 네발로 기어 옥녀봉을 올랐다. 아버지의 손이 몸에 닿는 순간 옥녀는 벼랑 아래로 몸을 던졌다.

이 이야기는 소 탈에 주목할 점이 있다. 옥녀봉에서 마을의 안녕을 위해 제사를 지냈고 그때 제물로 소 대신 소 탈을 쓴 사람이 올라갔다는 사실이다. 아마 옥녀봉 이전의 봉우리 이름은 우두봉牛頭峰이었을 것이다. 태백산의 제사는 국가적 행사여서 소를 끌고 가서 바쳤다. 그것도 천제단에 매어놓고 그대로 뒤돌아섰다. 조그만 섬 사량도에서는 언감생심이므로 소 탈을 쓸 수밖에 없었다. 옥녀는 아버지에게 그렇게 요구했고, 지어낸 이야기라면 지은이가 거기서 그걸 봤기에 가능한 이야기이다.

한승원의 『미망하는 새』는 사량도 옥녀봉 전설을 소설화한 이야기이다. 봉우리에 오르는 과정과 옥녀가 벼랑 아래로 떨어지는 장면 모두를 성행위임을 염두에 두고 묘사하고 있다. 소설에서 어느 특정장소를 언급하지 않았듯이 사량도의 옥녀봉에만 있는 것은 아니다. 하지만 익명이 허용되지 않는 좁은 섬이라는 점, 이야기의 중심이 되는 옥녀봉이 마을 바로 뒤편에 위치하고, 봉우리는 피라미드처럼 가파르다는 점이 사량도 옥녀봉의 이야기를 너무도 현실적으로 만들고 있다. 옥녀봉 아래 대항마을의 '옥녀꽁돌바우', '옥녀저고리바우(지금은 없어졌음)'는 당시의 상황을 마을 사람들이 얼마나 생생하게 기억하고 있는지를 말해 준다. 잊을 수 없는 자신들의 슬픈 이야기이기도 하였다. 한때 이 섬에서는 혼인할 때 애도의 뜻으로 부부가 서로 절하는 대례를 치르지 않기도 하였다.

옥녀봉 이야기로 시작하는 지이망산은 참으로 험한 산이다. 가마봉, 불모산, 월암봉으로 이어지는 봉우리는 저마다 우뚝하여 급박한 암벽은 철제사다리를 타고 오르고 봉우리 사이는 출렁다리로 연결하고 있다. 험한 절벽에서는 우리를 탈출한 염소 가족이 자유를 즐기고 있다.

산은 어디서 바라보든 바위의 장성이다. 돈지리 사람들에게 뒷산의 바위벽은 새드래(사닥다리)로 보였고, 그래서 새들산이라고 부르기도 하였다. 지이망산이 '설뫼' 계통의 산이기도 함을 알려주는 이름이다.

'섬'이란 말은 무엇을 의미하는 걸까. 역시 깨끗이 정화된 상태를 나타내는 '설다'에서 왔을 것이다. '서다'를 곧잘 섬으로 말하기도 한다. 곧게 자라는 섬잣나무는 옆으로 누운 눈잣나무에 대비하여 그렇게 부르며, 설뫼의 마을은 '섬마을'이라고 부른다. 섬은 태곳적 모습을 그대로 간직하고 있는, 그 자체로 하나의 산이며 구체적으로는 설뫼이다. 일본 규슈의 내륙에 있는 산을 버젓이 기리시마산(霧島岳)으로 명명한 것은 그런 이유에서다.

어둠을 가르고 통영 가오치항을 출발한 배는 기다란 하얀 거품을 꽁무니에 길게 달고서 앞으로 나아갔다. 섬은 점점 커지며 다가오고 지이망산 연봉이 어느덧 내 눈앞에서 멈춘다. 배는 사량연도교 밑을 통과하더니 뱀처럼 길게 돌아서 사량터미널에 도착하였다.

보통 등산은 배 시간에 맞추어 출발하는 섬 일주버스를 타고 돈지에서 내려 진촌으로 뒤돌아오는 길을 택한다. 나는 바로 옥녀봉으로 올라서 연지봉, 가마봉, 불모산(달바위봉)과 지리산(지이망산)을 거쳐서 내지리로 내려가기로 했다. 걷는 내내 지리산을 정면으로 조망할 수 있고, 내지선착장에서 삼천포 가는 배를 타기 위해서였다.

나의 선택은 옳았다. 지이망산 정상을 천왕봉으로 가정하고 가는 길에서 한 봉우리 오를 때마다 여기는 노고단, 여기는 반야봉이라고 마음속으로 복창하면 환희가 물밀듯 몰려왔다. 지리산에 비해 턱없이 짧은 거리이지만 발걸음을 붙들어주는 소박한 해변마을들이 충분히 거리를 늘려주었다. 내지리 분기점은 마지막 정상을 앞둔 고개로 장터목이어서 그냥 지나칠 수 없었다. 간식을 꺼내 먹고 한참을 쉬었다. 그리고 사량도 지이망산 정상에서 내지선착장으로 내려가는 길은 지리산 천왕봉에서 대원사를 향하는 길이었다.

천관산 天冠山 724m

장흥에서 솔치고개에 올라서면 주변 산과는 다른 모습의 산이 성큼 눈에 들어온다. 바위 때문이다. 바위가 없었더라면 소 잔등처럼 흘러갔을 소박한 산이지만 여기저기 듬성듬성 돋아난 바위들은 한눈에 천관산임을 알려준다. 무등산을 사이에 두고 영암 월출산과 대비를 이루는 산이다. 월출산은 전체가 온통 바위투성이인데, 천관산은 훤하게 드러난 몸체에 바위들이 곳곳에 보석처럼 박혀 있다. 과연 천자가 쓰는 면류관이다.

면류관을 쓴 천자 앞에서 우리는 어떻게 해야 할까? 감히 똑바로 쳐다보지도 못하고 무조건 굽실거려 당신의 위엄을 충분히 느낀다는 표시를 해야 한다. 천관산은 결코 그런 산이 아니다. 친구같이 친근하면서도 어머니같이 우리의 마음을 녹여주는 따뜻함이 있다. 그렇다. 천자의 면류관이 아니라 지장보살 또는 관세음보살이 썼다는 면류관이다.

지장보살은 과거의 석가모니불도 아니고 장차 도래할 미륵불도 아닌 현생의 수렁에서 허덕이는 중생과 함께하는 보살이다. 관세음보살은 세상의 모든 소리를 살핀다는 보살로 우리가 일념으로 "관세음보살" 다섯 자만 외우면 모든 고통을 헤아려 살펴주시는 분이다.

두 분 중 관세음보살이 쓴 면류관일 것이다. 관조한다는 의미가 더해서인지 관세음보살을 모신 설은 강화도의 보문사普門寺·남해의 보리암菩提庵·양양의 낙산사洛山寺와 같이 바다를 바라보고 있다. 이제 관세음보살은 아무래도 권위적인 느낌이 드는 면류관을 벗어버리고 화불을 쓰고 계시다. 천관산은 이들이 쓰던 면류관이다.

　아직은 골짜기 속살이 보이는 이른 봄이다. 아기바위, 사자바위, 부처바위, 천주봉, 관음봉, 선재봉, 돛대봉, 갈대봉, 독성암 등 수많은 기암괴석들이 귓가에 다가와 속삭이는 것 같다. 바다 향을 잔뜩 머금은 짭짤한 봄바람이 살랑거린다. 바람은 죽은 이의 영혼을 위무해 저승으로 천도한다는 금강굴을 통과하고, 저 피안으로 가는 배 석선石船을 따뜻한 남쪽 바다로 밀어주고, 큰 벽이 기둥처럼 서서 하늘을 찌르는 대세봉을 어루만지고, 기둥을 깎아 구름 속에 세워놓은 천주봉에 잠시 멈춰 서더니, 이곳 모든 바위의 정기가 모인 구정봉에서 한 호흡한 후 환희대에 다다른다. 이런 바람이 한 걸음을 뗄 때마다 내 몸을 스치니 어찌 환희에 젖지 않을 수 있겠는가.

　구룡봉 바위에 파인 구멍들은 한승원의 『한승원 토굴살이』에서 말하는 자궁의 권력을 생각하게 한다. 돌팍엉설은 돌구멍이라는 이 고장의 보통명사이지만 구룡봉 바위구멍을 보고 있노라니 이곳에 한정하고 싶어진다. 천관산은 '장흥 앞바다 뻘ㅂ지'에 당당히 맞서 '천관산 돌팍엉설ㅂ지'로 말미암아 이 고장의 또 하나의 강력한 권력자가 된다. 바위 이름에 여성 심볼을 덧붙이는 것은 자궁이라는 권력자에 대한 절대 복종이며 경배이다. 그리고 보니 너무도 리얼한 양근암과 서로 마주 보고 있는 능선상의 금수굴錦繡窟도 마찬가지이다. 권력자의 허가를 받아 통과하여 비로소 생명을 얻는 그 좁은 길은 비단으로 수놓은 아름다운 터널이다.

　능선 길에서는 억새들이 짹짹거린다. 곧 태어날 후세들의 보호막이 되겠다는 것인지 앙상하게 남은 줄기일망정 억센 힘을 놓지 않는다. 짹짹짹짹, 억새는 가을에만 정취를 주는 것이 아니었다. 탁 트인 능선 길에서 바닷바람에 대꾸하며 울어대는 천관산 봄날의 드센 억새는 모성애의 발휘이고 새 울음소리는 새 생명의 예고이다.

연대봉煙臺峯에는 바위를 쌓아 만든 봉수대가 정상을 장식하고 있다. 둥근 모양이어야 할 봉수대가 사각인 점이 특이하다. 육중한 모양을 하고 있지만 하늘을 향하여 당신의 땅임을 결코 잊지 못한다는 겸손의 뜻일 것이다. 상단은 판석이 가지런하게 깔려 있어 불을 피우는 봉수대라기보다 하늘에 제사를 지내던 곳이었지 않나 하는 생각이 든다.

땅이 최초로 잉태된 곳으로서의 갓산은 가야산처럼 대부분 '가'로 시작하는 이름을 얻고 일부는 한자로 관冠을 거쳐 강剛의 표기를 갖는다. 천관산은 누구나 가보고 싶어 하는 금강산과 맘먹는 이름이다. 금강산은 '큰 갓산'이고, 천관산은 하늘 아래 하나뿐인 갓산이다. 어쩌면 천관산天串山이라는 이름이 더 어울릴 것 같다. 태백산 제단에서 축문을 태운 재가 하늘로 올라가 하늘과 교통하는 꼬지 역할을 하듯이 연무대는 하늘과 천관산을 연결하는 꼬지(연기)가 관통하는 지점이다.

이제 연무대는 전망대 기능을 하고 있다. 지나온 길을 뒤돌아보니 억새와 바위가 협력하여 만들어진 길이 꿈같이 이어진다. 멀리 남해 바다를 바라보니 점점이 박힌 섬들이 운무 속에 가물가물하다.

한승원, 이청준, 송기숙 등 쟁쟁한 문인들이 천관산이 배출한 작가들이다. 한승원의『포구』와『안개바다』의 무대 회진포구가 발밑에 있다. 금일도와 생일도가 파도비늘과 함께 반짝이고 그 뒤로 영화『서편제』촬영지로 유명한 청산도가 보인다. 연무 속의 청산도에서는 하얀 한복에 중절모를 쓴 유봉과 북채를 잡은 동호, 소리꾼 송화가 덩실덩실 춤을 추며 내는 소리가 들려온다.

천마산

天摩山　　　　810m

조선시대 각종 기록에 의하면 천마산은 天馬(말 마)山, 天磨(갈 마)山, 또는 天摩(문지를 마)山으로 표기하고 있다. 천마산의 '마'가 이렇게 다양한 한자로 표기된다는 것은 순수 우리말을 음차音借했음을 뜻하며, 이때 '마'는 '마치고개'의 '마'와 같은 말이다. 마을 사람들은 '마치'와 '말티'라는 이름을 함께 쓰고 있는데, '말'과 '마'는 모두 산 혹은 산정이라는 의미의 마리에서 나온 것이다. 마치고개 혹은 말티고개는 산에 있는 고개 혹은 산정에 있는 고개이며, 천마산은 하늘에 솟아 있는 머리 산이라는 의미가 된다.

태조 이성계가 이곳을 지나며 "인간이 가는 곳마다 청산은 수없이 있지만, 이 산은 매우 높아 푸른 하늘에 홀笏(조선시대에 관직에 있는 사람이 임금을 만날 때 조복에 갖추어 손에 들고 있던 물건)이 꽂힌 것 같아 손이 석 자만 더 길었으면 가히 하늘을 만질 수 있겠다"라고 한 것은 '머리 산'에 가장 가깝게 표현한 말이다. 이에 가장 많은 호응을 얻어 천마산天摩山(하늘을 만질 수 있는 산)이라는 한자 이름이 정착했다고 볼 수 있다.

마치고개는 동부지방에서 서울로 들어가는 마지막 관문이었다. 고개에 올라서면 멀리 한양의 북한산이 보인다. 가끔씩 도둑떼가 나타나기도 하였다. 고개 북쪽으로 천마산의 줄기가 하나 뻗어 있기 때문인데, 험한 산을 기반으로 두어야 하는 도둑들 입장에서는 안성맞춤의 지형이었던 것이다.

천마산에는 임꺽정바위가 있다. 임꺽정은 양주 출신으로 개성 부근의 두석산豆石山(415m) 일대에서 활동하였다. 두석산은 임꺽정이 나막신을 신고 콩 한 섬을 지고 올라간 산이라고 전해지고 있으며, 홍명희의 소설『임꺽정』에서도 주 무대가 그 부근의 청석골이다. 임꺽정의 흔적은 여러 곳에서 보인다. 철원의 한탄강이 흐르는 고석정 일대는 임꺽정이 은신처로 삼고 농민봉기를 계획했던 곳으로 전해지고, 파주의 감악산과 양주 불곡산에도 임꺽정봉이 있다.

이렇게 일대에 임꺽정의 흔적이 많은 것은 그의 전술이 조직화된 관군을 상대로 모였다 흩어졌다 해야 하는 유격전의 양상을 띨 수밖에 없기 때문이기도 할 것이며, 임꺽정은 여러 곳에 동시에 출몰하기도 해서 분신술도 부린다고까지 알려졌는데 여기저기 좀도둑들이 임꺽정을 사칭한 까닭이기도 하다. 그가 실제로 천마산에서 은거하고 있다가 마치고개로 출몰했는지는 알 수 없지만 지방의 수령들이 한양으로 올려 보내는 짐을 강탈하기에는 최적의 장소로 보인다. 당시 한양으로 들어가기 위해서는 반드시 이 고개를 통과해야 했으며, 그래서 아침 일찍 무리지어 고개를 넘어야 하므로 마석우리에는 객주집이 성행하였다.

마치고개에서 올려다보는 천마산은 삼각형으로 별 특색 없이 보이지만, 멀리서 보는 모습은 장대한 삼각뿔 또는 피라미드를 연상시킨다. 정상에 오르면 탁 트인 사방이 명산임을 일깨워준다. 남쪽으로 보이는 백봉白峰은 내가 1974년 봄 대학산악부 입회식을 했던 봉우리이다. 밝음(白)을 어원으로 가진 봉우리는 아마 예전부터 하늘과 통하는 천마산을 바라보고 기도하던 곳이었을 것이다. 무사히 그리고 평생 산에 다니게 해달라는 기원이 담긴 입회식 최적의 장소였다.

남쪽으로는 골짜기마다 아파트가 들어서 답답함을 면할 수 없지만 북쪽으로는 아직도 원시의 기억을 더듬기에 충분하다. 북쪽으로 뻗은 능선은 S 자형으로 돌아서 철마산에 이르고 그 뒤로 주금산까지 이어진다. 아득한 소로가 한눈에 보여 예전에 나도 모르게 발길을 들여놓던 능선이다.

능선상의 '과라리고개'와 '쾌라리고개'라는 이름이 좋다. 그 의미를 생각해 보는데 최근 과라리고개에 표지판으로 세워놓은 작자 미상의 '과라리 아리랑'이란 시를 보고 '과라리', '쾌라리'는 '아라리'와 같은 의미라고 짐작하게 되었다.

아리랑의 어원에 대하여는 여러 가지 설이 있다. 아리랑은 의미 없는 사설이라는 설도 유력한데 '과라리'와 '쾌라리'를 나란히 놓고 보면 그 어감이 다르다는 것을 알 수 있다. 그래서 정선 아리랑의 '아리랑 아리랑 아라리요'를 '누가 내 처지를 알아주리오'라고 풀이하는 것에 빗댄다면 '쾌라리'와 '과라리'는 그 어감을 살려 '얼마나 좋으리오'라고 풀이할 수 있을 것 같다. '쾌지나 칭칭나네'는 도적이 들끓는 마치고개와는 달리 '걱정이 없으니 얼마나 좋으냐' 하는 뜻이었을까.

산다는 게 살아간다는 게 모두 굽이굽이 돌아 산마루턱에 다다르는 산길과도 같아서/천 번을 다녀도 갈 적마다 새로운 것이 우리 인생 여정과도 같아서/늘 한 자리에서 만고풍상 마다않고 얼싸안는 모습이 따스한 어머님 품속 같아서/아리랑 아리랑 과라리 아리랑 과라리 과라리 울 엄니 아리랑

하늘에서 가장 가까운 천마산에 와서 울 엄니를 생각한 작가는 어떤 분일까. 최치원·김시습과 같이 산을 은둔처로서 자적自適의 대상으로 삼았던 비운의 천재인가, 임꺽정처럼 적극적 항거의 무대로 이 산에 숨어든

사람인가.

　노랑제비꽃이 한창이던 따뜻한 봄날, 정상에서 내려오다가 벤치 하나를 발견하고 그 자리에 앉게 되었다. 임꺽정바위 밑으로 이어지는 나무계단 길이 끝나는 지점으로 멀리 불암산과 수락산 너머로 북한산과 도봉산이 보이는 최고의 조망터였다.

　북한산과 도봉산은 수도 없이 오르락내리락했던 곳이다. 벤치에 앉아 하염없이 보현봉에서 인수봉에 이르는 북한산 능선을 바라보고 있자니, 저 능선상에 걸음을 옮기고 있는 나의 모습이 보인다. 저곳에서 한 걸음 한 걸음 움직이는 개미같이 조그만 나, 이곳에서 현재 저곳을 관조하는 나, 또 어딘가에서 나를 바라보는 나는 없을까? 그렇다면 여기 앉아 있는 나는 도대체 또 누구란 말인가?

　상념에서 빠져나와 내려와서 이번에는 전나무 숲 벤치에 앉았다. 전나무의 진한 향기가 폐부를 찔렀다. 그 향이 너무 좋아 책 한 권 들고 오지 않은 것을 후회하였다.

천성산

千聖山　　920m

 천성산은 양산梁山이 자랑하는 산이다. 처음부터 그런 것은 아니었다. 원래 자기네 산이었던 금정산을 부산에 뺏겼기 때문이다. 부산은 현재 범일동에 증산甑山공원으로 남아 있는 자그마한 솥산에 기원을 두고 있을 뿐이다.

 양산 쪽 금정산 자락의 마을들은 금정산을 나름대로 다른 이름으로 불러 자기네 산임을 내세웠다. 금산리에서는 신의 산이므로 '곰뫼', 가산리에서는 하늘 아래 첫 산이므로 갓뫼, 증산리에서는 높은 산이므로 솔뫼로 불렀다. 그리고 물금에서는 '물구름'산으로 보았다. 비를 몰고 오는 검은 구름, 즉 '먹구름'이 살고 있는 산으로 양산은 이를 이어받은 지명이다. 한자 양梁은 대들보이긴 한데 물이 들어가 있다. 금정산은 큰 산이니 검은 구름이 걸리면 물 대들보 같다.

 천성산 입구에서 석계리와 대석리를 만난다. 천성산이 드디어 시야에 들어오는 동네이다. 역시 천성산과 관련을 짓는 마을 이름들이다. 석石은 산의 옛말 '달' 또는 '돌'에서 나온 말이다. 산골짜기 마을이므로 석계리, 천성산은 큰 산이므로 대석리이다.

 이미 '물구름'에서 느꼈겠지만 이 지역은 해양성 기후의 영향을 받는다. 작년 여름 갔을 때도 이를 확인할 수 있었다. 등산로 초입인 홍룡사에서는 물구름이더니, 서서히 내리던 빗줄기가 굵게 변하였다. 능선에 올라서자 갑자기 나무가 사라지고 풀밭의 구릉지대가 펼쳐졌다. 초원 위로 동해 바다에서 바람에 밀려 올라온 구름이 비를 뿌리고 사라져 갔다. 일대에 나무가 견디지 못하고 사라진 것은 바닷바람이 센 까닭이고, 그곳에 늪지가 형성된 것은 바람이 끊임없이 바다의 크고 작은 구름을 몰고 와서 산마루를 적신 때문이었다. 고지대란 조건 때문에 습지에서 식물이 죽은 뒤 썩거나 분해되지 않고 그대로 쌓여 이탄泥炭층이 형성되고, 그 늪지에는 앵초·물매화·잠자리난·끈끈이주걱·이삭귀개가 자라나고, 이들 사이에서 도롱뇽이 활개를 치며 살고 있다.

지구가 태어나고 바닷속에서만 살던 물고기가 수평의 지느러미를 수직으로 세워서 바다를 벗어나 갯벌에 오르기 시작한다. 우리는 그 생명체를 짱뚱어로 추정한다. 짱뚱어는 육지에서 수많은 동물로 진화한다. 그러나 도롱뇽은 네발만 달렸을 뿐 짱뚱어보다 더 물고기에 가깝다. 그런 도롱뇽이 해발 900m가 넘는 천성산 꼭대기에 살고 있다.

우리가 속세를 벗어나고자 산을 찾는 것은 태곳적 고향에 대한 어렴풋한 향수 때문일 것이다. 자신들의 고향인 갯벌을 산꼭대기에서 찾아낸 도롱뇽에게 경의를 표한다. 그런 마음은 화엄늪 습지보호지역으로 표현되고 있다. 낙동강유역환경청은 2만 8천 평이나 되는 보호지역을 지정했고 이미 등산객의 발길로 껍질이 벗겨진 산등성이를 복원하는 작업도 병행하고 있다.

경부고속철도 건설로 원효터널이 천성산을 관통할 때 지율스님이 단식까지 감행하며 반대운동을 펼치던 때를 회상한다. 도롱뇽을 보호하고자 한 스님에 대한 입에 담지 못할 욕설이 있었고, 이념대결 양상도 띠었다. 고속철도로 서울에서 부산까지 두 시간 반밖에 걸리지 않는다. 덕분에 당일로 천성산 산행이 가능하였다. 하나를 얻으면 하나를 잃는 법. 산 밑으로 터널이 뚫리면서 등산객의 발길도 눈에 띄게 늘었다. 습지보호지역 국민협조사항에는 금지행위를 열거하고 이를 어길 시는 엄벌에 처한다고 경고하고 있다.

군이 그런 경고가 아니더라도 도롱뇽을 생각한다면 보호지역 훼손은 있을 수 없는 일이다. 빗속에 발걸음이 빨라져 자칫 흙길이 파일까 두렵다. 천천히 발걸음을 옮겨놓으며 주변을 보는 맛이 새롭다. 역시 하나를 잃으면 하나를 얻는 법. 멀리 파란 동해 바다가 보이지 않는 대신 나를 감싸고 도는 희뿌연 장막이 신비하다. 그 원형무대는 이동식이어서 나를 주인공으로 어디든 따라다닌다.

천성산 상단의 초원은 김해 구지봉처럼 전형적인 거북형을 나타내고 있다. 하늘의 아들이 내려오기 좋고 땅의 곰을 맞이하기 편리한 곳이다. 천天 자가 들어가는 천관산, 천태산 등과 '밝' 자가 들어가는 태백산, 소백산, 광양 백운산 등과 같이 천산天山임이 분명하다.

천성산은 원효대사가 당나라에서 건너온 1천 명의 승려들에게 화엄경을 설법하여 모두 성인이 되게 했다고 하여 붙여진 이름이다. 고원은 신성하고 신비하다. 원효는 그 점을 간파하고 천天에서 천성千聖을 본 것이다.

우리나라 많은 산 이름과 지명이 그렇듯이, 조금씩은 모화사상이 빚어낸 이름이다. 오대산은 문수보살이 살고 계시다는 중국의 우타이산을 그대로 모방하여 붙인 이름이고, 천성산 역시 그러하다. 그러나 그 내용에 있어서는 약간씩 자주성을 보이는데, 오대산은 '최고의 지혜를 상징하는 문수보살이 너희들에게만 있느냐? 우리나라에도 계시다'는 것을 보여준 것이고, 천성산은 거의 적반하장 수준이다.

원효가 척판암에 묵을 때 당나라 태화사에서 공부하던 1천 명의 승려가 장마로 산사태가 나 몰살 직전이었는데 신통안으로 간파하고 밥상을 공중으로 날렸으니, 그 소리에 놀라 뛰쳐나온 스님들은 압사를 모면했다는 것이다. 한 치 앞을 못 보던 승려들이 득도하기 위해 원효를 찾아온 것은 당연하였다. 유학하지 않고서도 오히려 당나라 승려들을 불러들인 천성산 이야기에 선진문물을 받아들이면서도 자존심을 지키고자 한 당시의 고민이 묻어 있다. 원효는 우리의 자존심이었다.

　원효암을 들러 홍룡사로 내려온다. 홍룡폭포가 장관이다. 현판의 한자를 자세히 들여다보니 홍룡虹龍은 무지개가 올라가는 폭포라는 뜻이었다. 도롱뇽을 위해 천성산 동벽을 적신 물구름이 이곳에서 무지개가 되어 다시 도롱뇽에게 되돌아간다.

천태산 天台山 715m

할미란 지금 쓰이는 할머니의 뜻이 아니라 한+어미, 즉 큰 어머니大母이다. 마고할미는 태초에 지형을 형성시키는 대지모신大地母神 성격의 여성 거인이다. 하늘도 땅도 없는 세상에서 잠을 자면서 코를 골다가 하늘을 내려앉게 해서 카오스 상태를 만들고, 깨어나면서 하늘을 밀어 갈라지게 하며 해와 달이 생기게 하고, 땅을 긁어서 산과 강을 만들었다.

중국 천태산에는 마고할미가 살고 있다. 마고할미는 무속신화인 '바리데기'와 소설『숙향전』에 등장한다. 부모에게 버림받은 바리데기 공주는 마고할미 덕분에 목숨을 건져 저승에 있는 아버지의 목숨을 되찾아주고, 부모를 잃은 숙향淑香은 마고할미 덕분에 죽을 고비를 벗어나 성장하여 천생배필을 얻고 결국 부모님과 조우한다. 이렇게 마고할미는 고난에 처한 여성들에게 도움을 주는 전지전능의 능력자이다. 그래서『심청전』에서 심청이 어머니가 핏덩이를 남겨두고 찾아간 곳이 마고할미와 함께 살고 있는 숙낭자(숙향)라는 도입부 사설은 해피엔딩을 예고하는 것이다.

'아가 아가 우지 말아, 내 새끼야. 너의 모친 먼 데 갔다.
낙양동촌洛陽東村 이화정梨花亭에 숙낭자淑娘子를 보러 갔다.'

마고할미는 구비설화를 통해 전국적인 분포를 보이면서 전승되고 있다. 마고할미라는 명칭은 제주도의 설문대할망, 서해안의 개양할미, 경기 지역의 노고할미, 강원도 지역의 서구할미, 충청도 지역의 안가닥할무이, 경상도 지역의 다자구할마이와 같이 지역에 따라 달리 불리기도 한다.

바위야말로 불멸의 증거로 더 위대한 존재인지 모른다. 충북 영동군 천태산에서는 마고할미가 산신할멈바위로 남아 지금도 당신의 생생한 모습을 보여주고 있다.

산신힐멈비위는 천태산 들머리에서 갑자기 나타난다. 가볍게 발걸음을 옮기는데, 할머니가 머리 위에서 자신을 온통 쏟아부을 듯 겁을 주고 있다. 경배심이 없는 자에게까지 인자하지는 않을 듯싶고, 내가 여자가 아닌 남자라는 사실을 생각하니 발걸음을 더욱 조심하지 않을 수 없다.

산신할멈바위를 지나고 이미 산중에 들어섰다고 생각하는 순간, 예상과 다르게 개활지가 펼쳐지고 오래된 은행나무와 영국사가 마중한다. 뿐만 아니라 제대로 천태산에 들었는지 의심할 지경으로 영국동이라는 제법 큰 촌락이 펼쳐져 있다.

산신할멈의 영험함을 믿어서였을까. 공민왕은 이곳에 와서 홍건적을 물리친다. 도처에 그의 흔적이 묻어 있다. 적병의 침입을 감시하는 망탑 앞의 바위에 그려진 윷놀이 판은 공민왕이 노국공주와 함께 윷을 던지며 무료함을 달랬던 곳이고, 육조골과 옥쇄봉도 공민왕과 관련된 곳이다.

전국의 산에 등산붐이 일던 1980년대 중반까지 천태산은 영국사까지의 신행神行 길이었을 뿐, 아무도 등산의 대상으로는 생각하지 못하였다. 그때 배상우(1932년생) 님은 혼자서 천태산을 샅샅이 살펴보고 등산코스를 개발하기에 더없이 좋은 산임을 확신하였다. 1985년 우선 A, B 코스를 개척하고, 잠시 인근의 갈기산에 전념하다가 1992년부터는 C, D 코스를 완성하였다. 작은 산이지만 암벽등반에 가까운 높은 난이도의 코스가 있다는 것도 자랑이다. A~D 코스에 미륵길, 관음길, 원각국사길, 남고개길이라는 별칭도 붙였다.

배 선생님은 지금도 등산로에 꽃길을 조성하고, 천태산 급경사 암반의 로프와 자일을 일일이 점검하고 정비한다. 등산객들이 나무에 무질서하게 묶은 리본들을 영국사 입구에 대를 설치하여 한 곳에 정리한 것도 선생님이다. 산 정상에는 방명록을 비치하여 산을 오르내리는 이들에게 산의 소중함과 감사함을 느끼도록 했다. 한때 채석장이 들어온다 하여 서울 길을 몇 번이나 다녀와서 결국 승소하여 이 산을 온전히 지킬 수 있었다.

내려오면서 다시 보니 산신할멈의 얼굴은 개(犬)의 한 종인 주름투성이의 샤페이를 연상시켜 웃음이 나온다. 마고할미가 아무 조건 없이 도움을 준 것은 아니다. 길을 묻는 바리데기에게 '검은 빨래는 희게 빨고 흰 빨래는 검게 빨기'라는 어려운 조건을 내걸고 이를 달성했을 때 비로소 아버지에게 가는 길을 가르쳐준다. 검은 빨래는 희게 빤다지만 흰 빨래 검게 빨기는 불가능에 가깝다. 서서히 남성 위주의 세상으로 바뀌면서 여성으로서 산다는 것이 얼마나 힘든 건지 암시하는 것일 것이다.

천태산의 길목 누교리 콘크리트 다리(지력1교) 난간에는 사또와 장졸이 양편에 서서 영접 인사를 한다. 화려한 관복을 입은 사또는 의연함을 잃지 않은 자세이고 장졸은 허리를 굽혀 깊게 고개를 숙인다. 누교리樓橋理의 지명의 유래가 누각이 있는 다리가 있었기 때문인데 아마 바로 그 누다리였던 곳으로 추측된다. 고려 공민왕이 홍건적의 난을 피하여 이곳으로 들어올 때 이 다리를 건넜을 것이고, 고을 사또는 허겁지겁 장졸을 데리고 와서 도열했을 것이다. 누다리는 사라졌지만 사또와 장졸은 자리를 떠나지 않고 나 같은 일반 등산객에게도 머리를 숙여 예를 갖추고 있다.

울도 담도 없는 집에 시집살이 삼년 만에 목을 매고 죽었단다./시어머니 하시는 말 애야 아가 며늘아가 진주낭군 오신다니 진주터에 빨래 가자/진주터에 빨래 가니 하늘 같은 갓을 쓰고 구름같은 백마 타고 못 본 듯이 지나간다./검은 빨래 검게 빨고 흰 빨래는 희게 빨아 집이라고 찾아오니 웃음판이 한창일세

누다리를 건너면서 나도 모르게 '진주낭군가'를 흥얼거린다. 산노래가 많지 않았던 1960년대 산악인들이 부르던 민요이다. 바리데기가 며늘아기로, 빨래 빨기는 '검은 빨래 검게 빨고 흰 빨래는 희게 빤다'라는 좋은 조건으로 바뀐다. 바리데기의 해피엔딩과 다르게 며늘아기는 비단 석 자 베어내어 목을 매어 죽는다.

| 清凉山 | 청량산 | 870m |

  북한에 칠보산이 있다면 남한에는 청량산이 있다. 거북이형과 꼬지형으로 대별되는 우리나라 일반적인 산세와 달리 봉우리는 꼬지형으로 표현되는 바위이면서도 전체 윤곽은 거북이형이다. 그런 봉우리들과 주변의 숲이 조화를 이루어 마치 귀여운 고양이를 연상시킨다.

  함경북도 명천군의 칠보산 봉우리들은 고양이들이 몇 마리씩 무리지어 불뚝 서서 멀리 내다보고 있고, 경상북도 봉화군의 청량산 중턱에 모여 있는 바위 봉우리들은 토실토실 귀여운 고양이 새끼들이 어미 품속에서 꼬물거리고 있다.

  중국의 천태산으로도 비유된다. 학자들이 많은 안동과 영주를 배경으로 하고 있다는 점, '산을 보고 즐기는 자는 인仁이요, 물을 보고 즐기는 자는 지智이다'의 요산요수樂山樂水 사상, 그리고 조선시대 들어서 공자가 태산에서 유학을 창시하고 주자가 무이산에서 주자학을 성립했다는 사실을 본받아 많은 학자들이 청량산을 찾았다.

  일찍이 신라시대 명필가 김생(711~미상)이 공부했고 최치원이 머물렀다. 조선시대 초기의 김수온, 이현보, 이우의 이름이 보인다. 안동 일대의 학자들은 이미 청량산을 강학의 장소로 삼고 있었다. 1513년 봄, 퇴계 이황(1501~1570)은 형의 손에 이끌려 몇몇 또래들과 청량산에 독서하러 갔는데, 그 자리가 현재 청량정사이다.

  물러나 계곡에 머무르고 싶다는 그의 호 퇴계退溪에서 보듯이 벼슬살이 하느라 한양에 있으면서도 어린 시절 글을 읽었던 청량산을 잊지 못하였다. 자신의 집이라는 뜻으로 오가산吾家山이라 하고 스스로를 청량산의 주인인 '오가산인'이라고 자처하였다. 청량산에 관한 51편의 시를 남겼는데 산을 독서와 같다고 표현하였다.

> 사람들 말하길 독서가 산에서 노니는 것과 같다지만
> 이제 보니 산을 유람함이 독서와 같구나
> 공력을 다했을 땐 원래 스스로 내려오고
> 깊고 얕음을 아는 것 모두 저로부터 말미암네
> 앉아서 피어오르는 구름 바라보며 묘리 알게 되고
> 발길이 근원에 이르러 비로소 처음 깨닫네

퇴계와 더불어 청량산을 널리 알린 것은 주세붕(1495~1554)의 『유청량산록遊淸凉山錄』이다. 퇴계는 주세붕의 기행문에 흡족하여 그 발문에서 "유람하는 자는 무릇 기행문을 남겨야 한다"는 말을 남겼다. 이에 많은 선비들이 청량산을 찾았고 많은 기행문을 남겼다. 1,500편으로 추정되는 조선시대 기행문 중 200여 편의 금강산, 70편가량의 지리산에 이어 청량산 기행문이 50편 내외로 세 번째를 차지하고 있다.

주세붕의 기행문은 사실성이 뛰어나고 유교적 관점을 분명히 하고 있다. 자기를 재워주고 안내해 주는 스님들에게 윽박지르는 내용이 다소 민망하지만, 그의 청량산 글에 나오는 사찰만 해도 열아홉 개나 헤아리게 되니 이해가 되는 부분도 없지 않다. 그러면서도 어느 문장가라도 석양에 비친 푸른 벼랑을 그대로 묘사하기는 어려울 것이라고 경치에 대한 감탄은 감추지 않고 있다. 그가 김생굴 앞에서 김생의 글씨를 평하는 내용은 일품이다.

김생 선생의 글씨 획이 뾰족하고 굳세어 마치 바위들이 다투는 듯한데 이 산에 와 보니 선생이 여기서 글씨를 배웠음을 알겠다.

총명수聰明水에 대하여도 맑기가 잘 닦인 거울과 같고 차기가 빙설과도 같다며 칭찬을 아끼지 않는데, 합리적 사고를 여지없이 발동하여 열두 살에 당나라에 건너간 어린 최치원이 어찌 이 물을 마셨겠느냐며 웃음을 터트린다.

18세기에 오래된 종鐘이 총명수 위의 바위틈에서 나왔는데 수산치원암水山致遠庵이라 적혀 있었다고 한다. 수산이란 물을 말하는 '미르뫼'를 이르는 것으로 총명수가 청량산 이름의 기원이라고 볼 수 있다.

나에게 청량산은 청량사의 아름다움, 응진전 안의 장졸들 표정, 축융봉에서 바라보는 풍경으로 압축된다.

산행 들머리 입석에서 완만한 경사를 올라 산모퉁이를 돌면 소나무 가지 사이로 청량사淸凉寺가 눈길을 끈다. 연화봉과 금탑봉이 사천왕 노릇을 하고, 뒤편의 자소봉을 받들고 있는 청량사는 진한 고동색 톤을 이루고 있는 한 폭의 그림이다. 그중에서도 유리보전과 오층석탑, 한 그루의 소나무, 그리고 이를 오르는 계단이 압권이다. 이들이 어우러져서 내는 풍경은 부처님의 은덕이 고스란히 계곡으로 흐르도록 하고 있다.

어린 퇴계가 공자를 논하던 청량정사淸凉情舍는 평범하기 이를 데 없고 작은 골짜기에 있어 지나치기 십상이다.

수수한 청량정사와 화려한 청량사의 대비는 몽매한 일반 신도들에게 부처님의 가피를 받도록 하는 것과 최고 엘리트들의 학문 성취 장소의 차이로 설명된다. 청량정사는 주변의 치장이 오히려 집중해야 할 독서에 걸림돌인데, 반면 청량사는 불법을 공부하지 않더라도 거기까지 올라오면서 범종 소리에 자비를 받고 절 마당에서 건너편 축용봉에 합장하는 것으로 충분하다.

또 하나의 볼거리는 응진전이다. 함부로 방문을 열었다가는 혼나는 수가 있다. 눈을 동그랗게 뜬 병졸 하나가 노려보고, 또 한 명의 병졸이 방망이를 불끈 쥐고 덤벼든다. 응진전이란 석가모니를 중심으로 16나한을 모신 곳인데 그 맨 끝에 한 여인이 좌정하고 있다. 공민왕의 부인 노국공주(?~1365)이다. 공민왕은 2차 홍건적의 난 때 1년간 이곳에 피신한 바 있다. 아하, 방 안에 그려진 험악한 병졸들은 노국공주 보호 임무수행 중이었구나!

어느 곳을 가더라도 구름 메(산) 없으리오
청량산 육육봉이 경개 더욱 맑노매라
읍청정 이 정자에서 날마다 바라보니
맑은 기운 하도 하여, 사람 뼈에 사무치네

퇴계가 말한 육육봉은 청량산의 열두 봉우리로, 본산과 동떨어진 축용봉이 포함되어 있다. 청량산의 어린 고양이들을 가장 잘 조망할 수 있는 장소이다. 그 위로 육육봉이 용의 등뼈처럼 꿈틀대고 있다. 축용봉과 본산 사이 골짜기(청량산 길)는 깊어서 고도감을 자아낸다. 어떻게 하면 홍건적을 물리칠 수 있을까 노심초사하던 공민왕은 축용봉에 올라 맞은편의 자소봉을 보고 기가 막힌 생각을 했다. 긴 줄로 축용봉과 자소봉을 연결하고 그 위에 설치하여 유격하는 허수아비 형상을 만들었다. 이를 본 적들이 신병神兵인가 의심하여 감히 가까이 오지 못했다. 그 내용이 구한말 우국지사 송병선의 『자태백지청량산기』에 기록되어 있다.

　남쪽으로는 낙동강이 햇볕을 받아 하얀 물줄기가 굽이굽이 흘러간다. 주세붕의 『유청량산록』을 품에 안고 그의 발자취를 확인한 옛 선비들은 저 강을 타고 안동의 도산서원을 찾아가서 퇴계 선생의 유적과 유품을 둘러보는 것으로 유람을 마무리 지었다.

| 秋月山 | 추월산 | 731m |

    동이 트기 시작한 새벽, 차는 전라북도에서 전라남도로 넘어가는 경계 지점인 친치재에 올라선 순간 다시 짙은 안개 속으로 들어갔다. 더듬거리며 자작골을 지나자 다시 오르막이 시작되고 하늘이 빼꼼히 열렸다.

    추월산은 하얀 안개 자락을 아래 위로 벌려서 그 사이로 온몸을 드러냈다. 어디가 더 높을 것도 없이 능선은 수평으로 뻗어 있고 양쪽 끝은 뚝 떨어져서 영락없는 직사각형으로 상형문자인 한자 산山에 전혀 합당하지 않은 산이었다.

    주차장을 벗어나자 예고 없이 가파른 등산로가 시작되었다. 꾸준한 오르막은 한 걸음도 헛됨이 없고 머릿속도 출렁거림이 없어 알찬 사고가 정연하게 이어갔다. 간간이 열리는 시야는 휴식시간일 따름이었다. 높이를 더할수록 풍경은 고고해지고 발걸음은 가벼워졌다. 얇은 운해를 깔고 앉은 산들이 다도해처럼 펼쳐졌다. 육중하고 둥긋한 섬, 보일 듯 말 듯 긴 등을 늘어뜨린 섬들, 그렇게 섬들은 엷게 변하면서 첩첩이 서 있었다.

    별로 높지 않은 추월산에서 전혀 기대하지 않았던 광경이었다. 건너편의 강천산 사이에서 당당히 자리 잡고 있는 담양호가 그 좋은 경치를 제공해 주는 주인공임을 알 수 있었다. 강천산과 추월산이 두 손을 내밀어서 담양호를 애지중지 보듬고 있으며, 담양호는 기분이 좋아 그 앞에 펼쳐진 산들에게 호호 입김을 불어주었다.

    무미건조한 직사각형의 산에서 단조로운 산행 길은 운해에 싸인 산들의 풍경에 집중하라는 뜻이었다. 그 풍경은 갈수록 극에 달하다가 보리암 정상에 이르자 안개는 강렬한 햇살에 밀려 하늘로 사라졌다.

풍경은 숲에 가리고, 직사각형 산세에서 이미 예측되었듯이 높낮이가 거의 없는 능선 길은 밖으로 향하던 시선을 안으로 돌려놓았다. 복숭아 빛 산철쭉이 가슴속까지 물들게 하고, 소쩍새의 홀쩍임이 머리를 선명하게 했다.

문득 저 앞의 숲속에서 황소 울음소리가 짧은 간격으로 들렸다. 소리는 점점 가까워지고 황소 같은 풍채를 지닌 노년의 아저씨가 나타났다. 황소 울음이라고 생각했던 소리는 요즘 간간이 출몰하는 멧돼지에 대비할 겸 색소폰 피스를 부는 소리였다.

그는 정년퇴직해서 이 산 밑의 대방리에 정착한 사람이었다. 운해에 싸인 풍경을 보려면 해빙기가 끝나는 3월부터 4월 중순까지가 좋은 시기라고 알려주었다. 하지만 시기와 상관없이 비가 온 다음 날 새벽은 여지없이 운해를 볼 수 있으니 무작정 온 나로서는 여간 행운이 아니었다.

산을 내려온 시각은 오전 11시. 단 한 사람밖에 못 만난 산에서와 달리 주차장에는 대형 버스가 즐비하고 사람들로 북적였다. 그들은 호수 주위를 걸으며 담양호 풍광을 즐기는 사람들이었다. 담양호를 따라 잔디밭이 넓게 조성되어 있고 군데군데 정자에서는 가족 단위 행락객들이 식사하며 담소를 즐겼다. 추월산과 담양호를 매치시킨 담양군의 정책이 성공했다는 것을 알 수 있었다.

잔디밭 끝에는 담양호의 고요한 에메랄드 물빛 위로 촘촘한 난간의 목제 다리가 이어지고 그 끝에서 파란 물줄기가 떨어지고 있었다. 강천산의 서쪽 마지막 줄기에 해당될 지점에서 100m 정도 되는 수직 바위를 타고 떨어지는 폭포는 그 물줄기의 근본을 알기 어렵게 하는 비현실성으로 더욱 나의 눈을 끌어당겼다.

마을 할머니(임연예, 1929년생) 한 분이 솎아낸 토끼풀을 모으고 있는 것을 보고 다가갔다.

"할머니, 할아버지는 어디 가시고 혼자서 일하세요?"

"깨 팔러 갔어요."

"예?"

"한 20년 되있는디, 깨가 없는 갑소. 아직까징 안 온다요."

할머니를 사랑한 할아버지가 고소한 깨를 사러 먼 길을 떠났다는 이야기이다. 돌아가셨다는 뜻이다.

"저 폭포 이름이 뭐예요?"

"몰라요. 옛날에는 없었는데, 물이 떨어지기도 하고 안 떨어지기도 해요."

할머니는 인공폭포라는 말 대신에 그렇게 표현하였다. 그러더니 묻지도 않은 이야기를 하였다.

"관영바우에 해 들어왔네. 가세."

몇 번 거듭된 물음 끝에 의미를 알았다. '정오가 되었으니 일손 놓고 점심 먹으로 가자'란 말이었다. 바위는 정서쪽으로 수직으로 솟아 있어 해가 똑바로 그 위에 서야 바위 밑까지 있던 그늘이 일시에 걷힌다. 시계가 없던 시절에 그 앞에서 밭일하던 아낙들은 바위에 햇빛이 비치는 것을 보고 정오가 된 것을 알았다. 관영바우의 정확한 이름은 과녁바위였다. 해가 과녁을 맞추듯 일시에 햇살을 내리꽂는다는 뜻인지, 동네 아이들이 수직 벽에 과녁을 그려놓고 돌던지기 놀이라도 했는지는 알 수 없었다.

강천산에서 나타난 해는 관영바위에 걸린 그늘을 지우더니 서서히 추월산 위로 이동하였다.

| 祝靈山 | 축령산 | 887m |

수동계곡에서 동쪽을 바라보면 산의 능선이 활 모양처럼 휘어져 장막처럼 드리워져 있고, 그 양쪽에 축령산과 서리산(832m)이 낙타의 등처럼 쌍봉으로 솟아 있다.

고려 말 이성계는 이 산에 와서 사냥을 하였으나 하루 종일 허탕만 쳤다. "이 산은 신령스러운 산이라 산신제를 지내야 한다"는 마을에서 고용한 몰이꾼의 말에, 산 정상에서 제를 지낸 후 사냥을 했더니 무려 다섯 마리나 되는 멧돼지를 잡게 되었다. 이때부터 고사를 올린 산이라 하여 축령산으로 불리게 되었다.

하지만 축령祝靈이란 단어는 정체불명으로 '영혼을 축수祝壽한다'고 풀이해도 좀 억지스럽다.

모든 산 지명은 고유의 우리말에서 출발한다 해도 과언이 아니다. 복수의 지명이 있는 경우는 특히 그렇다. 전라남도 장성에 또 하나의 축령산이 있다는 점에서 고유의 이름이라고 단정할 수 있다. 장성 축령산의 옛 이름은 취령산鷲靈山이었다. 취鷲는 '수리'의 한자말이다. '수리(鷲)', '서리(霜)', '수레(車)', '쌀(包)' 등은 본디 우리말로 읽으면 '높다', '으뜸간다'는 뜻을 가진 '수리'로 귀결된다. 거슬러 올라가 축령산의 어원은 수리산修理山, 서리산(霜山), 취서산鷲棲山, 영축산靈鷲山과 같이 수리뫼이다(김장호, 『한국백명산기』).

동일한 어원을 갖는 가평 축령산 역시 수리뫼였다. 수리뫼에 있는 바위이므로 수리바위이고, 수레넘어고개는 수리뫼를 넘어가는 고개라는 뜻이고, 최고봉 수리뫼는 비슷한 음을 가지면서 더욱 멋있는 축령산이 되면서 제2봉은 서리산으로 독립된 이름을 갖게 되었다.

축령산의 잣나무 숲을 보면 '축령'의 의미가 새롭게 다가온다. 아름드리 잣나무들이 하늘을 향하여 쭉쭉 뻗은 모습을 볼 때, 건강한 숲을 제공한 산신령께 감사의 마음이 절로 들지 않을 수 없다. 『조선지지자료』의 가평군 상면 토산명土産名에 백지(栢子/잣)가 기록되어 있을 정도로 축령산에는 예부터 잣나무가 유명하였다. 계획적으로 식목을 한 것은 일제강점기인 1925년 일본의 재벌기업 미쓰비시에 의해서이다. 그 후 우리나라 산림청에서 이어받아 잣나무 숲을 가꾸고 묘목을 재배하여 가평군 일대뿐만 아니라 전국에 보급하였다. 우리나라 잣나무는 모두 축령산이 원산지라 해도 과언이 아니다.

그동안 축령산 동쪽 면의 잣나무 숲은 보전을 위해 엄격히 통행이 금지되다가 어느 정도 전국에 보급되었다고 판단되자 새로운 용도로 일반인들에게 개방되었다. 2014년 오픈한 잣향기푸른숲은 피톤치드를 발산하는 치유의 숲으로서 기능하고 있다.

이곳의 잣나무 숲을 보면 장성 축령산의 편백나무가 생각이 난다. 하나는 유실수인 잣나무가 유명하고 또 하나는 목재감으로 일등인 편백나무가 유명하다. 이렇게 축령산은 수리뫼라는 의미와 더불어 '잘 가꾼 숲'이라는 동질성을 이루고 있다.

장성 축령산에는 임종국林種國(1915~1987)이라는 인물이 있었다. 한국의 조림왕이라고 불리는 그는 1956년부터 1987년까지 사재를 털어 숲을 가꾸었다. 그 성과로 이 숲은 산림청과 유한킴벌리, 생명의숲국민운동이 주최한 제1회 아름다운 숲 전국대회(2000년)의 '22세기를 위해 보전해야 할 숲' 부문에서 우수상을 수상하였다.

　전체 산림의 나무 총량이 현재의 5%이고 민둥산 비율이 50%였던 우리나라는 이제 세계 4위의 산림 강국이 되었다. 임종국 님과 같은 예는 많다. 아침고요수목원 설립자 한상경 교수(삼육대 원예학과)는 이 축령산 자락에서 한국정원의 미를 표현해 냈다.

　그동안 축령산 등산은 자연휴양림이 있는 서쪽 면으로만 한정되어 있었다. 능선의 절골에서 또는 서리산에서 건너편의 잣나무숲으로 내려가서 피톤치드의 면역기능과 자연치유력을 맘껏 흡수한다면 일석이조의 산행이 될 것이다.

　휴양림 데크에서 텐트박으로 하룻밤을 자고 정상으로 향한다. 수리바위는 참으로 독수리의 민머리 같다. 높은 산을 뜻하는 수리뫼와 높은 창공을 나는 독수리의 '수리'는 같은 어원을 갖는다. 수리바위에 앉으니 수동계곡 건너편으로 천마산, 철마산, 주금산으로 이어지는 천마지맥이 한눈에 들어온다. 독수리 머리를 올라타고 수동계곡 사이를 훨훨 날아다니는 기분이다.

　축령산으로 오르는 능선상의 거대한 바윗덩어리들은 웅장한 힘을 느끼게 해준다. 남이바위이다. 유배를 받고 잠시 남이섬에 기거했던 남이(1441~1468) 장군은 17세에 무과에 장원급제하고, 이시애의 반란을 평정한 후 27세에 병조판서가 된 기린아였다. 그러나 유자광의 모함으로 28세에 처형당한 안타까운 역사의 주인공이기도 하다. '백두산의 돌은 칼을 갈아 닳게 하고, 두만강의 물은 말을 먹여 없애도, 사나이 스무 살에 나라를 평정치 못하면 후세에 그 누가 대장부라 일컫겠는가.' 남이바위는 이런 그에게 걸맞은 바위이다.

　축령산 정상에서 팽팽한 활의 줄을 타고 내려갔다가 탄력을 받아 다시 오른 봉우리가 서리산이다. 서리가 많아서 그렇게 불렸다는 봉우리에서 역시 칼날같이 뾰족하다는 점에서는 수리와 서리는 별 차이가 없음을 느낀다. 주변은 온통 숲으로 덮인 산뿐인데 북쪽으로 도깨비방망이 같은 산이 하나 보인다. 하얀 바위들이 산봉우리 여기저기 돋아 있어서 그렇게 보인 것이다. 운악산이다.

서리산에서 향기푸른숲으로 내려가는 길은 사람 발자국이 드물어 가끔씩 잡풀더미를 헤쳐야 했다. 순환임도에 도착하사 정량한 피톤치드가 온몸으로 느껴졌다.

| 雉岳山 | 치악산 | 1,282m |

이인직의 신소설 『치악산』은 단구동의 저택을 무대로 시작한다. 거기서 바라보는 치악산을 문명적인 금강산과 대비하여 야만의 산이라고 명하고, 명랑한 빛도 없고 기이한 봉우리도 없고 우중충하다고 표현했다. 하나하나 미니어처 같은 1만 2천 개의 화려한 봉우리들을 보다가 자신을 가로막는 장벽 같은 산을 보고 겁을 먹어서 한 말이 결코 아니었다. 그곳에서 빛을 찾기 위해서였다. 단구동과 치악산은 밝은 빛을 상징한다. 봉건사회가 타파되고 신시대가 도래하여 결국은 갖은 핍박을 받고 있는 여주인공 이씨 부인이 웃을 날이 올 것을 예고하는 지명이다.

하늘과 가장 가까운 산은 날마다 새처럼 날아와서 우리의 영혼을 붉게 물들여준다. 봄에는 진달래꽃이 붉게 피고, 가을에는 단풍이 붉게 물들어간다. 이렇게 봄 가을에 붉게 물든 치악산이 흐르는 계곡물에 비치고 벌판에 비친다. 원주시의 모태인 단구동丹邱洞과 단계동丹溪洞의 유래이다.

한마디로 표현할 수 없는 산이다. 찾아낸 이름은 적악산赤嶽山. '붉다'는 '밝다'와 같은 말에서 착안한 것이지만 여전히 부족하다. 영혼을 나타내고 있지만 하늘에 통한다는 중요한 부분을 빼먹었다. 솔, 수리, 소, 쇄, 새… 그렇다면 붉은 새는? 답은 꿩이다. 전체적으로 몸체가 붉고 더구나 얼굴은 빨간색이니 안성맞춤이다. 치악산. 그래서 밝뫼와 솔뫼를 동시에 표현한 완벽한 이름을 갖게 되었다.

경상남도 창녕군 영산면에는 매년 정월 보름날 영산쇠머리대기 축제가 벌어진다. 마을 앞의 함박산과 영축산을 상징하는 소 두 마리가 겨루는 내용이다. 밝뫼와 솔뫼의 싸움이다. 나무로 만든 소가 맞붙어서 신명난 놀이가 있고서야 하나의 산으로 완성된다. 꿩을 상징하는 치악산은 이 두 산을 함께 묶어놓은 '높으면서 밝은 산'이다.

밝음의 산이고, 희망의 산이다. 치악산 비로봉은 원주 사람들에게 특별한 의미를 가지고 있다. 비로봉은 시루봉이었다. 그것도 먼 옛날이 아니라 1970년대까지만 해도 시루봉이라 불렀다. 그들에게는 아직도 시루봉이 더 친숙한 말이다.

시루란 떡을 찌는 용기로 산봉우리 모양이 시루를 엎어놓은 것과 같아 그렇게 불렀다는 것이 일반적으로 알려진 해석이다. 그렇지만 치악산의 시루봉이 볼록 튀어 나오기는 했어도 시루 모양으로 보기에는 무리이다. 전국의 많은 시루봉들도 공통적으로 높은 봉우리로 귀결될 뿐 시루 모양과는 무관하다. '시루'란 주변에서 으뜸이 되는 봉우리를 의미하는 '수리'와 같은 어원을 갖는다. 떡을 찌는 '시루' 역시 솥단지 위에 올려지는 것이니 '솥의 머리'라는 의미이다. 그렇게 만든 시루떡은 우리의 가장 높으신 신령님께 올리는 제사 음식으로 사용된다.

이렇게 보면 '시루봉'과 '비로봉'은 음만 같은 것이 아니라 의미도 일치한다. '비로'는 '비로자나'라는 고대 인도어로 '큰 해'란 뜻으로, 세계를 비치고 있는 '가장 위대한 것'을 상징하고 있다. 금강산, 묘향산, 오대산, 소백산 등 전국의 모든 비로봉은 시루봉에서 나온 이름이다.

그러나 치악산 비로봉은 하늘로 올라갈 듯 솟아 있다. 사실 원주 사람들은 애정을 가지고 있던 시루봉이 누군가에 의해 불교식 이름으로 바뀐 것이 못마땅했다. 그래서 다른 산의 비로봉은 모두 毘盧峰으로 쓰지만, 치악산의 비로봉은 '너희들보다 훨씬 높다'를 내세워 飛盧峰으로 쓴다.

항상 늙으신 노모를 생각하고 밤잠을 못 이루던 원주 사람 윤창중은 꿈에서 치악산 산신령을 만났다. "더 이상 걱정할 필요 없느니라. 비로봉에 올라가 소원을 빌어라. 너희 어머니는 극락왕생할 것이다." 그는 날마다 돌을 지고 올라와 미륵탑, 용왕탑, 칠성탑 세 개의 돌탑을 쌓았다. 1962년에 쌓기 시작한 탑이 1964년 완성되자 어머니를 모셔와 시루떡을 제수로 올리고 절을 드렸다. 그리고 돌탑 앞에서 함께 사진을 찍었다. 현재의 탑은 1994년 벼락으로 무너져서 국립공원 측에서 다시 세운 것이다. 당시 누군가의 아이디어로 등산객들에게 밑에서 돌을 들고 오게 했다. 원주 사람들은 물론 비로봉을 오르던 모든 등산객이 기꺼이 동참했다. 그래서 현재의 탑은 윤창중의 공덕과 치악산을 오르는 모든 등산객의 염원이 합쳐진 것이다.

영동고속도로 신림IC를 빠져나가 학곡삼거리에서 우회전하자 『치악산』의 서막처럼 으스스한 기운이 느껴진다. 그러나 그것은 잠시, 가지를 기품 있게 늘어뜨린 소나무의 맞이 인사를 받고 나니 마음이 가벼워진다. 소나무 숲길에서는 차마 떼어지지 않는 발걸음을 옮겨놓다 보면 구룡사龜龍寺에 도착한다. 대웅전 처마 끝의 풍경風磬 뒤로 배향산背向山이 아침 햇살의 후광을 받아 산자락을 겹겹이 늘어놓고 있다. 마당에서 뿌연 햇살을 즐기던 꺼멍이 한 마리가 밥 먹자는 보살님의 보챔에도 일어날 생각을 하지 않는다.

본격적인 산행을 앞두고 두 개의 길이 갈등을 일으킨다. 계단으로 덮여 묘미를 잃은 사다리병창 길을 피해 계곡 길로 접어든다. 길은 한적하고 청량하여 역시 심산임을 실감한다. 비로봉과 돌탑을 감상하고 상원사上院寺로 가는 능선 길로 접어든다. 오른쪽으로 원주 시내를 내려다보며 비극의 꿩을 만나러 가는 길이다.

밝뫼의 적악산에 솔뫼를 추가하기 위해서는 꿩이 필요했다. 야산에서 날아다니는 꿩을 어떻게 하면 높은 산까지 유인할 수 있을까? 성품이 어진 선비가 등장하고, 암구렁이를 너무도 사랑한 수구렁이가 등장한다. 가장 중요한 것은 꿩이 올라와서 종을 치는 일이다. 상원사 대웅전 앞 바위 틈에는 시원한 샘물이 솟아오르게 하고, 벼랑 한켠에 희귀한 계수나무 세 그루도 심었다. 그리고 보은을 입은 꿩이 아무런 장애 없이 들어와서 종을 들이받을 수 있도록 벼랑 끝에 기둥뿐인 종루를 세웠다.

꿩의 헌신이 담긴 종소리가 상원골을 타고 원주까지 다다른다. 『치악산』의 홍판서댁 고택은 허구가 아니라 단구동에 실제로 존재한다. 치악산은 저 높은 곳에만 있는 것이 아니라 꿩이 친 종소리를 타고 원주 사람들 곁에도 내려와 있다. 그러나 얼마 전까지 소설 속의 '월운정' 정자가 남아 있었으나 언젠가부터 그마저도 보이지 않는다.

다행히 위안거리가 있으니 원주 치악산막걸리다. 빨간 해로 상징되는 로고가 치악산을 그렇게 잘 표현할 수 없다.

칠갑산

七甲山　　　　560m

　칠갑산은 하늘에서 본다면 정상에서 산줄기를 방사상放射狀으로 뻗어 놓고 있다. 칠갑산 도립공원 안내도를 보면 모두 아홉 개의 등산로가 정상을 향하고 있는데 사소한 차이를 무시한다면 일곱 개의 등산로가 있는 셈이다. 산줄기는 모두 정상을 향하여 꾸준한 오르막이다. 산줄기 사이의 골은 너무나 깊다. 그다지 크지 않은 산인데도 그 돌출과 침식이 분명한 것이 놀랍다. 그 이름으로 미루어 짐작한 '일곱 개의 돌출(甲)된 봉우리의 산'은 이렇게 능선 길에 서면 '일곱 개의 분명한 능선을 가진 산'으로 다가온다.

　평야지대인 호남지방보다 의외로 제대로 된 산이 없는 지역이 충청남도이다. 타도와 경계지역에 있는 몇 개의 산을 제외한다면 백명산에 속하는 산은 계룡산, 덕숭산, 그리고 칠갑산에 불과하다. 산이라고는 야산에 불과한 지역에서 칠갑산 일대는 충청남도의 산악지대라고 할 수 있다.

　대전을 출발한 차는 이내 금강을 건너고, 공주시를 뒤로하더니 36번 도로를 접어든다. 왼편으로 금강을 따라 펼쳐진 들판과 작별하고 북으로 방향을 틀자 오르막과 함께 서서히 산지로 변한다. 한치고개는 이제 새롭게 뚫린 대치터널이 생긴 까닭으로 고개마루의 스릴을 느끼기는 어렵다. 대신 고개는 칠갑산 등산로 입구에 해당되어 최익현(1833~1906) 동상이 변함없이 그 자리에 서 있다.

　1905년 을사조약이 체결되자 경기도 포천이 고향인 면암 최익현은 충청도 청양 땅을 찾는다. 다음 해 1월 노성의 궐리사闕里祠에서 수백 명의 유림을 모아 시국의 절박함을 호소하고 국권회복에 동참할 것을 촉구한다. 포고문을 팔도에 보내 궐기를 기다렸으나 호응이 없자 호남의 임병찬(1851~1916)을 찾아간다. 그와 함께 전라도 태인 땅에서 의병활동을 벌였으나 전주와 남원의 전위대가 협공해 오자 "어찌 왜군이 아닌 동포끼리 싸울 수 있겠느냐"며 스스로 관군에게 붙잡힌다. 그 후 최익현은 임병찬과 함께 대마도로 끌려가 생을 마친다.

나는 의지가 굳건한, 그래서 감히 범접할 수 없었던 최익현 선생과 함께 우유부단 번민을 거듭한 임병찬 대장에게도 똑같은 연민을 느낀다. 임병찬은 1894년 12월 동학군 남원 대접주 김개남(1853~1895)을 밀고한 공로로 임실 현감을 제수받았으나 차일피일 가지 않고 있었다. 그가 그렇게 고민하고 있을 때 최익현을 만난 것은 하나의 구원이었다. 임병찬은 최익현과 함께 싸웠고, 그가 투항할 때도 함께하였다. 최익현이 대마도에서 적이 주는 음식물이라 하여 단식할 때도 모든 것을 지켜보았다. 그는 『대마도일기』를 써서 최익현이 대마도에 유배되어 사망할 때까지 기록을 후대에 전하였다.

최익현이 이곳에서 궐기문을 작성한 것은 과거 항거정신이 투철한 백제의 도읍지이며 우리 국토의 중앙이라는 점이 컸을 것이다. 그러나 앞뒤 안 보고 저돌적인 그에게 충청도 양반은 참아내기 힘들었을 것이다. 국운은 기울고 한시가 급한 상황에서 시간이 지나 일곱 개의 길도 결국은 하나로 모이고 한번 궤도에 오르면 절대로 내리막이 없는 오르막 일변도의 칠갑산을 볼 여유가 그에게는 없었다.

우리의 자존심 청산리 전투의 김좌진 장군이 바로 홍성 출신이다. 열다섯 살 어린 나이에 집안 대대로 내려오던 노복 30여 명을 모아놓고 노비

문서를 불살랐으며 무상으로 논밭을 나누어준 뒤 독립운동에 투신하였다. 예산 출신인 이남규(1855~1907) 선생을 보자. 을사늑약 후 항일대열의 선봉에 섰다가 일경이 휘두르는 칼에 왼팔이 잘려나가자 오른팔로 막아섰고 오른팔이 잘려나가자 양다리로 저항하였다. 양다리가 잘려나가고 마침내 목까지 달아났다. 이 지역에 그런 열사들은 신채호, 유관순, 이동녕, 조병옥, 유인석, 한용운, 손병희 등 이루 셀 수 없다.

"아부지, 돌 굴러가유"라는 말을 들을 때 '칠갑산'을 보아야 한다. 다양한 길이 있지만 결국 하나가 되기 위함이다. 한 번 굴러가면 끝장을 본다. 여러 개의 길이 모여서 하나의 정상을 이루는 길에는 일편단심 오르막만 있을 뿐이다. 번민이 끝난 후 오로지 최익현을 따른 임병찬 장군이 바로 칠갑산이다.

정상으로 오르는 숲길은 전망이 없고 편안하여 자연 사색에 잠기기 좋다.

과거 백제가 고구려에 밀려 공주와 부여에 도읍을 정한 것은 북으로 금강이 흐르고 있는 덕분이다. 적의 도강을 막아주는 금강에 의지한 것은 너무나 당연하고 백제는 그 너머의 칠갑산에도 끝없는 믿음을 보냈다. 백제는 이 산을 사비성 정북방의 진산鎭山으로 성스럽게 여겨 제천의식을 행하였다. 그래서 산 이름을 만물생성의 7대 근원 七 자와 싹이 난다는 뜻의 갑甲 자를 써서 생명의 시원始源으로 경외하여 왔다. 패퇴한 백제는 공주에서 부여로 또 한 차례 수도를 옮겨서 국토회복을 꿈꾸지만 660년 나당연합군에 의해 패배하여 역사의 뒤안길로 사라진다. 그 후 백제 부흥군은 칠갑산 일대에서 격렬한 저항을 한다.

정상은 꽤 넓은 터를 가지고 있어 산장로, 사찰로, 지천로, 도림로, 그리고 천장로에서 올라온 등산객을 다 수용하고도 남았다. 사방은 탁 트여서 주변이 온통 산악지대라는 것도 확인할 수 있었다. 하산길로 택한 천장로 역시 천장호수와 출렁다리의 경관을 볼 수 있는 뾰족 솟은 능선 길이 꾸준한 내리막이었다. 소나무와 참나무 사이로 건너편의 능선이 얼핏얼핏 보이고 계곡은 깊어서 내려다보면 다리가 후들거릴 정도였다.

태백산

太白山　　　　　　　　　　1,567m

저 산 위로 밝은 빛이 서린다. 어둠과 정적 속에서 기다리고 있던 땅과 나무들이 그 빛을 받아 비로소 호흡하고 풀들은 너울거리기 시작하며, 빛은 온화하고 감미롭게 바뀌고 환웅이 기지개를 펴며 일어난다. 양손을 벌려 숨을 내쉬니 그 입김이 산줄기를 감돌아 구석구석 스며든다. 손을 내려 여기저기 가리키니 졸졸졸 물 흐르는 소리가 사방으로 퍼져 나간다. 골짜기마다 웅성웅성 소리가 들리기 시작한다. 백성들은 두 손을 모으고 허리를 굽힌다. 그들의 시선이 향한 곳은 큰 빛이 시작된 곳, 천·지·인이 하나가 되는 곳, '큰 밝음의 산' 혼밝뫼이다.

달達은 산이므로 '밝뫼'는 더 거슬러 올라가면 '밝달達'이다. '배달민족'이라는 말은 여기서 나왔다.

밝은 달達에 기원을 두고 있는 우리 민족이 얼마나 하늘과 통하기를 원했는가는 '솟대'와 '소도蘇塗'에서 찾아볼 수 있다. 솟대와 소도는 '높다'라는 의미의 '솔'이 어원이다. 솟대를 세우고 하늘과 통하는 높은 곳이라는 의미의 신성지역으로 소도를 설정한다. '새' 역시 같은 어원을 갖는다. 솟대 위에 새를 앉히는 것은 바람을 극대화한 표현이다. 또한 '솔'과 소리가 같은 쇠(鐵)와 소(牛)를 동원하여 우리의 간절함을 배가시키고 있다. 무속인의 기도터에 세우는 깃대도 솟대의 일종이다. 그 기도터를 접수한 불교 사찰에서는 대웅전 앞에 '쇠'로 만든 당간지주幢竿支柱를 세워서 배달민족의 의미를 전하고 있다. 춘추제사 때 '혼밝달'에 '소'를 제물로 바쳤다는

『동국여지승람』의 기록은 이런 생각의 정점이다. 우리가 높은 산에 올라가면 자연스럽게 나오는 '소리' 역시 하늘을 향한 것이다.

태백산이 왜 전국의 많은 산 중에서 '흔밝달'이 되었을까? 첫째는 동해안에 가까운 위치라는 점이다. 한반도의 새벽을 여는 동해의 해돋이는 태초의 빛이다. 둘째는 산 정상이 펑퍼짐하여 하느님이 강림하기 좋은 곳이다. 다음은 주변의 많은 산과 땅을 굽어보는 형상의 산이기 때문이다.

흔밝날은 한밝산으로 그리고 태백산으로 바뀐다. 당초의 '한밝산'이라는 이름은 없어지지 않고 함백산이라는 이름으로 옆의 산에서 새롭게 태어난다. 이는 삼척시 덕항산의 '큰재'와 '댓재'가 나란히 존재하게 된 것과 같고, 내가 거주하는 일산이 신도시가 되면서 흰돌마을에서 백석동이 파생된 것과도 같다.

밝은 빛이 시작된 곳, 우리의 근원이며 하늘과 통하는 곳, 하늘과 땅과 사람으로 온전함을 이룬 곳, 태백산에서는 매년 10월 3일 하늘을 열어 나라를 세운 날을 기리는 개천대제를 지내고 있다. 『삼국사기』에 일성왕 5년(서기 138년) 10월에 왕이 친히 태백산에 올라 천제를 올렸다는 기록이 있다. 천성단(천제단)은 원형제단으로 하늘이요, 직사각형의 지왕단(하단을 필자가 명명함)은 땅이며, 삼각형의 장군단은 사람을 상징한다.

태백산 위에서는 먼저 주목朱木을 만나야 한다. 그 많은 세월과 함께 오장육부가 다 썩어 없어지면서도 파릇파릇한 잎을 뻗쳐놓고 있다. 검버섯이 피고 피부는 쪼글쪼글하고 머리는 몇 가닥 남아 있지 않으나 강단 있고 위엄 있다. 삶과 죽음, 하늘과 땅을 구분 없이 드나들고 있음이 틀림없다.

주목은 오랜 세월 동안 천성단의 증인이며, 제단을 지키는 수호신이다. 이들의 검문을 받으며 도착한 태백산 머리는 높은 산임에도 넓고 평퍼짐하여 위엄을 잃지 말아야 할 천손이 편안하게 내려오실 만한 자리이다. 봉우리의 사방 둥그런 끝단은 지평선인 듯 아스라하고 그 너머에는 다스려야 할 땅들이 끝없이 펼쳐져 있다.

물소리가 들리는가? 빛과 더불어 물은 생명의 모태이다. 용정龍井은 단군왕검이 하늘에 제를 올리기 위하여 사용했던 샘물이다. 우리나라 가장 높은 곳에서 솟는 샘물, 망경사望鏡寺 용정은 동해 바닷물과 연결되어 있다. 하느님과 용왕이 교통하는 성스러운 물길이다. 그래서 이곳에서는 용왕에게도 제를 올린다. 해마다 하늘이 열린 개천절에는 용왕과 단군의 만남이, 하늘의 빛과 동해의 빛의 만남이 이루어진다. 하늘의 기운을 받은 태백산의 물은 한반도를 적시는 원천이 된다. 북쪽으로 함백산의 황지못은 511km 거리의 낙동강의 발원지이며, 그 북쪽의 금대봉을 지나 대덕산의 검룡소는 514km 거리의 한강의 발원지이다.

태백산에는 단군의 흔적이 많다. 검룡소, 한배검의 검은 모두 하느님 또는 신神을 나타내는 말이며 금대봉도 검대봉이 변한 이름이다. 당골계곡의 당골은 하느님과 인간의 매개자였던 단군의 이름을 딴 것이다. 단군이 태백산에 오르기 위하여 드나들었던 지역은 신성지역으로 소도가 되었다.

소도를 거쳐 당골계곡에서 돌무더기에 돌을 하나 올려놓고 소원을 빌었던 사람들이 올라오면서 장승처럼 서 있는 주목에게도 존경의 예를 갖추었을 것이다. 새롭게 떠오르는 빛을 온몸으로 받아들이고, 태초의 물을 마시고, 하늘에 통하기 위해서 오는 사람들이다. 모여든 흰옷들이 하나가 되어 눈이 부시도록 빛난다. 천제단에는 태극기를 꽂고, 국태민안 긴 깃발이 하늘을 향하여 펄럭인다.

여기 모인 우리들은 흰옷을 입고 변함없는 당신의 밝달민족임을 밝힙니다.
단기 4350년 정유년 첫날 당신의 후손들은
유서 깊고 성스러운 이곳 천하명산 태백산 상상봉의 천제단에서
삼가 한배하느님께 잔을 올리나이다.
아득히 먼 반만년 유구한 세월 전 한배하느님의 성지를 받들어
태백산 신단수 아래로 강림하신 환웅천왕님과 단군왕검님으로 하여금 우리 겨레의 핏줄을 잇게 하신 한배하느님이시여!
강림 좌정하시어 굽어 살피어 애긍히 여기소서."

축문에 불꽃이 붙고 재가 되어 하늘로 올라간다. 우리가 왔던 곳, 우리가 돌아가야 할 영원한 안식처로 우리의 기원이 올라간다.

| 太華山 | # 태화산 | 1,028m |

김삿갓(1807~1863)이 잠들어 있는 영월로 가는 길은 정처 없는 그의 발걸음만큼이나 여유롭기 짝이 없다. 단양의 남한강에 걸친 빨간 다리를 건너고, 소백산과 남한강 물줄기가 만들어낸 아름다운 계곡의 가곡佳谷마을을 지나고, 언제나 봄이라는 영춘永春으로 들어서면서 나는 태화산을 상상한다.

송송백백암암회   松松栢栢岩岩廻
수수산산처처기   水水山山處處奇

소나무와 소나무, 잣나무와 잣나무, 바위와 바위를 도니,
물과 물, 산과 산이 곳곳마다 기묘하구나.

김삿갓의 '금강산' 시를 읊조리다 보면 1만 2천봉이 떠오른다. 크게 화려하다는 뜻의 태화산도 이와 같을까?

고도가 높아갈수록 소백산과 남한강 일대의 크고 작은 봉우리들이 꿈꾸듯 솟아 있어 자꾸만 뒤돌아보게 만든다. '태화산 자체는 별것 없을 것이다. 이제 능선에 올라서면 남한강은 동강으로 바뀌고 새로운 경치가 기다리고 있을 것이다.' 이런 예감을 들게 하는 산행 들머리이다.

숲에 가려 경관도 없고 슬슬 발걸음이 무거워지는 시점에서 텃밭이 보

이고 키 큰 두릅나무 사이에서 민가 한 채가 나타난다. 들어가서 물 한 모금 얻어 마시고 운 좋으면 식사라도 한 끼 해결할 수 있겠다는 기대감을 갖게 하는 그런 집이다. 외롭고 배고픈 김삿갓이라면 얼른 들어갔을 것이고, 주인의 심성을 담은 시 한 수가 남게 되었을 것이다. 많은 등산객이 그 앞을 지나가다 보니 '안으로 들어오는 것을 정중히 거절한다'라는 팻말에 결코 야박하다는 불평을 늘어놓을 수 없다. 그 집은 민가가 아니라 화상암이라는 암자였다.

길은 돌멩이 하나 볼 수 없는 흙길이다. 태화산성의 전설을 떠올린다. 옛날 어느 집안에 남매 장수가 있었다. 그 어머니는 성城 쌓기 내기를 시켜서 이기는 자식을 키우기로 하였다. 아들인 왕검에게는 태화산 북쪽 동강 건너의 정양리에 돌성을, 딸에게는 태화산에 토성을 쌓게 했는데 딸이 아들보다 먼저 완성할 것을 염려한 어머니는 흙성을 무너뜨렸다.

왕검성은 지금도 완벽한 상태로 남아 있으나 태화산성은 무너졌다는 내용이다. 전설의 내용을 확인이라도 하듯 전형적인 육산으로 걷는 내내 인공 설치물 하나 볼 수 없다. 태화산 능선 길은 기껏해야 두 군데 가느다란 로프가 전부이다.

정상에는 단양군과 영월군에서 만든 정상석이 삼각점을 사이에 두고 나란히 서 있다. 하나는 사각의 오석에, 또 하나는 한반도 모양의 화강암으로 형태는 달랐지만, 상대방을 자극하지 않으려고 같은 크기를 하고 있다. 또한 두 개의 정상석은 바라보는 방향도 영월군 김삿갓면의 동강으로, 어깨동무 친구를 보는 듯하다.

고씨동굴로 내려오는 길은 험악하다. 상황을 들어보니 7년 전에 새롭게 만들어진 길이다. 태화산을 오르는 등산객을 고씨동굴로 유도하는 길이기에 인위적으로 조성되어 동강으로 내리꽂는 내리막은 철제 계단의 연속이다.

1980년대 내가 처음 왔을 때는 줄배로 건너던 강에 일직선 다리가 놓여 있었다. 생각해 보면 그때의 풍경은 김삿갓 시절하고 별반 다르지 않다.

우리나라 산에는 삿갓봉이라는 봉우리가 많다. 동강 너머의 어딘가에도 삿갓봉이 있다. 그 이름들은 모두 김삿갓 시절에 생겨났을 것으로 추측한다. 구한말 양반들은 늘어나고, 풍양 조씨와 안동 김씨의 매관매직으로 대변되는 세도정치 아래서 돈 없는 지식인들이 할 수 있는 일은 아무것도 없었다. 향리에 묻혀 훈장 선생이 되거나 세상을 등지고 풍류시인이 되는 것이 전부였다. 그들은 매달리는 자식도 뿌리치고 자신의 길을 갔다. 가정을 팽개친 죄의식과 그렇게나마 스스로 삶의 존재를 확인하고자 했던 지식인의 고뇌가 느껴진다.

다리를 건너 김삿갓면에 들어서자 '외씨버선길' 푯말이 갈등을 일으킨다. 언젠가 저 푯말을 따라서 봉화, 영양, 청송을 거쳐 주왕산 계곡을 들어서는 꿈을 꾼다. 길의 모양이 조지훈 시인의 '승무'에 나오는 외씨버선과 같다 하여 붙여진 이름이다. 13일 정도 버선의 곡선을 따라 유유낙낙 걸으며 주막에도 들를 것이다.

천리 길을 지팡이 하나에 맡겼으니
남은 엽전 일곱 푼은 오히려 많아라.
주머니 속 깊이 간직하리라 다짐했건만
석양 주막에 술을 보았으니 내 어찌하리

김삿갓의 시는 궁핍과 어려움을 넘어서 저 높은 경지의 승화된 예술을 보여주고 있다. 나는 김삿갓면에서 김삿갓막걸리 한 잔을 마신다. 그에게 한 잔 술과 함께 한 마디 올린다.

"선생님, 어찌어찌하여 관직에 올랐다고 합시다. 그 세태에서 선생이 뭘 할 수 있었겠습니까? 오히려 그 좋은 머리로 가렴주구 앞잡이가 되었을 수도 있지 않았겠습니까? 그랬더라면 제가 지금 감탄하는 선생의 풍자시를 어디서 대한단 말입니까? 아들이 잡은 손을 뿌리친 것은 잘한 일이었습니다."

1939년 일찍이 그 진가를 알아보고 시 177수를 모아『김립시집』을 펴낸 이응수(1909~?) 님, 시 한 수라도 헛되이 사라지지 않도록 수집에 애를 써주신 많은 분들, 김삿갓의 생애와 발자취를 찾아 일생을 바친 정암 박영국(1917~1994) 선생에게도 한 잔 올린다. 그리고 태화산 기슭에 잠들어 있는 김삿갓의 묘소를 향하여 발길을 돌린다.

팔공산

八公山　　　　1,192m

　진산鎭山이란 고을 뒤에 있는 큰 산을 말한다. 이러한 산은 고을을 지켜 주므로 산신제를 올린다. 그러나 넓은 영토의 나라에서는 어느 하나의 산에만 의지할 수 없다. 온 나라에 고루고루 산신령의 영험함이 미치기 위하여 적어도 동, 서, 남, 북, 중앙에 다섯 개의 산을 지정했는데 그것이 오악이다. 신라의 오악은 토함산(동악), 계룡산(서악), 지리산(남악), 태백산(북악), 공산(중악)이다.

　공산公山이란 산의 모습이 공公 자와 같기 때문에 붙여진 이름이라고 하며, 조선시대에 '팔공산'으로 바뀐다. 산의 모습이 공公이라는 말은 애매하기 짝이 없는데 해몽이 재미있다. 이 산에 원효대사를 절묘히 끌어들여 그의 제자 중 세 명이 삼성암에서 다섯 명이 오도암에서 총 여덟 명이 득도했다는 이유를 댄다. 혹자는 고려 왕건이 후백제의 견훤을 맞아 이 산중 동수桐藪에서 싸울 때 신숭겸 등 여덟 명의 장수를 잃어서라고 하고, 또 어떤 이는 대구 쪽에서 산등성이를 볼 때 여덟 개의 봉우리가 두드러져 보이기 때문으로 해석한다.

　이 많은 상상은 팔공산이 큰 산이기에 가능한 이야기이다. 팔공산은 대구광역시 동구에 속하지만, 영천시·경산시·칠곡군·군위군 등 4개 시·군이 맞닿는 경계를 이루고 있으며, 주봉인 비로봉毘盧峰을 중심으로 동·서로 20km에 걸쳐 능선이 이어지고 있다. 산행 코스만 해도 동화사, 갓바위, 은해사, 수태골, 부인사, 파계사 등 수없이 많다.

공산에 팔八 자가 붙은 것은 불교의 팔정도에서 따온 것으로 생각할 수 있다. 숭유억불 정책의 조선시대를 거치면서도 이 산자락마다 암자들이 들어서서 현재 무려 150여 개의 사찰이 있다. 어느 골짜기를 내려다보아도 암자가 있으니 산 전체가 기도터라고 해도 과언이 아니다. 돌을 통과해야 들어갈 수 있는 돌구멍절이라고 불리는 중암암, 성철스님이 10년간 철조망을 치고 수도했다는 파계사, 1232년 몽고의 제2차 침입 때 병화로 소실되기까지 고려초조대장경이 보관되어 있던 부인사, 비로봉 북쪽에 소박하기 그지없는 진불암, 팔공산 모든 암자를 통틀어 최고의 입지를 자랑하는 염불암, 불단 밑을 장식한 추미단의 조각품이 예술적인 백흥암, 그리고 경주 토함산 석굴암보다 1세기 정도 앞선 제2 석굴암 등 이루 다 헤아릴 수 없다.

팔공산 암자 순례산행이 줄을 잇고 있다. 그중 관봉 갓바위는 팔공산의 알파이다.

비로봉에서 동쪽으로 흘러나온 팔공산 능선은 서서히 키를 낮추다가 남쪽으로 방향을 틀면서 마침표를 찍듯 관봉으로 마감하고 있다. 그 누가 관봉의 바위에서 부처님을 보았다. 바위는 그의 상상대로 부처님이 되고 대좌가 되고 광배가 되었다. 그가 한 일은 주변에 있던 판석 하나를 머리에 올려놓는 일이었다. 갓바위 불상은 이렇게 해서 우리 앞에 모습을 나타냈다.

사람들은 동대구역에서는 401번 버스를 타고, 경산역에서는 803번 버스를 타고 갓바위 종점으로 향한다. '803번' 버스는 팔공산을 말하는 것이니 '갓바위가 없이는 어찌 팔공산이냐'고 하면서 능성고개를 왕복하고 있다.

갓바위로 오르는 1,365 돌계단 길에 불어오는 바람은 내 몸에 밴 세상의 때를 벗겨주어 올라갈수록 발걸음이 가볍다. 계단 수만큼이나 많은 연등들이 내는 맑은 소리가 상쾌하다. 내 앞으로 계단 하나하나 빗질하며 오르는 신도의 마음이 읽힌다.

갓바위! 하늘 아래 이만한 위엄이 또 있을까. 병풍을 친 바위는 광배 역할을 하고, 얇은 판석의 갓은 얼굴에 신비감을 드리우고, 중생을 향해 지그시 감은 눈은 그 깊이를 알 수 없고, 오똑한 코와 굳게 다문 입술은 육중해 보이지만 부드러운 미소를 담고 있다. 좌정한 상체는 약간 비스듬히 오른쪽으로 기울이고 있다.

내 눈은 무릎에 살짝 얹은 오른손에 멈춘다. 설법 중 깨달음을 얻은 자를 발견하고 그를 향한 탄복의 제스처이다. 이 순간 어느 중생이 열심히 절을 하다가 깨달음을 얻은 것이다. 그래 알겠다! 하고 무릎을 탁 치는 순간이다.

그 주인공은 이 많은 사람 중 누구일까?

바로 나를 향한 손짓이었다.

팔공산의 의미를 알았다. 바로 부처님이 쓰고 계신 갓에 힌트가 있었다.

팔공산의 원래 이름은 갓산이었다. 한자로 표기하면서 갓과 형상이 같은 공公을 쓴 것이다. 한자를 우리말로 표기할 때 훈차訓借, 음차音借만 있는 것이 아니라 한자의 생긴 모양을 따온 형차形借가 있다. 월악산의 옛 이름 월형산月兄山은 영봉을 형兄 모양으로 본 것이고, 비슬산琵瑟山은 비파와 거문고의 담괘擔棵 모양을 표현했듯이.

팔八 또한 '갓'의 의미를 더한 것으로, 불교도들이 억지로 붙인 것이 아니었다. 팔봉산, 팔영산 등 산에 붙은 팔八은 산의 높은 형상을 나타내기 위함이 첫째이고, 팔정도八正道는 덤이었다. 더 나아가 팔도강산, 단양팔경, 그리고 함양의 팔담팔정八潭八亭도 단순히 여덟 개를 가리키는 것이 아니라 금수강산과 뛰어난 절경을 강조한 것이었다.

팔공산의 경우 팔八은 수식어가 아니라 주격이고, 공公은 팔을 높여 부르는 의존명사였다. 아! 팔공八公, 충분히 존대받을 만하다.

갓바위! 부처님의 머리에 갓을 올린 것은 결코 우연이 아니었다. 통일신라 때 그 어느 누가 노심초사 '갓산'의 이름이 영원히 잊히지 않도록, 부처님에게 갓을 씌우고 내가 오기를 기다리게 했던 것이다.

갓바위 부처님 고맙습니다.

나는 염화시중의 미소를 보낸다.

돌계단을 오르는 중에 만났던 빗질하던 신도가 혼자 미소 짓고 있는 나를 발견하고 요사채로 데려가 함께 점심 공양을 받는다. 단출한 식사를 마치고 또다시 능선을 걷는다.

알파는 알았으니 오메가는 무엇이더냐?

중암암의 뒷간이 깊어서 정월 초하룻날 볼일을 보면 섣달 그믐날이라야 떨어지는 소리가 들린다고 했겠다.

돌구멍절아! 기다려라, 내가 간다.

| 八峯山 | **팔봉산** | 328m |

　오승우(1930~) 화백은 1983년부터 1995년까지 전국의 명산을 돌아다니며 그림을 그렸다. 초기에는 표면적인 사실寫實에 충실하여 산의 아름다움을 표현하는 데 치중했고, 후기에는 산을 형성하는 골격을 굵은 선으로 시도하여 입체감을 나타내 산의 무게를 강조하였다. 팔봉산은 총 103개의 작품 중 102번째로 산봉우리마다 광채를 띠고 있다.『오승우 한국100명산』에 유일하게 사람들이 등장하는 그림이 홍천 팔봉산(1995년 작)이다.

　우리를 굽어 살피는 신령님은 섣불리 나타나 아무나 알아보게 하지 않는다. 그러나 당신의 품 안으로 사람들을 끌어들이지 않는다면 그 또한 신령이 아니다. 우리의 신령님은 검푸른 옷을 입고 있으면서 밝고 또 어두운 햇빛을 후광으로 받아 은은히 빛나고 있다. 당신의 품 안에서는 파란 나무들과 연두색 곡식들이 자라고 그 사잇길로 방문객들이 유유히 오고 간다.

　원래 감물악산甘勿岳山이었다. '감물'은 '신령'으로 '신령이 깃든 험한 산'이라는 뜻이다. 그리고 이 깜찍한 산은 여신女神이었다. 신은 우리에게 풍요를 내려주지만 항상 너그러운 것은 아니다. 제2봉의 삼부인당에는 인자한 시어머니 李氏, 더욱 인자한 딸 金氏, 너그럽지 못한 며느리 洪氏가 나란히 모셔져 있다. 언제 며느리가 뿔을 낼지 조심해야 한다. 그 대가는 마을 사람 모두가 감수해야 하는 흉년이니 뜻을 모아 제물을 올리고 굿을 하여 심기를 불편하게 하지 않을 일이다.

현재 2봉의 당집은 원래 8봉에 있던 것을 옮긴 것이다. 교통이 좋아져서 여름철이면 외지에서 사람들이 몰려오고, 그 아래 홍천강에서 사내들이 옷을 벗고 미역을 감아 삼부인이 차마 그 광경을 볼 수 없었기 때문이었다.

홍천강도 어찌지 못하고 빙 둘러 돌아나가게 한 산이다. 오승우의 그림은 봉우리마다 신령스러운 기운이 감돌고 있다. 그러나 이제 사람들은 스스로 풍년과 흉년을 결정하게 되었다. 무력해진 신神은 가끔씩 등산객에게 화를 낼 뿐이었다. 이곳을 지나가던 어느 도인이 그 원인이 '여신의 강한 음기'에 있음을 발설하여 남근석을 세워 이를 약화시켰으니 화도 맘대로 낼 수 없게 되었다.

동서울터미널에서 출발한 버스는 고속도로를 벗어나자 이내 어유포리로 접어든다. 차창으로 보이는 여덟 개의 봉우리를 다 세지도 못할 사이에 차는 홍천강을 건너서 등산로 입구에 차문을 철커덕 열어준다. 과연 여기저기 남근목이 세워져 있는데, 영문을 모르는 여자들이 민망해 하는 내색이 역력하다. 바닥에 조그맣게 세워진 남근 조각상을 보았더라면 석조의 그 강한 힘이 표출하는 사실성에 까무러쳤겠지만 다행히 시선이 거기까지 가지는 못한다.

철제 다리를 건너서 시작된 등산길은 가파른 오르막으로 등산객을 일렬로 세우고 엄숙함을 주입시킨다. 이내 쉬운 길과 험한 길을 가르는 표지판이 나타나는데 산악회 시그널이 모두 쉬운 길을 가리킨다. 쉬운 길이라고 하지만 험한 수직의 암벽이 나타나고 어찌 오를지 고민하느라 정체를 이룰 지경이다. 바락바락 비벼대며 오르니 30분도 안 되어서 1봉 정상에 선다. 주위를 살펴보니 발밑이 까마득한 절벽이다. 보호 줄이 쳐져 있고 추락위험을 알리는 노란색 역삼각형 표시판에는 누군가가 쓴 '저 세상

감' 글씨에 웃음이 나올 만하건만 사람들은 숨 고르기에 바쁘다. 백명산 중 가장 낮은 산이라는 것이 믿어지지 않는다.

철제 계단과 밧줄을 잡고 2봉에 오르자 삼면으로 흐르는 홍천강이 고도감을 느끼게 한다.

삼부인당이 세워진 것은 지금으로부터 400년 전으로 거슬러 올라간다. 세 부인의 관계에 대해서만 알려져 있을 뿐 더 이상의 내용은 알 수 없다. 신화적 의미로 해석하기도 하나 그 내용도 전혀 전해지는 것이 없다. 다만 마을 사람들은 이를 소중히 했다는 사실이다. 몇 차례 불이 나기도 했지만, 그때마다 추렴하여 다시 지었다. 40년 전 병상이 할아버지라는 분이 그 험한 봉우리로 자재를 1년간이나 운반한 일을 마을 사람들은 아직도 기억하고 있다. 이제 군립공원이 들어선 이후로는 어유포리에서 당산제를 지낸다. 지금껏 제를 모시던 조정순 만신은 연로하여 누워 있고 후계자를 아직 찾지 못하고 있다.

당집에는 남신인 칠성신과 여신인 팔봉산 산신령의 위패가 나란히 모셔져 있다. 그 사이에 한지로 만든 가화가 신령님들을 엄숙하게 바라보게 한다. 그중 가장 왼편의 수술을 길게 늘어뜨린 가화(털인가목조팝나무꽃)는 요즘 보기 어려운 옛날 작품임을 짐작하게 한다. 삼부인은 당집을 지키던 무당이었을 것이다. 400년 전 당집을 지키던 시어머니 만신이 돌아가시자 딸이 이어받고 그 딸마저 죽자 며느리가 이어받았을 것이다. 무당에 뜻이 없던 며느리는 마을 사람들에게 등 떠밀려 산을 올라와서는 찾아오는 사람들에게 불쑥불쑥 화를 냈으므로 삼부인 중 가장 인기가 없었다. 그런 그녀도 가화를 정성껏 만들었기에 지금의 조정순 만신에게까지 이어져 왔다. 이제 누가 칠성신과 산신령을 보필할 것인가.

당집의 두 신과 함께 나란히 신이 되어버린 여인들의 집 삼부인당을 뒤로 한다. 해산굴 통과도 그렇거니와 이렇게 조그만 산이 험하기가 설악산 뺨칠 정도다. 체구도 작고 귀여운 여인이 앙칼진 성격을 지닌 것 같다. 그 성질을 좋게 해석하여 감싸주고 싶지만 자칫 경계를 게을리 하면 손톱에 할퀼 수도 있다.

산을 다 내려올 때까지 긴장을 늦추지 못하였다. 발디딤 하나하나까지 인공 지지대가 없었더라면 산행은 어림없는 일이었다. 그래서 겨울에는 등산로를 완전 폐쇄하고, 비가 오거나 여름 우기에도 여지없이 폐쇄한다. 하산하여 회귀하는 길은 홍천강 위로 설치한 잔도를 통과해야 하므로 강물이 불어나면 또 문을 닫는다. 그럼에도 불구하고 금년 봄에 개산을 한 후로 석 달 동안 벌써 두 차례 구조 헬기가 출동해야 했다.

어유포리!

홍천강 물이 팔봉산을 빙 둘러서 다시 빠져나가기 전에 잠시 쉬어가는 곳이다. 당연히 물고기도 유유자적을 즐기는 곳이다. 등산을 하지 않은 사람들은 여기서 물고기의 심정이 되어 팔봉산을 바라본다. 금방 산을 빠져나온 나로서는 봉우리를 잇는 능선마다 칼날 같은 섬뜩함이 느껴진다. 오승우 화백의 심미안은 언제 생기게 될까?

팔영산

八影山　　607m

산은 항상 우리 곁에 있다. 아침에 세수하다가 올려다보고, 마당에서 여물을 썰다가 올려다보고, 소를 몰고 가다가 올려다보며 곁에 있음을 확인한다. 이때 산의 모습이 구체적으로 눈에 들어오는 것이 아니다. 하나의 윤곽으로 다가온다. 산과 하늘은 실루엣으로 경계를 가르고, 그나마 어디선가 하얀 구름이 와서 그 구분도 없애버린다. 수채화의 엷은 파란색 또는 엷은 보라색으로 그림자처럼 존재하고 있는 것이다.

팔영산은 동쪽을 바라보고 해를 정면으로 받아들인다. 앞자락은 넓은 벌판이다. 여느 산과 다르게 실루엣은 분명하며 새끼를 꼰 듯, 대궐집 양반의 갓인 듯 여덟 번이나 봉우리를 세우고 있다. 그 그림자는 해가 뜨는 아침에는 더욱 또렷하다. 어찌나 강렬한 그림자인지 중국 위왕의 세숫물에 비쳐서 그 산세를 중국에까지 떨쳤다.

팔八은 여덟이라는 의미와 더불어 글자 모양으로 미루어 험난한 산을 나타낸다. 팔영산의 팔八은 그 상징을 넘어서 분명하고 독립적인 봉우리 여덟 개가 부채꼴처럼 펼쳐져 있다. 여덟 개의 그림자가 나를 유혹한다.

"유달은 아니지만 공맹의 도 선비레라/유건은 썼지만 선비풍채 당당하여/선비의 그림자 닮아 유영봉 되었노라."

유학을 공부하는 선비는 유건을 썼다. 유건은 유생들이 평상시나 향교, 서원 혹은 과거 시험장에 나갈 때 쓰던 실내용 두건이다. 생김새가 유건같이 각진 암벽의 봉우리이지만 그보다는 전체적인 형상이 선비의 느낌을 주고 있다. 제1봉 유영봉儒影峯에 대한 찬사이다.

"성스러운 명산주인 산을 지킨 군주봉아/팔봉 지켜주는 부처 같은 성인바위/팔영산 주인되신 성주봉이 여기로세."

제2봉 성주봉聖主峯에 대한 묘사이다. 둥그런 모습이 임금이 쓰는 모자다. 높이는 유영봉 다음이지만 당당하게 여섯 개 봉우리를 이끌고 있다. 나무랄 데 없이 둥그런 모습이 가장 아름답다.

"열아홉 대나무통 관악기 모양새로/소리는 없지만 바위모양 생황이라/바람결 들어보세 아름다운 생황소리"

제3봉인 생황봉笙簧峰은 가장 험난하다. 쇠사다리를 잡고 철발판을 딛고 오른다. 정상은 생황의 열일곱 개의 가느다란 대나무 관대처럼 바위가 갈라져 있다. 이렇게 올라가서 보는 바다는 더욱 아름답고 값지다. 숨을 쉴 때마다 날카로운 쇠청의 화음이 들려온다.

"동물의 왕자처럼 사자바위 군림하여/으르렁 소리치면 백수들이 엎드린 듯/기묘한 절경 속에 사자 모양 갖췄구려"

사자의 갈퀴를 잡고 제4봉 사자봉獅子峯 정상에 서면 발밑에 펼쳐지는 섬들이 마치 온갖 짐승이다. 큰 소리라도 한 번 치면 모든 섬이 꿈틀거려서 이쪽으로 모여들 것 같다.

"다섯 명 늙은 신선 별유천지 비인간이/도원이 어디메뇨 무릉이 여기로세/다섯 신선 놀이터가 오로봉 아니더냐."

신선들은 여기 제5봉 오로봉五老峰에 앉아 변화 없는 바다보다는 두류봉과 칠선봉 을 바라보았을 것이다. 명암을 달리하며 겹친 봉우리가 별유천지라 부르기 충분하다.

"건곤이 맞닿는 곳 하늘문이 열렸으니/하늘길이 어디메뇨 통천문이 여기로다/두류봉 오르면 천국으로 통하노라."

여덟 개의 봉우리 중 칠성봉이 으뜸이나 눈으로는 제6봉인 두류봉頭流峯이 더 높아 보인다. 칠성봉은 옆으로 누워 있고 두류봉은 하늘로 치솟아 있기 때문이다. 민족의 영산인 백두산에서 흘러나와 그 큰 호흡이 멈춘 곳의 지리산을 두류산으로 부른다. 우리는 하늘에서 내려온 단군의 자손으로 다시 그곳으로 돌아가고 싶어 한다. 끝없이 이어지는 난간을 붙잡고 올라 도달하는 두류봉은 통천문이다.

"북극성 축을 삼아 하루도 열두 때를/북두칠성 자루 돌아 천만 년을 한결같이/일곱 개 별자리 도는 칠성바위"

통천문을 빠져나가 비로소 제7봉 칠성봉七星峯 앞에 선다. 칠성님께 비나이다. 하늘의 모든 별이 떠돌아다녀도 칠성신은 언제나 그 자리이십니다. 하늘의 입구이십니다. 비를 내려 풍년 들게 해주십시오. 아이를 점지하여 주십시오. 우리 노모 병을 낫게 해주십시오.

"물초롱 파란색 병풍처럼 첩첩하며/초록의 그림자 푸르름이 겹쳐 쌓여/꽃나무 가지 엮어 산봉우리 푸르구나."

병풍처럼 펼쳐진 봉우리들은 푸르다 못해 검푸르다. 이것이 팔영산의 마침표 제8봉 적취봉積翠峰이 내세우는 자랑이다.

해가 하늘 가운데 있어도 여전히 그림자가 드리운다. 봉우리에서 불어온 바람이 휘익 소리를 내며 능가사楞伽寺 마당의 낙엽을 건드린다.

경상북도 영해 읍내에서 사진항으로 넘어가는 고갯마루에 팔영신八鈴神을 모시는 영신각迎神閣이 있다. 이와 관련하여 고려 충선왕 때 성리학자 우탁禹倬(1263~1342)의 이야기가 전해진다. 그가 영해寧海의 관직을 받아 부임해 보니 인근 팔풍정을 본거지로 한 팔영신이라는 악귀들의 폐해가 이

만저만이 아니었다. 우탁은 주역을 깊이 공부하여 도술을 익혔기에 귀신의 방울을 부수고 바다에 빠뜨려 죽였다는 내용이다. 형체가 보이지 않는 어둠 속에서 짤랑짤랑 나는 소리는 공포 그 자체이다. 귀신은 먼저 방울소리를 내어 마을 사람들을 숨죽이게 하고 컴컴한 산에서 검은 얼굴을 내밀어 공포에 빠뜨린다.

   자연이 두렵고 위협적인 존재였던 옛날에는 무서운 八鈴山에서 신이 지켜주는 믿음의 八靈山으로 바뀌고 이제는 그 그림자만 남아 八影山이 되었다.

| 漢拏山 | 한라산 | 1,947m |

백두산과 한라산은 한반도의 시작과 끝이다. 우리 강산의 함축이다. 두 산은 같으면서도 대비점에 가 있다. 백두산은 북쪽 고원 위에서 우뚝 솟아 대륙을 바라보고 있고, 한라산은 남쪽 바다 위에서 둥실 솟아 태평양을 바라보고 있다.

둘 다 화산이지만 백두산은 화산 가스와 함께 격렬한 폭발을 일으키며 하늘을 향하여 용암을 고관대작의 사모관대처럼 첩첩이 쌓아놓았고, 한라산은 화산 가스를 조용히 분출시키면서 용암을 멀리까지 넓게 흘려놓았다. 한라산은 거기서 그치지 않고, 마그마들이 여기저기 제멋대로 솟아올라서 세계에서도 유례없는 400개나 되는 '오름(기생화산)'을 만들어놓았다. 이 또한 주봉 주위에 열여섯 개의 봉우리가 신하처럼 조아리고 있는 백두산과 대비되는 모양새이다. 백두산 천지는 우주의 별들을 모두 담고 있는 듯 깊고 심오하여 함부로 범접할 수 없을 것 같고, 한라산 백록담은 하얀 사슴 몇 마리가 지나가다가 뒤돌아보며 사라지는 장면이 연상된다.

백두白頭는 인간의 신체 부위 중 가장 위에 있는 머리가 들어 있다. 한라(漢/은하수 한, 拏/붙잡을 나)는 하늘의 은하수를 잡아당길 만큼 높다 해서 붙여진 것이다. 하지만 섬을 만든 설문대(선문대)할망이 뾰족한 것을 싫어하여 꼭대기를 잘라 던져버려서 백록담이 생겼다는 전설을 알고 나면 높이 추구 일색을 거부하고 하늘과 땅의 조화를 이루겠다는 의지표명임을 알 수 있다. 한마디로 백두산은 하늘로 치솟는 기상을, 한라산은 무엇이든 품에 안는 포용력을 상징한다.

한라산은 예로부터 부라산浮羅山 · 부악釜岳 · 원산圓山 · 두무악頭無岳 · 혈망봉穴望峰 · 여장군女將軍으로, 그리고 별칭으로 진산鎭山 · 선산仙山 · 영주산瀛洲山으로 불렸다. 별칭을 제외하면 모두 원만한 경사도와 산 정상의 분화구를 염두에 둔 이름이다. 부라산은 '산에 생긴 구멍(굼)'이란 뜻의 '산굼부리'에서 그 어원을 찾을 수 있다. 백록담은 그중 가장 큰 '부라'이니 '한부라' 즉 '한라'가 되었다고도 볼 수 있다.

좀 더 살펴보면 제주도어 '하르다'에서 그 어원을 찾을 수 있다. '핥다'가 현재의 뜻이나 본디 깨끗이 정화된 상태를 나타내는 '설다'와 같은 의미로 쓰이는 말이다. 여신女神 할망, 남신男神 하르방, 그리고 한라산의 옛 명칭 혈망봉도 여기서 나온 말이다. 지금도 한라산을 할락산, 할로산, 할로영산으로 부르기도 한다. 덧붙이면 돌하르방의 '돌'은 산을 말하는 것으로 '선돌', '무돌' 또는 '입석'과 같은 것이다. 돌하르방은 마을로 내려온 한라산이다.

한라산의 화산은 75만 년 전쯤에 시기를 달리하여 두 번에 걸쳐 분출하였다. 한굼부리(백록담)는 담회색의 조면암이 그 기반基盤을 이루고, 동쪽 부분에 검은색의 거친 자갈 같은 현무암이 그 위를 덮고 있다. 조면암층이 먼저 폭발하고 현무암층이 나중에 솟아오른 것이다.

조면암粗面岩은 용암이 분출된 후 풍화되어 거친 표면을 나타낸다고 해서 이름이 주어졌다. 이러한 조면암과 현무암이 오랜 세월과 함께 기묘한 변화를 일으켜 제주도를 천혜의 관광지로 만들었다. 백록담의 서편 영실 쪽의 기암절벽 오백나한은 조면암이라는 기둥바위가 풍화된 것이다. 남해안의 주상절리柱狀節理 절벽은 현무암이 차가운 바닷물을 만나 급격히 식으면서 틈이 갈라져 생겼으며, 제주시 인근 해안의 용바위는 현무암이 풍화작용을 받아 비교적 단단한 부분만 남은 결과이다. 만장굴은 용암의 겉 부분이 고화되어 껍질이 형성된 뒤, 내부의 녹은 용암이 흘러내려 터널 모양의 공동空洞을 형성하여 만들어진 것이다.

한라산 등산은 지도에 표시된 코스타임보다 시간을 더 잡아야 할 것이다. 겨울에는 설경을, 봄부터는 희귀종 꽃들을 보느라 발걸음이 지체될 것이기 때문이다.

제주도는 남쪽이지만 시베리아 기단이 서해 바다를 타고 지나가는 곳이어서 겨울에는 폭설이 내려 제주공항이 폐쇄되곤 한다. 만수동산, 윗세오름의 설원은 육지의 어느 산에서 볼 수 없는 한라산만의 풍경이다. 또 자생식물이 무려 1,700여 종에 이르고 희귀종도 많다. 정상 부근에서 솜다리꽃을 찾아보는 것도 즐거움이다. 바위틈에 핀 붉은병꽃, 여름새우란, 한라구절초, 손바닥난초, 신갈나무 사이 바닥을 깔고 있는 노란 복수초, 초여름엔 노랗게 핀 미나리아재비꽃이 남쪽에서 백록담을 바라보며 군락을 이룬다.

대표적인 코스는 영실에서 시작해서 우측으로 오백나한을 바라보며 서서히 걸어서 윗세오름으로 올라, 잠시 호흡을 가라앉힌 후 경관이 좋은 한라산 남벽으로 우회하여 두 시간 정도 경사가 급한 언덕을 타고 백록담에 이르는 것이다. 설경을 만끽하기에도 가장 좋은 코스이다. 그러나 현재 백록담으로 오르는 등산로는 폐쇄되어 있다. 조면암이나 현무암 모두 바람에도 쉽게 구멍이 뚫리는 연약한 바위여서 특히 경사진 곳에서는 사람의 발길을 견딜 수 없기 때문이다. 덕분에 윗세오름의 길 난간에 앉은 까마귀와 대화를 나눌 수도 있지만 만세동산으로 발길을 돌려야 하는 것이 못내 아쉽다.

다행히 2010년 12월부터 돈내코 코스가 뚫렸다. 여전히 남벽분기점 이

후 백록담으로 오르는 코스는 폐쇄되어 있지만 한라산 남벽을 감상할 수 있어 그쪽으로 내려가는 것도 일책이다. 겨울이면 설원이, 봄이면 철쭉꽃 평원이다. 위쪽의 백록담 분화구 쪽으로 거북 등처럼 갈라진 조면암 바위벽에 위압감도 느낄 수 있다.

허나 그것은 잠시, 광활한 선작지왓을 전면으로 하면 하나의 장식에 불과하다. 둘러보면 미니어처 한라산이 평원에 서 있다. 탑궤가 그것이다. 용암은 무조건 아래를 향하여 흘렀어야 했는데 설문대할망의 경고를 무시하고 뒤돌아보다가 그대로 돌이 된 것이다. 돌을 쌓아 놓은 듯한 탑과 작은 굴을 의미하는 궤가 합쳐진 말로 화산섬인 제주도가 아니면 있을 수 없는 말이다. 선작지왓은 탑궤를 선돌(立石)로 본 것으로 선돌평전이라 풀이할 수 있다. '선'은 '서다'에서 왔고, '작'은 작약도에서 보듯 작은 돌이고, '지'는 이가 변한 말로 동격품사이며, 왓은 넓은 벌판이다. 세석평전과 덕유평전의 평전도 아니요, 같은 한라산이라도 만세동산과 사제비동산의 동산과 다른 맛이니 그것이 왓이다.

선작지왓에서 돈내코로 내려가는 길은 멧돼지들이 물을 마시는 하천의 입구라는 이름으로 두 시간 넘게 깊은 수림대이다. 위에서부터 털진달래, 산철쭉, 한라돌쩌귀, 누운향나무, 구상나무, 구상나무 밑에 깔린 제주조릿대, 신갈나무, 사오기나무(벚나무), 굴무기(느티나무), 매발톱나무가 이어지다가 일본의 수입종 삼나무가 마무리한다. 원추형으로 뾰족하게 뻗은 삼나무는 침엽이 서로 뭉쳐 고흐의 그림처럼 이글거린다. 원산지에서의 날카로운 역삼각형을 버리고 한라산의 산세와 조화를 이루니 기특하기 짝이 없다.

성판악에서 백록담까지 다섯 시간 남짓 오르는 길은 한라산만의 매력을 지닌 곳이다. 길은 꾸준한 경사로 뒤를 보면 바다가 앞으로는 산으로,

마음속으로 도형을 그리면 대각선상에 내가 존재하게 된다. 무한한 공간 속의 하나의 점이다. 백록담에서 조면암과 현무암층을 확인하노라면 이번에는 나를 수십만 년 전으로 데려다준다. 무한한 시간 속의 하나의 점이다.

우측으로 왕관릉을 바라보며 용진굴로 내려가는 길은 여태까지와 완전히 다른 모습을 보여준다. 삼각봉을 받들고 있는 계곡은 경사가 심하고 깊다. 급한 설면에서 해외 원정대가 히말라야를 가정하고 훈련하는 장소이기도 하며, 스키 마니아들이 즐겨 찾는 곳이다. 제주도 출신으로 우리나라 에베레스트 초등자인 고상돈의 추모 케른(cairn/돌무덤)이 있는 탐라계곡은 한라산을 대표하는 계곡이다. 서서히 수림대가 깊어지고 첩첩 산중으로 나를 이끌어간다. 하늘을 향해 쭉쭉 뻗어 있는 아름드리 졸참나무들에 묻혀 아무 생각이 나지 않는다면 한라산 등산은 성공이다.

한라산이 바다 위에 그 넓은 치마를 펼쳐놓아 우리를 그 품 안으로 끌어들이고 있다. 아침 일찍 동이 틀 때 서둘러 배 난간에 서서 바닷속에서 서서히 떠오르는 한라산과 수줍게 대면도 해야 하고, 점점 작아지다가 바닷속으로 사라지는 한라산의 몸짓을 보아야 이별의 참맛이다.

이번에도 무엇이 바쁘다고 항공 편을 이용하였다.

| 華岳山 | 화악산 | 1,468m |

　조선의 주자학자들은 주자의 무이구곡武夷九曲을 본받아 아홉 구비의 절경인 구곡을 조성하고 시를 읊고 그림을 그렸다. 이황은 대야산에 선유구곡을, 송시열은 속리산에 화양구곡華陽九曲을, 그리고 김수증은 경기도 화악산 북쪽 삼일계곡을 화음구곡華陰九曲이라 이름 짓고 그곳에서 자연을 즐기며 은둔생활을 했다. 화음구곡은 방화계, 청옥협, 신녀협, 백운담, 명옥뢰, 와룡담, 명월계, 옥의연, 첩석대를 말한다.

　김수증은 허목, 송병선과 더불어 조선시대 3대 등산가 중 한 명이다. 『풍악일기楓嶽日記』, 『한계산기寒溪山記』, 『유희령산기遊戲靈山記』, 『청룡산청룡사기靑龍山靑龍寺記』, 『화산기花山記』, 『산중일기山中日記』, 『유화악산기遊華嶽山記』를 썼다. 그는 일찍이 화악산 골짜기를 복거卜居(오래 머물러 살만한 장소를 정함)하였는데, 화음구곡과 그 일대를 유람하며 쓴 글이 「산중일기」이고, 화악산을 올라 쓴 글이 「유화악산기」이다.

　김수증은 자신이 기거하던 부지암不知庵 앞 시냇가의 바위를 천근석天根石, 월굴암月窟庵, 인문석人文石으로 명명하고 그 바위 위에 태극도설을 그려 넣는 등 자신이 심취한 사상을 표현하였다. 또한 화가 조세걸(1636~1705)을 시켜 '곡운구곡도'를 그리게 하였다. 그림은 터치감이 추상화를 닮아 우리가 도저히 도달하지 못할 유토피아를 연상시킨다. 그의 화음구곡에 대한 사랑은 『곡운집』에 잘 표현되어 있다.

숲속 집에 정오가 되니 녹음이 맑고도 아름답구나.
발자국 소리 없는 게 아쉽지 않나니 새소리가 기쁘다.
꾀꼬리가 가장 다정스러운데 부지런히 울고 있다.
빼어난 경치에 속인이 와서 티끌세상의 이야기를 어지러이 말하네.

남쪽에서 마주하는 화악산이 다른 산에서 못 느끼는 감회에 젖게 한다. 특히 겨울에 화악리의 화악천변에서 올려다보는 풍경은 내가 오르지 못한 히말라야 고산이다. 왼편으로 촛대봉을, 오른편으로 애기봉을 밀쳐놓고 화악산은 저 뒤 멀찌감치 하늘과 맞닿아 있다. 둥그런 애기와 혈기왕성한 촛대는 아직 가을의 기운이 남아 있고 파란 소나무가 그들의 젊음을 상징하고 있는데, 육중한 산세는 올라갈수록 회색빛으로 변하고 마침 지나가는 구름으로 그늘이 드리워 정상부는 아예 검은색이다.

하늘과 맞닿은 곳에서는 왼쪽으로 중봉이 높이를 자랑하고 오른쪽으로 하얀 능선이 군부대의 담장과 함께 흰빛을 반사한다. 눈을 아래로 돌리면 화악천을 따라 산자락에 길게 깔린 하얀 집들이 영락없이 히말라야의 마을이다. 바라보고 있노라면 저 곳에 이르기 위해서는 나를 안내할 가이드와 그곳에 이르는 동안의 장비와 식량을 날라줄 포터의 도움을 받아 힘겹게 한 발 한 발 오르는 내 모습이 그려진다.

이런 육중한 모습과 달리 산에 들면 꽃밭 천지이다. 여기서 김수증의 표현을 빌린다.

"산등성이와 벼랑 가에 나무는 드문드문하지만 풀은 우거져 있다. 철쭉이 산에 가득하고 간간이 진달래도 섞였으니, 꽃이 활짝 피어 아름답게 빛나는 때를 상상해 보았다."(국립수목원 편저, 『국역유산기』 강원도 편, 「유화악산기」)

이렇듯 화악산의 명칭은 화산花山에서 출발했다고 봐야 한다. 화산은 봄이면 진달래가 피어 온통 붉게 물든다. 1968년도 영화『화산댁華山宅』에서도 화산이 어느 산을 특정하지 않듯이, 어떤 산을 지칭하기보다는 동네 산의 아명雅名으로 불리었다. 이것이 중국의 오악 중 하나인 화산華山의 영향을 받아서 화산華山이 된다. 화악산은 동네 뒷산의 여타 화산과는 다르게 규모가 크므로 '악' 자를 붙인 이름으로 정착되었다.

정상에서의 조망은 아득하다. 1671년 여름 정상에 섰던 김수증의 감회가 구구절절하다. 아무리 산에 다녀도 조망되는 산을 다 알기는 어려운 법인데 하나하나 열거할 정도로 다 꿰고 있다. 그의 깊은 화악산 사랑을 엿볼 수 있다.

"산 한 줄기가 동쪽에서 구불거리며 오다 우뚝 솟아 이곳과 마주 보는 곳이 사자봉獅子峯이었다. 사방이 환히 트이고 막는 데가 없어서 멀고 가까운 여러 산들이 모두 눈 아래 들어왔다. 풍악산楓嶽山과 한계산寒溪山을 바라볼 수 있고 목멱산木覓山 또한 볼 수 있지만, 마침 구름과 이내에 가려버렸다. 삼각산三角山이 아스라한 가운데 희미하고, 춘천의 소양강昭陽江과 철원의 보개산寶蓋山이 지척에 있는 듯하였다. 양구楊口의 저산猪山과 평강平康의 고암산古巖山이 선명하게 보였고, 영평永平의 국망산國望山이 높이 솟아 마치 여러 산들을 어루만지는 듯하였으며, 이 밖의 뭇 산으로 이름을 알 수 없는 것들은 다 헤아릴 수 없었다."(국립수목원 편저,『국역유산기』강원도 편,「유화악산기」)

화악산은 우리나라 중앙을 가르는 위도와 경도가 지나간다. 북위 38도선과 동경 127.30도가 교차하는 곳이다. 대한민국 정중앙으로 한라산과 백두산을 잇는 선이기도 하다.

엠포르 산악회는 1972년 국토자오선 종주를 실행하였다. 거점별로 진행된 종주는 여수를 출발하여 유명산을 지나고 1973년 3월 13일 가평읍

하색리에 도달함으로써 428km에 달하는 남한구간의 임무를 마쳤다. 그들은 아직도 북한구간 440km 종주를 기다리고 있다. 언젠가 그들의 염원대로 북으로 향하는 발걸음이 가동된다면 화악산은 그 출발점으로 안성맞춤이다.

   화악산 정상은 공군기지가 가로막고 있다. 물론 남북분단 결과인데 우리에게 많은 아픔을 주고 있다. 가장 자연스러울 화음구곡에서 정상에 이르는 코스가 없고, 등산객들은 국토의 정중앙에 서지 못하고 중봉에서 아쉬움을 달랜다. 이 모든 것이 해결되는 날, 엠포르 산악회 진유명 일행은 재출발을 위하여 화악산 정상에 설 것이다.

화왕산

火旺山　　　　758m

경상남도 창녕은 삼한시대 부족국가의 하나였던 불사국不斯國의 도읍지였다. 신라 진흥왕 때인 555년 신라로 병합되어 비사벌이 되기까지 비화가야라는 이름으로 세력을 다지고 있었고, 금관가야나 대가야에 견주어도 결코 뒤지지 않는 문화 수준을 지니고 있었다.

창녕이 현재 보유하고 있는 보물들은 국보 2점, 보물 9점이며, 지정문화재는 122점이나 된다. 고대 창녕 지방이 우수한 문화를 꽃피울 수 있었던 것은 서쪽으로 낙동강이 평야지대를 관통하고 있는 덕분이고, 그 많은 문화재가 오늘날까지 지켜질 수 있었던 것은 동쪽으로 화왕산이 장벽을 쳐준 덕분이다.

창녕읍에서 바라보는 화왕산은 어미 닭이 창녕이라는 알을 보호하기 위해 잔뜩 날개를 부풀려 경계하고 있는 형국이다. 임진왜란 때 왜장 가토 기요마사(加藤淸正)가 이 산성을 공략해 볼 엄두를 못 내었던 것은 창녕에서 바라본 그 산세 때문이었다. 그는 1주일간이나 화왕산성의 곽재우 장군과 대치하다가 공격을 단념하고 황석산으로 말머리를 돌렸다.

화왕산은 화산으로 생긴 산으로 큰불뫼로 불리기도 하였다. 정상부의 용지龍池는 분화구이다. 화산의 모양은 분출된 마그마의 성질에 따라 결정되는데, 창녕 쪽으로는 점성이 강한 마그마가 분출되어 백두산과 같은 급격한 경사를, 반대편 옥천리 쪽으로는 점성이 약한 마그마가 분출되어 한라산과 같은 완만한 경사를 이루니, 화왕산은 백두산과 한라산의 두 얼굴을 지니고 있는 셈이다. 창녕 사람들은 화왕산을 백두산·한라산에 이어 3대 화산으로, 용지는 천지·백록담과 함께 우리나라 3대 크레이터(crater/분화구)로 불리길 원한다.

"숭정崇禎 경진년(1640, 인조 18) 늦여름에 무더위에 시달리고 정신도 시들해져 유람하여 회포를 풀려고 했으나 그럴 수 없어 막 초조해지려는 참이었다. 오동나무 그늘 아래에 누워 있자니 홀연히 한 사내가 지팡이를 짚고 찾아왔는데, 안익중安翼仲 군이었다.

익중은 나의 오랜 벗인데 나에게 인사하며 "자네는 산수의 승경을 아니, 그 즐거움도 알겠지? 산수의 승경은 산수에 달렸으나, 산수를 즐기는 것은 나에게 달렸으니, 나에게 달린 즐거움은 밖에서부터 구할 필요가 없음을 나는 아네. (중략) 이제 가서 한번 가서 살펴봄으로써 내 근심을 잊으려고 하는데 나를 따를 자는 자네겠지?라고 하여 내가 옳거니 하고 보름 전날 행단杏壇에서 만나서 입산을 의논하자고 하였다.

사흘이 지나서 강자술姜子述이 또 왔기에, 내가 덥석 손을 잡고 익중이 나에게 말할 것을 그대로 그에게 말해 주니, 자술도 거의 속세의 인물이 아닌 듯 펄쩍펄쩍 뛰며 좋아하였다."

- 국립수목원 편저, 『국역유산기』 경상남도 편, 양이정의 「화왕산유록」 중에서

양이정은 양훤(1597~1650)의 자字이다. 그가 어떤 성품의 소유자인지 훤히 드러나는 유산기 첫 대목이다. 창녕 장마면 사람으로 광해군 때 스승이 죄를 얻게 되자 낙향하여 낙동강가에 오여정을 짓고 유학자들과 교유하며 바람을 읊고 달을 농하며 지냈다. 그때 친구 여섯 명과 종자從者 몇 명을 대동하여 화왕산을 올랐다.

"말에 술통을 실리고 짚신에 베버선을 신고 지팡이 짚고 가는 길은 나무를 만나면 쉬고 바위를 만나면 앉으며, 가는데 거리낌이 없고 멈추는데 구애됨이 없었다. 함박산 계곡물로 갓끈을 씻고 찬 샘물을 움켜 마음을 씻어내면서 도착한 곳은 비슬산琵瑟山(지금의 영취산)이었다. 아래 은신암터(지금의 영산정사로 추정)가 집안의 원찰願刹이었다. 산을 내려와 내천에 걸친 다리(지금의 옥천보건진료소 앞)를 만났다. 계곡의 가운데에 가로놓인 것이 은근히 무지개가 은하수에 걸린 듯하여 자못 천태산 돌다리와 자웅을 겨룰 만하다"고 묘사했다. 그뿐인가. 다리 밑의 돌멩이와 물에서 헤엄치는 피라미에게까지 자상한 마음을 쏟아놓고 있다. "촌락과 객주집이 산모퉁이에 점점이 있는 옥천마을은 구름 속에서 닭이 울고 개가 짖으며 소나무 아래 창문이 있는 집은 그림 속에 있는 듯하니, 무릉도원이 날아와서 이곳에 떨어졌는데도 하늘이 감추고 땅이 숨겨서 여태 몰랐다."

맑고 섬세한 감성이 넘쳐나는 표현들이다. 유학자이지만 관룡사觀龍寺를 대하는 마음에 편견이 없다. 유산기 역시 사찰의 승려가 부탁하여 기록한 글이다. 양이정은 병자호란 때 청나라군의 침입으로 인조가 남한산성에 포위당해 있다는 소식을 듣고 의병을 모아 싸움에 나갔던, 섬세한 감성과 올곧은 대의는 바로 하나임을 알려주는 인물이다.

유산기에는 삼지三池와 구정九井이 지리지에 실려 있다고 기술하고 있다. 이제 용지는 억새밭 한가운데 사각형으로 흔적만 남아 있는 정도이지만, 옛날에는 산성에 주둔한 병사들을 위한 방화수, 생활용수, 식수를 위한 세 개의 못이 있었다. 못은 깊어서 어린아이들이 익사하는 사고도 종종 있었다. 한 번 빠지는 날에는 밀양에서 그 시체가 나온다고 하여 아이들에게 겁을 주었던 곳이다.

이제 정상의 광활한 억새밭이 화왕산을 유명하게 하고 있다. 억새밭 가장자리에서 낭떠러지 절벽을 딛고 서 있는 배바위가 있으니, 화왕산이 창녕을 동쪽 세계로 끌고 가는 반야용선이라고 말해 주는 바위이다. 관룡사 위의 용선대龍船臺에서 동쪽을 향하여 결가부좌結跏趺坐하고 있는 석가여래불이 이 배의 선장이고, 배바위는 키에 해당한다.

그럼에도 큰불뫼는 가끔씩 자신의 본성을 내보이고 있다. 임진왜란 때 왜군을 물리치기는 했지만 관룡사는 대부분의 당우가 소실되었고, 1704년 가을에 내린 큰비가 지형적으로 모두 관룡사 계곡으로 모여드는 탓에 금당과 부도 등이 유실되고 승려 20여 명이 참변을 당하였다.

그리고 억새밭에 끔찍한 사고가 있었다. 2009년 2월 9일 달이 훤하게 뜬 정월 대보름날 저녁이었다. 스피커에서는 '화왕산' 노래가 흥겹게 흘러나오고 사람들은 종이컵의 술잔을 부딪치며 곧 있을 억새태우기 축제의 하이라이트를 기다렸다. 드디어 검은 제관을 입은 원로들의 점화가 있자 성곽 주변에서 이를 지켜보던 사람들의 환성이 터져 나왔다. 불길은 순식간에 타오르고 열렬한 기세로 회오리치며 미리 구축한 방화선을 널름거렸고, 방송사가 띄운 헬리콥터의 카메라맨들이 심상치 않음을 느낄 사이도 없이 아수라장이 되어버렸다. 6명이 죽고 60명이 부상하는 대참사였다. 유족과 부상자를 위한 창녕 군민의 모금이 있었고, 1995년부터 3년마다 열리던 축제는 중단되었다.

황매산

黃梅山   1,113m

수십만 평의 고원에 펼쳐지는 철쭉 군락과 군데군데 서 있는 굴참나무는 우리를 동화의 세계로 데려다준다. 여름에는 또 어떠한가. 흔들흔들 그네의자에 앉아 받아들이는 시원한 바람은 가슴을 뻥 뚫어준다. 가을에는 온 산에 술렁이는 억새와 오색의 단풍이 가슴을 한없이 부풀게 한다. 그리고 나무마다 핀 하얀 눈꽃과 투명한 얼음꽃이 황매산 사계의 마지막을 장식한다.

한자로 표기하기 전 이름은 '한뫼'였다. '한'은 '크다'이며, '오직 하나'라는 뜻이다. 황매산은 합천과 산청 사람들에게 큰 산이며 둘도 필요 없다는 뜻이다.

모산재 주차장에서 올려다보는 산은 기기묘묘한 바위 병풍이어서 마치 영암의 월출산을 연상시킨다. 아닌 게 아니라 영암사지靈巖寺址의 이름을 접하게 되는데, 바위를 신성히 여기는 마음은 지리산 이쪽이든 저쪽이든 같음을 느낀다.

돛대바위(흔들바위), 순결바위, 장군바위, 촛대바위, 거북바위, 신선바위, 망건바위, 물개바위, 돼지바위 등 보는 이에 따라 바위 이름이 무궁무진하다. 그중에서도 으뜸은 모산재 동쪽과 서쪽 끝에서 모산재를 쌍끝이 하고 있는 돛대바위와 순결바위다. 무엇보다 그 위치가 운해에 싸인 섬의 산들을 호령하고 있다. 순결바위는 커다란 바위가 정교하게 둘로 갈라져 칼날같이 틈을 벌려놓고 있다. 순결하지 못한 사람이 그 틈에 들어갔다가는 바위가 오그라들어 다시는 나오지 못한다. 돛대바위는 암봉 끝에서 모산재를 대해로 끌고 가는 형국이다. 좀 더 상상력을 동원하면 두 바위는 남근석과 여근석이고, 뒤편의 황매산을 지키는 천하대장군이고 지하여장군이다. 둘의 시선은 멀리 운해에 덮인 산 물결 어느 한 지점을 똑같이 바라보고 있다. 저 멀리 하늘나라에서 떨어진 견우별과 직녀별이기도 하다. 둘 사이의 바위 능선이 오작교처럼 서로를 갈라놓고 있다.

바위 능선 길이 끝나면서 봉긋하게 올라온 봉우리가 모산재이다. 산이지만 고개이다. 여기서부터 황매산의 경치는 돌변한다. 험난한 바위들은 언제 그랬냐는 듯 잊히고 환상적인 철쭉평원이 눈에 들어온다. 평화롭다.

융단처럼 펼쳐진 철쭉 고원에 참나무와 소나무가 한 그루씩 서 있다. 영화『쇼생크 탈출』의 그림 같은 한 장면이다. 분명 돌무더기가 있고, 누군가가 오래전에 내가 오기를 확신하며 써놓은 편지가 그 밑에 있을 것만 같다. 나는 주위를 두리번거리며 나무 주변을 살핀다. 고원을 지키는 나무 한 그루의 존재는 우리의 약속이고, 기다림이고, 외로움이고, 바람이다. 철쭉 군락 속의 고라니가 '푸드득' 하고 노란 등을 보이며 도망친다. 뻐꾸기 한 마리가 '꾸욱' 하고 소리를 지르며 흰 날개를 펴고 날아간다.

옛날에는 굴참나무들이 주종을 이루고 철쭉은 그 틈에서 모닥모닥 무리지어 있었다. 먹을 것이 부족해서 잎이라도 뜯어 먹을 수 있는 진달래는 '참꽃'이고 독성이 있어 못 먹는 철쭉은 '개꽃'에 불과하였다. 봄이 되어 마을 어귀에 하얀 쌀꽃(이팝나무)이 필 때면 산 위에는 개꽃이 피었다. 마을 사람들에게 개꽃은 당장 급한 땔감의 용도로 쓰였다. 굵직하고 견고한 뿌리는 긴 겨울밤 온돌을 덥히기에 안성맞춤이었다. 사람들은 뿌리의 꼬인 생김새를 빗대어 개꼬장다리로 불렀다.

1980년대 초 경제발전으로 소득 수준이 올라가 유제품 소비가 늘자 이 일대를 젖소목장으로 조성하기로 하였다. 나무들이 모두 잘려나가고 초지가 조성되었지만 젖소들도 개꼬장다리는 독성이 있다는 것을 알고 윗부분만 살짝살짝 뜯어 먹었기에 땅 밑에서 생명을 유지할 수 있었다. 어려웠던 시대가 지나가자 사람들은 배를 불리는 우유보다는 눈으로 보고 마음을 풍족하게 하는 붉은 철쭉을 원하였다. 팽 당한 젖소들이 사라진 자리에 철쭉이 쑥쑥 모습을 드러냈다. 사람들은 일제히 환성을 질렀다. 이때 '개꽃'이라고 부르는 사람은 아무도 없었다.

　'한뫼'가 황매산黃梅山으로 표기되는 산. 노란 황黃에 작명가의 선경지명을 통감한다. 5월이면 고원에 펼쳐지는 아름다운 선홍의 색깔을 연출하는 철쭉꽃은 보는 이의 탄성을 자아낸다.

　다만 매화가 아닌 철쭉이 마음에 걸린다. 그렇다고 작명가에 대한 존경심이 줄어들 수 없다. 정상에 올라서면 주변의 풍광이 활짝 핀 매화꽃잎 모양을 닮아 마치 매화꽃 속에 홀로 떠 있는 듯 신비한 느낌을 준다. 그래서 사람들은 여전히 황촉산黃蜀山이 아닌 황매산이라 부른다.

黃石山 **황석산** 1,193m

황색, 백색, 흑색, 적색, 청색의 무복巫服을 입은 무당이 멍석 위에서 펄쩍펄쩍 춤을 춘다. 오방신장거리이다. 오방신장기五方神將旗를 꺼내어 신자信者의 몸을 훑어 내린다. 잡귀잡신을 내쫓는 의식이다. 빙글빙글 추던 춤을 멈추고 둘둘 감은 깃대 다섯 개를 내민다. 선택된 깃발의 색깔로 운수를 점치는 재수굿이다.

오방신장기는 음양오행설陰陽五行說에서 출발한다. 음양오행설은 선조들이 자연을 인식하고 해석하는 방법이었다. 음양이란 태양을 중심으로 지구의 자전으로 발생하는 낮과 밤이라는 현상에서 출발한 것이고, 오행은 지구가 태양을 중심으로 공전하는 것으로 발생하는 사계절에서 나타나는 현상을 풀이한 것이다.

우주만물은 불(火)・흙(土)・금속(金)・물(水)・식물(木)의 기본요소로 이루어지며, 모든 사물의 성질은 그 다섯 가지 유형으로 분류할 수 있다. 색도 이와 같아서 황색, 백색, 흑색, 적색, 청색은 우주생성의 기본색으로 오방색五方色이라고 표현하고 있다. 그중에서 황색은 우주의 중심이므로 오색 중 가장 고귀한 색이다. 나라의 최고 통치자인 천자를 상징하는 색이다. 그 화려한 치장을 한 '한 바위 산'은 한없는 위엄을 보이고 있어 황색 옷을 입을 자격이 충분하다.

황석산이 바로 황黃 자를 지니고 있다. 그 의미를 따라 지도를 보면 동으로 가야산, 서로 장안산, 북으로 덕유산, 남으로 지리산이 황제를 호위하고 있다. 가까이는 함양군 안의면 용추계곡을 둘러싼 기백산(1,331m), 금원산(1,353m), 거망산(1,184m)에 이어서 남쪽으로 황석산이 우뚝 솟아 있다.

인근의 산과 비교할 때 높다고도 할 수 없고 중앙에 위치하지도 않은 산이 어째서 세상의 중심을 차지하게 되었을까?

유동마을 산내골을 짚어 올라가면서 숲 사이로 얼핏얼핏 보이는 산의 모습을 보면 그 의미를 짐작할 수 있다. 북봉과 망월대 사이에서 거대한 바위 봉우리가 가장자리를 따라 기치창검을 내세우고 있다. 관테에 출(出)자와 사슴뿔 모양의 장식을 세우고 아래로 굵은 고리에 여섯 개의 드리개 장식을 매달아 내려뜨린 뒤 푸른 곡옥과 달개를 매달아 화려하게 장식한 신라의 금관이다.

황석산은 우전마을에서 편하게 오른다면 '한 바위 산'을 제대로 감상하기 어렵다. 유동마을 산내골을 벗어나 능선에 올라서고 북봉에서 거북바위 틈으로 보는 황석산은 최대한 두께를 얇게 하여 길게 뻗은 황석산성 위에 솟아 있다. 그것이 유동마을 쪽으로 살짝 기울어 위태로울 정도로 예리한 각을 하고 있어 마치 은식기를 훔쳐 달아난 장발장을 체포하러 온 프랑스 헌병(gendarme)이 쓰는 중앙은 둥글고 좌우로 길쭉한 모자이고 그 양 밑으로 이어지는 황석산성은 그 헌병이 입고 있는 제복의 각진 견장으로 보인다.

북봉 쪽 거북바위에 대하여는 좀 더 생각해 볼 필요가 있다. 색과 방위의 관계는 중국인의 자연에 대한 인식에서 비롯되었다. 황색의 중앙이라면 당연히 북쪽에 검은 거북이가 살고 있어야 한다.

최석워의 『사람의 산 우리 산의 인문학』에 있는 내용을 옮겨본다.

중국에서 동쪽은 바다로 모든 물이 흘러가는 방향이다. 산은 물을 만나야 생기가 생긴다. 동쪽은 산과 물이 만나는 곳이다. 또한 동쪽은 해가 뜨는 곳이다. 산수의 생기가 해의 양기를 받으니 동쪽은 만물을 살리는 기운을 띨 것이다. 따라서 생동하는 용龍으로 생각될 만하며 그 색은 푸르다. 중국의 서쪽은 거대한 산맥이 발원하는 내륙이다. 곤륜으로부터 발원하는 산맥의 정상은 만년설로 덮여 있으며, 거친 산이 발하는 강한 산의 기운은 호랑이(虎)로 대변될 수 있고 그 색은 희다. 남쪽은 붉은 태양의 화기火氣가 비등한 곳이니 날아가는 새(雀)로 생각될 수 있고 색은 붉은색이다. 북쪽 취락은 거북(玄武) 같은 형세의 산에 기대 있고, 북은 오행에서 수水로 생명의 모태이니 검은색이다.

황석산은 경상도에서 전라도로 넘어가는 육십령을 감시하고 통제할 수 있는 곳이어서 군사적 요충지였다. 중앙이란 누려야 할 권한과 함께 그에 맞는 책임도 막중하다. 정유재란 당시 이곳을 지나 전주에 집결하려던 왜군 7만 3천 명을 맞아 서부 경남지역 주민 7천 명이 황석산성에서 치열한 전투를 벌였다. 마지막까지 항거하던 이들은 성이 무너지자 죽음을 당하고 부녀자들은 천 길 절벽에서 몸을 날렸다. 왜군도 65%의 손실을 입어 7년간의 전쟁이 막을 내리는 계기가 되었다.

왜군 중에는 화왕산성의 곽재우 장군과 대치하다 퇴각한 부대도 있었다. 이들이 우백호, 좌청룡, 북현무, 남주작의 기운을 받는 황석산에 온 것은 여우를 피하려다 호랑이를 만난 격이었다.

황석산의 의미를 알고 나니 주위의 산들이 새롭게 보인다. 각 봉우리에서 뻗어 나온 구불구불한 능선들은 마치 오광대가 늘어뜨린 긴 소맷자락 같다.

'비의 징조를 안다'는 지우산智雨山은 구름의 하얀색이 강조되어 기백산箕伯山이 되었으니 하얀 옷을 입은 서방백제西方白帝 장군이다. 옛날 금으로 된 원숭이가 하도 날뛰는 바람에 한 도승이 잡아 가두었다는 금원암바위에서 연유한 금원산金猿山은 오원소 중 금金은 서방(목/동방, 금/서방, 토/중앙, 화/남방, 수/북방)에 해당하니 역시 서방백제장군이다. 가을의 참억새로 유명한 거망산은 가을은 서방(봄/동방, 여름/남방, 가을/서방, 겨울/북방)에 해당하니 또한 서방백제장군이다. 서방백제장군을 셋씩이나 앞에 두고 중앙황제장군中央黃帝將軍이 신나게 춤을 춘다.

황악산

黃岳山　　　1,111m

황악산은 황매산, 황석산과 같은 '황' 자이다. 모두 '흔', 즉 '크다'라는 순수 우리말에서 파생된 말이다. '큰 뫼'가 황매산이고 '큰 돌산'이 황석산이고, 악(岳/큰 산 악)이 들어간 황악산 역시 '큰 산'이라는 뜻이다.

설악산, 월악산, 운악산과 같이 '악' 자가 들어간 산은 돌이 많다는 생각을 지울 수가 없다. 그러나 황악산은 아무리 올려다보아도 펑퍼짐한 흙산일 따름, 도무지 돌산이 아니다. 등산로 안내판을 그린 사람도 바위 없는 산을 그리기가 계면쩍었던 모양이다. 정상과 형제봉, 신선봉, 망봉, 그리고 운수봉 등 봉우리마다 바위들이 병아리 부리처럼 돋아나 있다.

"문자에 의존하지 않고 마음으로 들어가 바로 성품을 보는 것이 부처가 되는 길이다."

(不立文字 直指人心 見性成佛)

경전과 교리에 집착하지 말고 마음으로 본질을 보라는 뜻이다. 직지사直指寺는 이렇게 교종敎宗이 아닌 선종禪宗의 가풍을 압축하여 지은 이름이다. 그러나 중생들이 가까이하기에는 어려운 말이어서 이해하기 쉬운 일화가 등장한다.

아도화상이 손을 들어 멀리 서쪽의 산 하나를 곧게(直) 가리키며(指) "저 산 아래에 좋은 절터가 있다"고 해서이고, 또 하나는 고려 태조 때 이 절을 크게 중창한 능여대사가 자를 사용하지 않고 직접(直) 손으로만 가늠(指)하여 일을 해서 그렇게 붙였다는 것이다.

황악산에 '황' 자를 붙인 이유도 두 가지 해석이 있다. 황은 황토를 연상시키는 것으로 악岳의 이미지를 중화시키기 위한 것이고, 또 황은 오방색의 중앙을 의미하는 색이므로 산 중의 산이라는 것이다.

정상에 서니 서쪽으로 전라도, 충청도, 경상도를 아우르는 꼭짓점인 민주지산의 삼도봉이 훤히 내려다보인다. 날씨가 맑은 날이라면 북으로 속리산이 어림되고, 동으로 구미의 금오산, 남동으로 가야산, 남으로 지리산이 가물거리고, 남서로 삼도봉 너머의 덕유산 연봉이 아물거리니 세상의 중심이 아닐 수 없다.

혹시나 했지만 정상에는 안내판에서 본 병아리 부리 같은 바위는 없었다. 바위가 없는 산은 변화가 없다. 변화가 없으니 눈이 즐겁지 못하다. 눈이 즐겁지 못하니 발걸음이 무겁다.

바람재로 가는 길에 묵묵히 걸어오는 세 사람의 일행을 만났다. 백두대간을 종주하는 사람들이었다. 일주일에 한 구간씩을 걷는데 오늘 우두령에서 출발하여 괘방령을 거쳐 추풍령까지 갈 계획이었다.

지리산에서 태백산을 거쳐 백두산까지 1,400km에 이르는 길이다. 태백산맥, 소백산맥으로만 알고 있던 우리들에게 백두대간의 개념이 알려진 것은 1980년 고지도 연구가 이우형 씨가 인사동 고서점에서 신경준(1712~1781)이 쓴 『산경표山經表』를 발견하고부터이다.

『산경표』에서는 우리나라의 큰 산줄기를 1대간 1정간 13정맥으로 구분하여 정리하고 있는데, 이 중에서 근간이자 기둥이 되는 가장 커다란 산줄기가 바로 백두대간이다. 최근 규장각에서 진본이 발견돼 1대간, 2정간(장백정간, 낙남정간), 12정맥이 정설로 받아들여지고 있다.

1988년 대학산악연맹 소속 대학생 49명은 60일 동안 백두대간을 종주하기에 이르렀고, 이를 연맹 회보에 소개하면서 전국 산악인들 사이에서 백두대간 종주 붐이 일었다. 북한 구간은 뉴질랜드 국적의 로저 셰퍼드 Roger Shepherd가 해냈다. 2006년 휴가를 맞아 우리나라에 하이킹 하러 왔다가 백두대간이 있다는 사실을 접하였고, 비록 거점 등반이기는 하지만 남북 전체 구간을 종주한 최초의 사람이 되었다. 백두대간을 살짝 벗어나 함경북도 명천군 바닷가의 칠보산은 사진집 『코리아 백두대간 남과 북의 산들BAEKDU DAEGAN KOREA』을 접고도 도저히 뇌리에서 떠나지 않는다. 그는 지금 지리산 자락에 살고 있다.

'산줄기는 물을 건너지 않고, 산이 곧 물을 나눈다.'

이것이 대간, 정간과 지맥을 나누는 기본 원리이다. 여기서 대간의 족보가 만들어졌다. 산줄기와 물줄기로 우리 강산을 보았다는 것은 지식의 차원을 넘어 지혜가 그득한 마음으로 보았다는 뜻이다. 우리 조상들의 그런 슬기가 모여 『산경표』가 탄생하였다.

급제자를 알리는 알림판을 연상시킨다고 하여 옛날 과거시험을 보러 가던 선비들이 애용했던 괘방령掛榜嶺은 해발 357m의 낮은 고개이지만 역시 백두대간이다. 물은 이 고개를 넘지 못한다. 북쪽으로 떨어진 빗방울은 금강으로 흘러 서해로, 남쪽으로 떨어지면 낙동강을 따라 남해로 흘러간다.

형제봉을 거쳐 신선봉으로 가는 능선 길은 질퍽한 흙길로 바짓가랑이를 적신다. 1872년 괘방령으로 이 산에 들어온 송병선이 직지사로 내려갔을 계곡이다. 물길을 건너뛰다가, 번뜩 눈에 들어오는 황악산을 다시 본다.

아하, 작명가가 황악산의 이름에 오묘한 이치를 숨겨놓고 있었던 것이

한국백명산 **365**

다. 마음으로 보아야 돌산을 본다는 뜻이었다. 흙산이라고 말했지만 정확히는 육산肉山으로 표현해야 옳았다. 육산과 골산骨山의 차이는 지표면에 살(皮)이 있느냐 없느냐의 차이일 뿐이지 보이지 않는 땅 밑은 바위로 이루어졌기 때문이다. 그러지 않고서는 1,111m의 큰 산이 우뚝 설 수는 없다. 안내도를 그린 화가는 그것을 본 것이다. 그는 육산의 황악산에서 이미 마음으로 바위를 보았기에 봉우리마다 병아리 부리를 그려 넣을 수 있었던 것이다. 마음으로 들어가 산을 보는 것, 황黃과 악岳의 조합이었다.

　직지심경의 마음으로 다시 정상에 선다. 그리고 사방을 둘러본다. 금오산 너머로 파란 동해를 본다. 남쪽 지리산 너머에선 빨간 태양이 이글이글 타오르고 있다. 서쪽 덕유산 너머로 하얀 안개가 가물거린다. 북쪽 속리산 너머로 오르락내리락 이어지는 길 끝에서 백두산이 보인다.

| 黃腸山 | 황장산 | 1,079m |

"어명御命이오."

2007년 11월 29일 낮 12시, 강릉시 성산면 보광리 백두대간의 한 허리에서 국유림관리소의 한 직원이 아름드리 소나무 앞에서 이렇게 외치며 도끼로 나무를 내려찍는 의식을 세 번 반복했다. 산림청과 문화재청 주최로 조선시대 의식을 재현하여 서울 광화문 복원에 사용할 금강소나무를 벌목하는 행사였는데, 벌목에 앞서 소나무를 위로하는 고사를 올렸다. 강릉단오보존회에서 대관령 산신께 바치는 제례에 이어, 산림청장과 문화재청장이 술잔을 올리고, 헌시낭독과 산신굿이 펼쳐졌다.

소나무는 '솔', '수리'와 같이 '높다'의 어원을 갖는 것으로 우러러 받들어야 할 나무 중에 나무이다. 한글 'ㅅ' 자는 나무의 일반적인 형상인데 소나무가 이를 독차지하고 있는 것은 나무의 대표성을 가진다는 의미이다. 또 한자 송松의 공公은 소나무가 기품 있게 가지를 늘어뜨린 형상으로, 존칭으로 붙여주는 공公은 여기서 나온 말이다. 그래서 항상 '소나무 님'이라고 부르는 것이다.

금강소나무는 일반 소나무보다 줄기가 곧고 마디가 길며 껍질이 유별나게 붉다. 결이 곱고 단단하며 잘 썩지도 않아 소나무 중 으뜸으로 친다. 태백산맥을 타고 울진 봉화와 영덕 청송에 걸쳐 분포되어 있는데, 금강산의 이름을 따서 금강소나무金剛松), 1900년대에 벌채된 소나무는 주로 경북 봉화의 춘양역에 모아서 운반되었기에 춘양목春陽木, 그리고 왕족의 재

한국백명산 **367**

궁梓宮 또는 관곽재棺槨材로 사용되므로 황장목黃腸木이라 하였다.

황장목이란 소나무 몸통 속이 누런 색깔을 띠고 있다는 것과 더불어 오방색 중 중심이 되는 황색으로 임금의 관에 사용하는 최고의 나무라는 의미도 포함되어 있다. 황장목이 많은 황장산은 숙종 6년(1680) 벌목과 개간을 금지하는 봉산封山으로 지정하여 국가에서 직접 관리했다. 황장산 북쪽 자락 동로면 명전리의 논 속에 묻혀 있던 봉산 표석을 1976년에 발견하여 다시 세웠다.

황장산에 오르기 위해서는 먼저 생달마을을 만나야 한다. 이 마을에 들어서면 황장산 그늘이 성큼 앞으로 다가온다. 생소한 이름이 원시 마을로 들어선 느낌을 준다. 생달리는 안산다리와 바깥산다리로 구분되는데 도무지 해석하기 어려운 이름 때문에 다리에서 떨어졌는데 살았다는 등 많은 이야기가 전해 내려오고 있다.

이 동네에서는 황장산을 선달로 보았다는 뜻이다.(서대산 편 참조) 선달마을, 생달마을, 입암마을, 입석마을은 모두 선달에 근거를 두고 있다. 또 전국의 많은 삽다리와 삽교도 마찬가지다. 선달의 '선'이 농촌에서 흔히 접하는 '삽'으로 변한 것이다.

생달마을, 달을 낳은 마을이다. 민박집을 지나자 여러 산악회에서 다투어 걸어놓은 시그널이 잠시 걸음을 멈추게 한다. 어떻게 한 군데에 집중적으로 매달 생각을 했을까? 산을 오르기 전에 산신에게 안녕을 기원하는 돌무더기처럼 보인다. 그렇다. 이것도 서낭당이다. 마음을 괴어 하나하나 올려놓은 돌이며, 마을 어귀에서 오래된 신목神木이며, 높이 솟은 장승으로 선돌이며, 서낭당을 감싸서 부정을 막는 금줄이다. 어쩌면 이렇게 조상들의 의식이 말없는 가운데 면면히 이어져 오는지 신기하기만 하다.

차갓재는 황장산이 신성한 산임을 증명해 주는 지명이다. 차재와 갓재의 합성어로, '차'는 수레(車)로 거슬러 올라간다. 즉 수리산, 비슬산, 영취산 등과 같이 제일 높음을 뜻하는 '수리'에 어원을 두고 있다. 그리고 갓은 첫 번째라는 뜻이다. 이 땅에서는 으뜸으로 하늘에 가까이 가 있는 고개이고, 저 높은 하늘에서는 이 땅과 첫 번째로 맞닿는 고개이다.

이 신성한 산에서 자라는 소나무는 황장목이 되지 않을 수 없다. 그러나 감히 사람의 입으로 소리내어 말하면 불경스러울 것 같은 '생달'이라는 이름은 점차 그 의미가 퇴색하여 가고, 그에 따라 그 우람한 황장목들도 볼품없이 가늘어지고 피폐해져 갔다.

그 본뜻이 잊히면서 어느새 '선달'은 산에서 내려와 사람들 옆으로 오게 되었다. 조선 초 과거 급제 후 아직 임용되지 않은 자에게 관직 대신 부르는 직함으로 쓰이더니, 세월이 흐르면서 몰락한 양반에게 위로의 차원으로 의미가 변하였고, 매관매직이 성행하자 급기야는 양반을 조롱하는 뜻이 담기기도 했다. 여전히 로망을 간직하고 있는 아사달, 온달, 배달과는 다른 양상이다.

그나마 다행인 것이 있으니….

산허리는 온통 메밀밭이어서 피기 시작한 꽃이 소금을 뿌린 듯이 흐뭇한 달빛에 숨이 막힐 지경이다. 붉은 대궁이 향기같이 애잔하고 나귀들의 걸음도 시원하다. 길이 좁은 까닭에 세 사람은 나귀를 타고 외줄로 늘어섰다. 허생원, 조선달, 동이.

| 曦陽山 | # 희양산 | 996m |

산 이름 풀이가 매우 어렵다. 사전을 찾아보니 햇빛 희曦, 볕 양陽, '햇빛 가득하다' 정도로 해석되는데 감을 잡기 어렵다. 검색해 보니 전라남도의 도시 '광양光陽'에서 힌트가 보인다. 밀양密陽, 담양潭陽처럼 양陽은 볕이 잘 드는 고을을 뜻하므로 광양은 '빛 고을'이라는 뜻이다. 광양군의 명칭은 통일신라시대에 희양현曦陽縣이었다. '희'가 어려운 한자어여서 뜻이 같은 일반적으로 널리 쓰이는 '광'으로 바뀐 것이다.

산을 가장 좋은 곳에서 올려다보려면 그 산의 명찰을 찾는 방법이 좋다. 불교가 전래되기 전 우리나라 전통신앙의 기도 대상은 영험한 바위였고, 영험한 산이었다. 불교의 모든 사찰이나 암자는 그러한 기도처를 접수한 것이다. 일주문 현판에 'OO산 OO사'로 쓰는 것과, 'OO암'의 암이 바위의 암巖과 음이 같은 이유도 이와 같다. 암庵은 암巖이다. 암자는 바위다.

희양산을 제대로 바라보기 위해서는 '희양산 봉암사鳳巖寺'를 찾아야 한다. 봉암사의 '암'은 벌써 희양산이 어떤 산인지를 알려주고 있다. 앞마당에 서면 백철쭉이 연잎처럼 꽃받침을 하고 있고, 그 위에 석탑과 대웅전이 그 뒤로 피라미드의 바위산이 파란 옷을 입은 전위봉(553m)을 앞세우고 우뚝 서 있다. 바위는 희다 못해 빛이 난다. 그 빛을 받은 봉암사 백철쭉은 유난히 하얗다.

봉암사 스님은 '희양산은 절이 들어서지 않았으면 도적이 들끓는 자리였다'라고 말한다. 먼 옛날부터 이곳에서 영험한 흰 산을 바라보고 기도를 드렸을 무속인이 쉽게 이 자리를 내어주지 않았을 터, 도적 이야기를 끌어들인 것은 지선智詵(824~882)스님이 짜낸 고육책이었다. 절을 지은 이후에도 무속인들이 얼씬 못하도록 선도량禪道場임을 내세워서 출입을 금하였다.

나는 문경시에 속하는 봉암사와는 반대편인 북쪽의 괴산군 은티마을에서 희양산을 오른다.

"쭉 올라가서 계곡으로 가다가 저 왼편이잖아요."

마을 사람이 손가락을 가리키는 방향에 눈에 띄는 봉우리가 없다. 사과밭이 끝나는 지점에서 비로소 희양산이 보인다. 하얀 꽃의 사과밭이 기울어 내려오고 바로 그 너머에서 푸른 산이 이어지고, 그 두 개의 산 너머에서 희양산이 번쩍이는 빛으로 시선을 끌고 있다. 능선은 왼편에서부터 볼록하게 올라가다가 정상에서 봉긋하며 오른편으로는 급격한 내리막을 하고 있다. 실루엣으로 보이는 급격한 바위벽이 아찔하기 그지없다. 얼핏 보면 시루봉과 구왕봉보다 낮아 보이는 산이다. 그 넓은 바위는 주위의 숲속에 숨어 있는 듯하고 바위 중간도 나무들로 위장하고 있다.

다시 고개를 들어보니 바위에 반사된 빛이 번쩍거려 눈이 부시다. 옳지 그렇구나. '희번득산'. 희번쩍거리다, 희번덕거리다, 희양산의 고유 이름은 '희번득뫼'였다.

'희번득뫼'는 이 산 말고 또 어디에서 찾을 수 있는 이름이 아니다. 이 때문에 문경에 많은 산이 있음에도 황장산 · 주흘산 · 대야산과 더불어 백명산의 일원이 될 수 있었고, 거대하기 이를 데 없는 백화산(1,064m)에서 이만봉(965m)으로 뻗어나가는 주능선 한가운데서 우뚝 선 뇌정산(991m)과 황黃 자를 달고 있는 황학산(910m)을 제치고 홀로 백명산이 된 것이다.

내려오는 길에 살펴본 은티마을은 시루봉에서 한 자락, 희양산에서 한 자락, 또 구왕봉에서 한 자락 그리고 주치봉에서 한 자락이 흘러내려 한 지점에 수렴한 지대이다. 오목하지만 볼록해 보인다. 그 들판에서 희번득 산이 반사하는 햇빛을 고스란히 받아들이고 있는 사과꽃이 눈에 부시다. 은티마을에는 은빛이 감돈다.

산 건너편 봉암사는 1년 중 석가탄신일 하루만 문을 연다. 경내에는 하얀 백철쭉 일색이다. 다른 절과는 다르게 신도들은 회색 옷이 아닌 흰옷을 입고 석탄을 축하한다. 봉암사 계곡은 흰 백白 자를 써서 백운대白雲臺이고, 봉암사 위의 암자는 백련암白蓮庵이다.

그들은 알고 있었다. '희양산'은 '희번득산'이었음을. 산을 바라보면 그 희번덕거림에 눈이 부시다는 것을. 아직도 이 영험한 산을 뺏길까 두려운가 보다. 봉암사는 1982년 특별수도원으로 지정하여 더욱 출입을 막고 있다. 은티마을 지름티재에서 올라온 사람들은 그 단단한 철책과 삼엄한 경비 앞에서 주눅이 든다. 그러다 용기를 내어 고개를 쑤욱 내밀어 백운대 계곡으로 사찰을 내려다볼 뿐이다.

| 맺음글 |

　나는 국어학 박사학위를 가진 전문가가 아니다. 덕분에 용감할 수 있다.

　'ᄃᆞ르', 'ᄆᆞ리', '가르', '브르', '소르', 'ᄀᆞᄆᆞ', '서르', '무르', 'ᄒᆞᄂᆞ', '노르'

　우리의 구강구조가 자유자재로 받침을 구사할 수 없을 때의 기본 단어들이다. 상성, 중성, 하성을 조립하여 한꺼번에 소리 내기는 지금도 힘들다. 이런 원칙은 옛 우리말을 보존하고 있는 일본어가 그렇고 서양의 알파벳이 그렇다.

　'산', '머리', '가르다', '밝다', '높다', '신神', '정화된 상태', '물', '크다', '넓다'이다.

　'ᄃᆞ르'는 '뫼' 이전의 단어로 생각된다. 단순히 눈에 보이는 모습이 아니라 '우리 선조들은 어떻게 산을 바라보았는가' 하는 관념이 들어간 개념이다. 산자락이 넓게 펼쳐지니 비로소 땅이 생긴 것이다. 두리·돌이·돌·다리·다래, 달·두루·두류·주류·지리 등으로 변하고, 한자로는 주周·암岩·석石·달達·월月, 도道 등으로 표기된다. 두타산, 두류산, 두륜산, 주왕산, 주흘산, 지리산, 백두산, 대둔산, 도락산, 도라산, 도봉산, 다락산, 월악산, 월출산, 추월산이 있다. '뫼' 이전의 시대에는 산뿐만 아니라 일대의 산기슭의 마을을 포함하고 심지어는 아사달, 배달, 선달과 같이 그곳에 사는 사람에게도 쓰인다. 'ᄃᆞ르'는 점차 '다리' 또는 석石으로 바뀌면서 접미어 격으로 갓다리, 배다리, 생다리 등의 마을 이름으로만 부르게 되고, 여기서도 밀려서 다리(橋)에 국한되기도 한다. 'ᄃᆞ르' 자체의 이름으로는 달다리, 다락다리가 있고, 다락바위의 한자식 이름으로 누(樓)다리가 있다.

'ᄆᆞ리'는 머리이다. 산은 이 땅이 모체인 절대자로부터 분리되어 처음 머리를 내민 곳이다. 마니산, 마이산 등이 여기에 해당되며 그 자체로 산을 말하기도 한다. 줄여서 '뫼'가 되고 메, 매, 미 등으로 변하여 매봉, 응봉鷹峯의 이름이 생긴다. 'ᄃᆞ르' 대신 점차 '뫼'가 쓰이는 이유는 'ᄃᆞ르'가 산과 인근 마을을 아우르는 개념이기 때문으로 보인다. 하지만 두메, 대메(竹山), 매안, 살미, 알미(卵山) 등에서 보듯이 여전히 마을 이름으로도 쓰이고 있다.

'가르'는 가르다이다. 시작점이고 갈라지는 곳이다. 당연히 그곳은 삼각점의 모양을 하고 있으니, 산은 하늘에서 이 땅이 태어날 때 최초의 지점이다. 가리, 갈, 가을, 갓 각, 간, 강 등으로 변화한다. 한자로는 훈차로 갑甲, 관冠, 형차形借하여 팔八로 표기된다. 가리산, 가리왕산, 거류산, 가야산, 가지산, 간월산, 관악산, 천관산, 금강산, 칠갑산, 팔공산, 팔봉산, 팔영산 등이 있고, 마을로 내려와 갓다리, 강다리 등이 있다.

'브르'는 '밝다'이다. 산은 시간도 존재하지 않던 어둠의 세계에 밝음을 준 존재이다. 빛이 비추니 온 세상이 정적에서 깨어나 꿈틀거리기 시작한다. 빛·빗·비·번·볏·배·박·밖·불·붉·발·부·분·북의 다양한 표현을 갖고, 한자로는 불佛, 백白 · 배培 · 북北 · 적赤 · 주朱 · 족足 · 단丹 · 이梨가 쓰인다. '밝뫼'는 그 우두머리 산인 백두산白頭山을 필두로 백白 자가 들어간 산이며, 불·북과 배가 들어간 불함산·북한산·북배산·배암산·배향산·신불산이며, 흰색을 표현한 설악산·희양산이며, 붉은 색을 표현한 적상산·치악산·계룡산·연화산·작약산이고, 발(足)이 들어간 정발산·정족산·계족산이 있다. 산에는 배바위·배재·배오개·배너미고개·박달재, 들에는 배들, 산골짜기 마을은 배내·벌내·별내·발래, 그리고

산 밑에는 백석마을·흰돌마을·배다리·부다리가 있다. 산에는 박달나무가 있고 마을에는 배나무가 있어 우리에게 빛을 밝혀준다. 무엇보다 우리 민족은 밝뫼에서 태어난 배달민족이다.

'소르'는 단순히 높다가 아니다. 하늘에 가까이 가 닿는 상태를 말한다. 고귀하고 숭고하다. 한글 'ㅅ'은 이런 형상을 나타내고 있다. 이는 수리, 소리, 시루, 싸리, 써레, 쌀, 숯, 쑥, 쇠, 새, 소 등으로 분화한다. 이러한 변화는 계속되어 최근에는 영어 단어인 쓰리도 등장한다. 취鷲, 연鳶, 송松, 조鳥, 우牛, 금金, 탄炭, 차車, 상霜, 간間 등의 한자 표기를 갖는다. 명성산·비슬산·서대산·선운산·소백산·소요산·축령산·조령산·사자산 등이 있고, 새가 들어간 치악산·계룡산·공작산도 여기에 포함된다. 산에는 소나무가 있다. 이런 산에는 소재·새재·소리재·싸리재·쌍치·쑥고개·차령·탄현이 있고, 쑥바위·숯바위·수리바위·소바위·새바위·쌀바위 등이 있으며, 솔뫼의 마을은 살래·산내·고사리마을로 부른다.

한편 한자어 산山이 들어오면서 '스르'는 자연스럽게 여기에 흡수된다. 산이 마을 이름과 구분 없이 쓰였던 기존의 '드르'나 '뫼'를 대신하면서

'드르'는 악岳으로 '뫼'는 봉峰으로 변한다.

'곰'은 신의 우리 고유어이다. 산은 우리를 낳아주고 생활 터전을 제공해 주는 신神이다. 크고 놓으신 분이다. 감사의 대상이다. 감·검·금·공 등으로 표현되며, 한자로는 감紺 · 검黔 · 검劒 · 금金으로 더 나아가 대大가 있다. 감악산, 금오산, 금산, 금수산, 금정산, 검단산, 대둔산, 대암산, 대야산이 있고 검봉과 공주 공산도 여기에 포함된다. 신내와 신암마을이 있고 곰다리가 있으며 집집마다 감나무가 있어 식구들을 지켜준다.

'서르'는 '설다'를 원형으로 갖는다. '설거지하다'도 여기서 파생한 단어이다. 산은 이 땅이 태어난 곳이므로 가장 깨끗한 정화된 상태이다. '설날'은 그 날을 기념하기 위한 날이다. 모든 것을 그 날로 되돌려야 한다. 빌린 돈이 있으면 갚고 새 옷을 입고 몸을 깨끗이 한다. 한편 우리가 죽어서 돌아가야 할 선산이 있으며, 우리 마을을 항상 설게 해주는 곳은 서낭당이다. 선달산이 대표적이며 서대산, 선운산, 성인봉이 여기에 속한다. 제격인 한자어는 설雪이므로 설악산이 있고, 제주어 '하르다'는 '설다'와 같은 의미이므로 한라산도 이 범주에 들어간다. 무등산의 입석대와 서석대

가 있고, 한자로는 립立이 쓰이므로 입석마을·입암마을과 여기서 섬마을 다리, 설멧골, 삽교, 생다리, 생달이, 다시 생달에서 월출산이 탄생한다. 설악산에는 솜다리꽃이 핀다. 특히 선달을 비롯해 스님, 스승, 신선, 선녀, 선동, 생원 등 사람에게 많이 쓰이며, 선무당, 선머슴, 선잠, '밥이 설다' 등 익지 않은 상태를 말하기도 한다.

아사달도 '설뫼'의 한 형태로 보아야 할 것이다. 단군은 아사달에 도읍을 정하고 조선朝鮮이라고 불렀다. 산은 어둠의 세계에서 아침이 오는 신선한 곳이다. 아차산, 아침가리에서 그 흔적이 보이며 대부분은 구월산처럼 구九로 변형되어 내려오고 있다. 구암龜巖·거북바위·귀면암鬼面巖·귀바위가 있으며, 여기서 관음봉觀音峰으로 발전한다. 다른 산 이름과 결합된 경우로는 우이령牛耳嶺과 귀때기청봉 등이 있다.

'무르'는 미르, 미지로 변한다. 미르뫼가 많은 것은 산도 물처럼 자유자재로 변화가 많고 또 우리에게 없어서는 안 될 물과 한 가지인 까닭이다. 우리말 '설다'의 또 다른 표현 '무巫' 역시 물과 관련이 있다. 물을 형상화한 것이 용龍이다. 미르뫼는 용산으로, 불교의 색채를 입혀 용화산, 미륵산으로 바뀐다. 용현龍峴, 무너미고개, 무다리, 롱(龍)다리가 있으며 덕유산의 무룡산舞龍山은 물의 두 번 반복이다. 또 산은 물의 원천인 구름을 잉태하는 모체이다. 전국에는 많은 구름산과 더불어 구림마을이 있다. 대도시로는 물구름산, 즉 물금을 뜻하는 양산梁山이 있다.

'ㅎㄴ' 역시 형용사로 자주 쓰이니 한으로 바뀐다. 'ㄴ'은 받침으로 발음하기 쉬우니 우리말의 특성인 조립형 단어의 원조일 것이다. '흔'은 세상에서 하나밖에 존재하지 않는 것으로 하늘이 그렇고 한산이 그렇다. 한산은 황산으로 변하기도 한다. 황黃은 오방색 중 가장 으뜸가는 색이다. 황자가 들어간 산이며, 북한산, 함백산, 불함산이 있고, 마을로 내려와 한다리가 있다.

한뫼의 또 다른 말은 '온달'이다. 바보 온달 이야기를 보면 '설뫼'의 뜻도 느껴진다. 결국 '흔', '온' 역시 '밝'이나 '설'과도 맥을 통하고 있음을 본다. 태초에 하늘에서 분리되어 있는 상태 그대로라는 뜻이다. 온달의 다른 이름은 예를 찾기 어려우나 '인바위'와 '인다리'는 이의 변형으로 보인다.

'노르'는 '넓다'이다. 글자 모양에서도 느껴지는 단어이다. 노루목은 길

의 꼬부라진 지점의 넓은 곳으로 길 가던 사람들이 쉬어가는 길목이다. 노루메는 음차로 노산魯山, 훈차하여 장산獐山이 된다. 고양시 장항獐項동은 노루목, 노루메기, 놀메기로 불리던 이름이다. 서천군 장항長項읍으로 미루어 장안산의 장長은 장獐이 변한 것으로 추정한다.

　전국의 많은 '청바위'와 '청다리'도 'ᄃᆞᄅᆞ'에서 파생된 말이다. 청이란 목청, 귀청, 대청, 피리청에서 보듯 어떤 물건에서 얇은 막으로 된 부분을 말한다. 모체母體(하늘)와의 사이에 존재하는 태胎를 산으로 본 것이다. 청개구리와 심청이의 이야기에서 유추해볼 때 '갓', '선', '밝' 등의 기존의 산 이름이 순백의 무의 세계를 나타내듯이 '청'도 그렇게 보아야 할 것이다. 마을 이름 청주와 더불어 행촌杏村과 행주幸州도 이 범주로 들어가는데, 청천강의 옛 이름 살수薩水에서 청과 살은 같은 의미임을 알 수 있다. 살수는 살얼음의 살이다. 여기서 껍질이 얇은 살구(杏)가 파생된 이름이다. 살고개와 살바위가 있다.

모든 지명은 우리 고유어에 근거를 두고 있다. 흔히 쓰는 악岳 역시 '조약돌' 그리고 '영변에 약산'의 '약'에 있다. 또한 당초 모든 지명은 보통명사로 출발한다. 높은 고개는 '솔재'일 수밖에 없다. 교통이 많아지고 문자가 도입되면서 분화하고 의미도 달라진다. 글을 쓰면서 미안했던 것은 오랜 세월을 거쳐 의미가 새롭게 정착되고 또 많은 사람들이 공감하여 내려온 명칭을 야박하게 어원을 따질 때의 일이다. 예를 들어 감악산의 설마치薛馬峙 고개는 '설인귀가 말을 달리며 훈련하던 고개'에 전적인 의미를 두고 있다. 삶이 힘든 민초들의 희망이 담긴 말이다. 더구나 정화된 상태를 나타내는 '설'을 더하고 있다. 여기서 '서르'라는 어원은 잊기 바란다.

팔八이 단순한 여덟을 넘어서 고귀한 산의 형상을 나타낸 것임을 알았다. 틈틈이 원고를 검토해 준 아내로부터 팔공八公이란 호를 얻은 것은 지금도 분에 넘치는 일이다.

참고서적

- 『한국백명산기』, 김장호, 평화출판사. 2009
- 『나는 아무래도 산으로 가야겠다』, 김장호, 일진사. 2007
- 『사람의 산 우리 산의 인문학』, 최원석, 한길사. 2014
- 『산천독법(山川讀法)』, 최원석, 한길사. 2015
- 『국역유산기(경상북도, 경기도, 경상남도, 강원도, 충청도, 전라도)』, 국립수목원, 한국학술정보. 2014
- 『한국역대사수유기취 편』, 정민, 민창문화사. 1996
- 『한국등산사』, 손경석, 이마운틴. 2010
- 『속 회상의 산들』, 손경석, 산악문화. 2003
- 『등산일기』, 손경석, 평화출판사. 1994
- 『나는 이렇게 살아왔다』, 김영도, 수문출판사. 2007
- 『한국인에게 산은 무엇인가』, 한국문화역사지리학회, 민속원. 2016
- 『사람의 산』, 김인식, 바움. 2003
- 『천년산행』, 박원식, 웅진씽크빅. 2007
- 『그곳에 산이 있었다』, 이용대, 해냄. 2014
- 『한국 100대명산 등산지도집』, 사람과 산. 2003
- 『구름에 달 가듯이』, 박동현, 샘터. 1984
- 『명산답사기』, 김창협 외, 솔. 1997
- 『100명산 수첩』, 최선웅, 진선books. 2007 지도
- 『오승우 한국 100산』, 오승우, 동서문화. 1995
- 『바람과 별의 집』, 김선미, 마고북스. 2008
- 『하얀 능선에 서면』, 남난희, 수문출판사. 1990
- 『삼국사기의 산을 가다』, 박기성, 책만드는집. 2011
- 『국립공원산행』, 성철용, 은빛느티나무. 2010
- 『한국도립공원산행기』, 성철용, 엠아이지. 2016
- 『부산 산악인 열전』, 홍보성, 부산산악포럼. 2016
- 『무등산(무등산의 유래 전설과 경관)』, 박선홍, 책가. 2013
- 『영남알프스오디세이』, 배성동, 삶이보이는창. 2013
- 『아름다워서 슬픈 가리왕산』, 조명환, 생것미디어. 2015

- 『대암산 용늪』, 김상준·조규승·최기룡, 울산대학교출판부. 2009
- 『전상국의 춘천 산 이야기』, 전상국, 조선뉴스프레스. 2014
- 『코리아 백두대간 남과 북의 산들(BAEKDU DAEGAN KOREA)』, 로저 셰퍼드 Roger Sheperd, 2013
- 『산경표를 위하여』, 조석필, 산악문화, 1994
- 『두승산 유승사』, 김기덕·박경화·송화섭·조명일·조용헌, 신아출판사. 2016
- 『사량면 기억에서 기록으로』, 제7기 사량면주민자치위원회, 세종출판사. 2013
- 빛깔 있는 책들 대원사 시리즈 : 『강화도』, 이형구. 1994 / 『주왕산』, 김규봉. 1998 / 『속리산』, 박원식. 1995 / 『북한산』, 박인식. 1993 / 『지리산』, 최화수. 1993 / 『한라산』, 현길언. 1993 / 『설악산』, 손경석. 1993 / 『월출산』, 조석필. 1997 / 『백두산』, 심혜숙. 1997 / 『계룡산』, 정종수. 1996 / 『오대산』, 박용수. 1996 / 『경주 남산』, 윤경렬. 1989 / 『울릉도』, 박기성. 1995 / 『홍도와 흑산도』, 고동률. 1998
- 『삼국시대 한반도의 언어연구』, 정광, 박문사. 2011
- 『살아 움직이는 어원이야기』(상·하), 송정석, 정인출판사. 2009
- 『교학 어원사전』, 남광우, 교학사. 2015
- 『표준어로 찾아보는 제주어 사전』, 현평효·강영봉 외, 각. 2018
- 『우리 토박이 말 사전』, 한글학회, 어문각. 2002